Franz Karl Stanzel
—
Gratwanderung zwischen Facta und Ficta

Franz Karl Stanzel,
Literaturwissenschafter der Anglistik

Franz Karl Stanzel

Gratwanderung zwischen Facta und Ficta

Ziele, Zufälle und Umwege in meiner Karriere
als anglistischer Literaturwissenschafter

Königshausen & Neumann

Der Autor Franz Karl Stanzel (* 1923) ist österreichischer Anglist und Literaturwissenschafter. 1940–1946 Kriegsmarine und Gefangenschaft in England und Kanada, 1947 Universität Graz (Anglistik, Germanistik), Promotion 1950, 1950/51 Harvard University, 1955 Habilitation an der Universität Graz, 1957–1959 Dozentur an der Universität Göttingen, 1959–1962 Ordinarius an der Universität Erlangen, 1962–1993 Ordinarius an der Universität Graz, seit 1993 emeritiert. DD.h.c. Fribourg CH, 1985, Marburg D, 2015.

Bibliografische Information der Deutschen Nationalbibliothek

Die Deutsche Nationalbibliothek verzeichnet diese Publikation in der Deutschen Nationalbibliografie; detaillierte bibliografische Daten sind im Internet über http://dnb.d-nb.de abrufbar.

© Verlag Königshausen & Neumann GmbH, Würzburg 2022
Gedruckt auf säurefreiem, alterungsbeständigem Papier
Umschlag: skh-softics / coverart
Umschlagabbildung: © Brigitte Heiden
Alle Rechte vorbehalten
Dieses Werk, einschließlich aller seiner Teile, ist urheberrechtlich geschützt.
Jede Verwertung außerhalb der engen Grenzen des Urheberrechtsgesetzes ist ohne Zustimmung des Verlages unzulässig und strafbar. Das gilt insbesondere für Vervielfältigungen, Übersetzungen, Mikroverfilmungen und die Einspeicherung und Verarbeitung in elektronischen Systemen.
Printed in Germany
ISBN 978-3-8260-7497-4
www.koenigshausen-neumann.de
www.ebook.de
www.buchhandel.de
www.buchkatalog.de

Inhalt

Ein Vorwort des Dankes 7

Einführendes 9
    Auf Umwegen zur Anglistik 9
    Zufall oder Zielmotivation 14
    Gedanken zu Gerontologie und Poetik
    (Kann vom Leser zunächst übergangen werden) 21

KAPITEL 1: ‚Nackt' an der Nachkriegsuniversität 25
    Kriegsveteranen — Baby Boomer —
    Corona-Pandemie 2020/21 35
    Akademischer Alltag und die Mühen einer postbellum
    akademischen Karriere. Habilitation 39

KAPITEL 2: Meine Erkundung des United Kingdom 43

KAPITEL 3: Kanada und Kanadistik 45

**KAPITEL 4: Die Anglistentage des (Deutschen)
Anglistenverbands** 57

KAPITEL 5: Narratologie. Auf dem Weg zum Typenkreis 71
    Viele Dyadisten gegen einen Triadisten 74
    Narratology. From Linnaean Taxonomy
    to Darwinian Evolution 79
    Stemma — Kästchen — Typenkreis 87
    Dorrit Cohn (1924-2012) – ehrliche Maklerin
    zwischen Genette und Stanzel 92
    Teller-Characters and Reflector Characters in
    Narrative Theory 96
    Die Komplementärgeschichte.
    Entwurf einer leserorientierten Romantheorie 112

Autobiographie. Wo ein Ich erzählt, ist immer Fiktion 140

John Lennon – J.D. Salinger, *The Catcher in the Rye*:
 Facta kollidieren mit Ficta 163

Found Poems – Vorgefunden in Rezensionen
 der *Typischen Erzählsituationen* 165

KAPITEL 6: Erlebte Rede hat schon viel erlebt 171

„Morgen war Weihnachten". Erlebte Rede als
 Irritation von Grammatik und Erzähltheorie 171

Zwei erzähltechnische Termini in komparatistischer Sicht:
 Erlebte Rede und *Erzähler* im Deutschen und Englischen 177

Episches Praeteritum, Erlebte Rede, Historisches Praesens   189

Die verzögerte Wahrnehmung von *Erlebter Rede* in England
 und Amerika 207

Brauchen wir ein transatlantisches Fair-Trade Abkommen
 für die Produkte deutschsprachiger Literaturwissenschaft? 216

Noch einmal: Das Phänomen Erlebte Rede
 (Aus historischer und komparatistischer Sicht) 217

Totalanglisierung: Ein bedenkliches Post-Bologna Erbe 224

KAPITEL 7: Nemesis auf hoher See: Facta oder Ficta? 227

Ein literarischer Essay über den Untergang
 der Schlachtschiffe *HMS Hood*, *Bismarck*,
 HSM Barham und *Scharnhorst* 227

KAPITEL 8: Memorabilia 245

Verzeichnis der wissenschaftlichen Veröffentlichungen
 von Franz K. Stanzel 1950–1993 255

Publikationen ab 1994 263

Personenverzeichnis 269

Ein Vorwort des Dankes

Am Ende einer langen Karriere als akademischer Lehrer in Göttingen, Erlangen-Nürnberg, Graz und als Gastprofessor im United Kingdom, Kanada und den Vereinigten Staaten fühlt man sich an erster Stelle seinen einstigen Hörern wie auch Lesern seiner Bücher – immer generisch – ganz besonders den kritisch aufmerksamen unter ihnen, zu Dank verpflichtet. Ihre Aufmerksamkeiten, die stillen ebenso wie die geäußerten, wurden mir immer wieder zum Ansporn neuer Einsichten.

Dass man als akademischer Lehrer auch den anregenden Gedankenaustausch mit den Mitarbeitern am Institut wie auch der fachnachbarlichen Kollegenschaft über die Jahre hinweg viel schuldet, bedarf wohl keiner weiteren Erklärung. Die bloße Nennung all ihrer Namen würde mit ihrem Umfang den Rahmen dieses Vorwortes sprengen. Einige von ihnen werden in den jeweils von ihnen gedanklich mitgetragenen Kapiteln genannt. Nicht unerwähnt dürfen aber die Namen von zwei Kollegen bleiben: Martin Löschnigg hat mich schon als Mitarbeiter, später dann als aktiver Kollege und Mitherausgeber der Vorträge des Weltkriegssymposiums, so wie auch bei der Bewältigung von kritischen Situationen im Institut, in mehrfacher Hinsicht unterstützt. Ihm ist ebenso wie Karl Steinkogler für wiederholte Ermutigung zur Fertigstellung der vorliegenden Arbeit zu danken.

Dass das Ganze im Zeitalter der Digitalität in eine druckfähige Form gebracht werden konnte, dieses Verdienst kann ganz allein Gudrun Tockner für sich beanspruchen. Als Wissenschafter, der seine Dissertation wie auch seine Habilitationsschrift noch auf einer Schreibmaschine mit jeweils drei oder vier Durchschlägen – ohne Tipp-Ex – hergestellt hat, weiß ich diese innovative Hilfe besonders zu schätzen.

Einführendes

Auf Umwegen zur Anglistik

Alles begann 1940: Der Frankreichfeldzug war eben ‚erfolgreich' beendet worden, und wir Jungen glaubten, das Kriegsende wäre nahe. Der alle überraschende Befehl Hitlers an seine gegen die Kanalküste vorstoßenden Panzer, vor Dünkirchen zu stoppen, sodass das britische Expeditionsheer vom Kontinent ungeschoren entkommen konnte, wurde von uns als Geste der Bereitschaft für einen Verständigungsfrieden mit den Engländern, unseren nächsten Verwandten, den auf die Insel geflüchteten Deutschen, wie Herder sie einmal nannte, aufgefasst. Gerade dann erschien ein Werbeoffizier der Deutschen Marine in der 7. Klasse des Realgymnasiums Steyr, die ich zu dieser Zeit besuchte. Ein Oberleutnant der Marine, mit zwei goldenen Ärmelstreifen auf seiner dunkelblauen Uniform, ein Feschak, wie er in einer Wiener Operette hätte auftreten können. Er machte auch sogleich, wohl unsere interessierten Blicke auf seine Uniform bemerkend, ein nicht nur für mich recht verlockendes Angebot: Mit einer Ausbildung zum Seeoffizier, die friedensmäßig – und so präsentierte er sein Programm – auch eine Weltreise auf einem Segelschulschiff oder einem Kreuzer vorsah, könnte jeder, der sich dafür meldete, in spätestens zwei Jahren auch als Leutnant zur See, mit einem Kolbenring am Ärmel, hier stehen. In zwei weiteren Jahren würde dann ein zweiter Kolbenring unsere Uniformärmel so wie jetzt seine als Oberleutnant zieren. Vor der großen Seefahrt und wiederum danach waren Schulen für Seemannschaft, Navigation und Nachrichtentechnik zu absolvieren. Es schien also eine attraktive, praxisnahe Alternative zu den Maturafächern.

Da mich seit der Annexion und Militarisierung Österreichs durch Hitler 1938 immer schon die Vorstellung plagte, im Zuge der nun geltenden Allgemeinen Wehrpflicht einmal unter einem schlecht auf meinen Schädel passenden preußischen Stahlhelm und in Knobelbecher-Stiefeln marschieren zu müssen, erschien mir das Angebot der Marine ein geradezu idealer Ausweg. Kurz entschlossen und zur Überraschung meiner nächsten Freunde und Lehrer, die mich als gut angepassten Schüler kannten, folgte ich, der bis dahin noch nie am Ufer eines Meeres gestanden hatte, dem Lockruf des Werbers aus der Ferne. Meine Meldung wurde auch postwendend mit der Einladung zu einem Segellehrgang an der Hanseatischen Yachtschule in der Flensburger Förde belohnt, wofür mich manch einer meiner Mitschüler offen beneidete. Vielleicht hat das auch ‚second thoughts' bei einigen meiner Klassenkameraden ausgelöst, doch diese kamen zu spät, wie sich bald zeigte. Sie legten ein halbes Jahr später brav die Matura ab. Zum Lohn dafür wurden sie gleich darauf zum nicht ganz freiwilligen Arbeitsdienst eingezogen, von wo sie dann nach nur ein oder zwei Wochen Urlaub zum Dienst in der Wehrmacht, meist wohl beim Heer, eingezogen wurden. Dort suchte man ihnen Stahlhelm und Knobelbecher als stolze Abzeichen ihrer Wehrtüchtigkeit einzureden.

Sechs Seekadetten in Den Helder 1941, nur zwei überlebten den Krieg. Verf. 2.v.r.

Auch mir blieb im Zuge der militärischen Ausbildung, die ich auf dem Dänholm bei Stralsund erhielt, der Umgang mit Stahlhelm und Knobelbecher-Stiefeln nicht ganz erspart, doch ging dies rasch vorüber, denn an Bord des Minensuchbootes, auf dem ich dann meinen ersten ‚Dienst an Bord' antrat, gehörten sie nicht mehr zur regulären Ausrüstung. Die im Ausbildungsprogramm vorgesehene Auslandsfahrt auf Hoher See musste allerdings vertagt werden, denn der Krieg war nicht, wie erhofft, nach Frankreich nicht nur nicht beendet worden, sondern hatte mit dem Russlandfeldzug erst so richtig begonnen. Für meine Klassenkollegen – einige hatten meine Meldung zur Marine als höchst unüberlegt bezeichnet – gab es nun keine Möglichkeit mehr, sich dem Wehrdienst im Heer zu entziehen. Rückschauend kann ich den moralisch eigentlich ganz unpassenden Gedankengang nur schwer abwehren, dass sie ihrem Schicksal gleichsam Vorschub geleistet hätten, in

Verf. als Prisoner of War in britischem Gewahrsam von 17.12.41 bis 20.12.46.
Aufnahme stammt aus Verhörlager bei London vom Dezember 1942.

dem sie nicht wie ich die seemännische Alternative gewählt hatten. Das Schicksal meines besten Freundes Hans G., mit dem ich fast sieben Jahre alles geteilt hatte, die zölibatäre Heimerziehung bei den Franziskanern im Konvikt Vogelsang und dann die Schulbank im BRG Steyr, wäre vielleicht ein anderes gewesen, aber wer kann das sagen? Mein Freund Hans wurde für sein geduldiges Ausharren bis zur Matura schließlich damit ‚belohnt', vor Stalingrad schwer verwundet zu werden. Noch beizeiten aus Stalingrad per Flugzeug evakuiert und daheim gesund gepflegt, ist er dann bei der Abwehr der Invasion im Westen gefallen. In seinem letzten Brief, er erreichte mich im sicheren Gewahrsam eines Kriegsgefangenenlagers in Kanada, schrieb er, eben von seiner Verwundung genesen, vom letzten Heimaturlaub vor seinem neuerlichen Abgang an die Front – für die Zensur verschlüsselt –, er sähe zuversichtlich seinem nächsten Einsatz entgegen, denn er würde ihn voraussichtlich in eine klimatisch günstigere Gegend als Russland bringen. Wie meine Nachforschungen nach dem Krieg ergaben, war er bereits an der Invasionsfront in Frankreich gefallen, als ich in Kanada nach der für die Gefangenenpost üblichen Verzögerung von Monaten seine letzten Zeilen las. War sein Schicksal der Lohn für sein Ausharren in der Schule bis zur Matura? Mein Abgangszeugnis aus der Maturaklasse vom Oktober 1940 war mit der ‚Reifeklausel' versehen, von Zynikern auch als ‚Reif für den Heldentod'-Klausel bezeichnet. Warum durfte ich, der Schulaussteiger, überleben, und musste mein guter Freund Hans, der brave Maturant, sterben? Dafür habe ich bis heute keine Antwort gefunden.

Doch zurück zu meiner Karriere. Auch ich musste bald zur Kenntnis nehmen, dass mein Dienst als Seemann nur teilweise über dem Meer, sondern für längere Strecken unter Wasser zu absolvieren war. Man hat mich, wie die meisten Neuzugänge damals, ohne viel zu fragen, zu den U-Booten abkommandiert. Damit war auch über mein weiteres Schicksal entschieden, im Schlechten wie im Guten. Im Schlechten, da die Aussichten zu überleben bei den U-Booten statistisch am geringsten waren (nur ein Drittel der Männer auf Booten im Einsatz überlebte); im Guten aber, da ich das große Glück hatte, nicht nur die Versenkung meines Bootes als einer der 16 von insgesamt 49 Männern zu überleben, sondern danach in britische Gefangenschaft zu geraten. Damit hatte mein Leben das gemacht, was ich im Titel dieser Kurzbiographie einen Umweg nenne, und eine Kursänderung auf ein Ziel vorgenommen, von dem ich allerdings noch über Jahre hinaus keine rechte

Ahnung hatte, wie es einmal aussehen könnte. Dass es eine akademische Karriere als Anglist sein sollte, begann sich erst nach 1955, dem Jahr meiner Habilitation für Anglistik an der Universität Graz und bald darauf nach meiner ersten Berufung nach Göttingen abzuzeichnen. Von diesem Extraordinariat ging es dann früher als mir lieb war – denn die Vorbereitung auf so eine Laufbahn erfordert in Normalzeiten mehrere Jahre –, auf ein Ordinariat in Erlangen-Nürnberg, von wo wiederum nach nur drei Jahren die Heimkehr nach Graz möglich wurde. Damit war für mich allerdings die Hektik der Nachkriegszeit nicht vorüber, wie nachfolgend noch zu berichten sein wird. Vorher sei mir aber noch eine kurze Nachdenkpause gegönnt. Die Vollendung meines 98. Lebensjahres bietet manche Anregung dafür.

Verf. mit Corona-Pandemie Bärtchen vor seiner Morschholzskulptur ‚Wotan', 2021.

Zufall oder Zielmotivation

Eine österreichische Journalistin übertitelte einen Gratulationsbeitrag zu meinem 90. Geburtstag, in dem sie schildert, wie oft mir im Krieg und auch in meiner späteren Karriere Fortuna hold gewesen ist, mit „Vom Zufall beglückt". Für den Historiker Reinhard Koselleck ist der Zufall ein bloßer „Motivationsrest" und für den Soziologen Karl Acham ein „Abweichen von der Normalerwartung", für den Literaturwissenschafter aber eine Unbestimmtheitsstelle, die ihn geradezu provoziert, in ihr eine verdeckte Sinnhaftigkeit zu erkennen, vorausgesetzt allerdings, dass er eingebettet in einen literarischen Kontext erscheint. In einem solchen Zusammenhang gilt dann der Befund des Linguisten J. Schlesinger, dass die menschliche Vorstellung keine absolute Sinnlehre duldet: „Human Nature abhors a semantic vacuum". Das sind in nuce die ideologischen Annahmen, unter welchen ich die nachfolgende Geschichte des Werdegangs meiner Karriere als anglistischer Literaturwissenschafter darstellen werde. Eingehendere Informationen dazu, sowie weitere Hinweise auf die eingangs erwähnten Autoren finden sich in mehreren meiner literaturwissenschaftlichen Beiträge, vor allem in *Welt als Text. Grundbegriffe der Interpretation*, 2011, sowie in „Gerontologisches in Literatur und Poetik", 2004, Wiederabdruck in *James Joyce in Kakanien*, 2019. Ich werde einleitend zu den jeweiligen Kapiteln noch einmal auf diesen besonderen Umstand meiner Fach-Autobiographie hinweisen. Diese beginnt mit dem ‚Zufall' meines Überlebens im Krieg und den darauffolgenden vier Jahren in Kriegsgefangenschaft, die ich ausgerechnet in britischem Gewahrsam verbrachte, eine für mich persönlich und für meine anglistische Karriere sehr günstige Wendung des Schicksals.

Angesichts des Alters des Verfassers als Praecentenarier wird man es ihm wohl auch nachsehen, wenn er, der sich bemüht, sein Leben sicher an die Boje 100 heranzusteuern, diese vielleicht auch noch zu umrunden, manchmal etwas vom Kurs abweicht, weil etwas seine Aufmerksamkeit in Anspruch nimmt, das nicht direkt auf der Kurslinie liegt. Wenn er sich dann auch noch erlaubt, gelegentlich etwas zu wiederholen, was dem Leser ohnedies schon bekannt ist, dann soll das nicht gleich als Nachlässigkeit, sondern als Phänomen der altersspezifischen Neigung zur ‚Linkstransposition' in der Abfolge der erzählten Ereignisse betrachtet werden. Sie bildet gleichsam eine Analogie zur Linkstransposition der Wortfolge in der modernen Dichtung, wie sie vor allem von poetologischen Neutönern wie Dylan Thomas und Gerald Manley Hopkins gerne zum Zwecke der Akzentuierung eines Wortes oder Bildes verwendet wird. Wiederholungen ereignen sich dann meist in einem neuen Zusammenhang, wodurch das Wiederholte oft auch in einer etwas anderen semantischen Einfärbung erscheint. Roman Jakobson hat in einem sehr lesenswerten Beitrag über die Rede der Alten zwischen zwei charakteristischen ‚Fehlleistungen' älterer Sprecher oder Erzähler unterschieden, einer Selektions- und einer Kontiguitäts-Aphasie, mit seinen Worten, eine „similarity-disorder" und eine „contiguity-disorder" (Roman Jakobson, *Two Aspects of Language and Two Types of Aphasic Disturbances*, 1971). Dahinter verbergen sich die beiden Grundformen der uneigentlichen Rede: Metapher und Metonymie, oder Synekdoche. Dieser Hinweis auf einen möglichen Zusammenhang zwischen gewissen wesentlichen sprachlichen Elementen von poetischen Texten und Merkmalen der Rede alter Menschen hat mich schon immer fasziniert. Ich bin auch mehrfach, in jeweils ganz verschiedenen Zusammenhängen, darauf zu sprechen gekommen. Hier muss es genügen, auf diesen möglichen Umstand in meiner Fach-Autobiographie aufmerksam zu machen. Irgendwie entlastet die bloße Benennung des Sachverhalts bereits mein Unbehagen, wenn ich beim Durchlesen meines Textes gewisse Mängel im Aufbau und der Stringenz der Gedankenführung entdecke. Man wird es mir vielleicht nicht allzu sehr verübeln, wenn ich mir zu meiner Entlastung insgeheim einrede, mit dem Verweis auf die Aphasie-Theorie des renommierten Linguisten Roman Jakobson könnten solche ‚Linkstranspositionen' in meinem Narrativ in einem gewissen Sinne gerontologisch ‚nobilitiert' werden!

Auch im thematischen Aufbau dieses Protokolls beanspruche ich eine gewisse Lizenz zum Abweichen vom narrativen Duktus gedanklich stringenter Gradlinigkeit. Dabei fühle ich mich sogar durch einen so originellen Autor wie Laurence Sterne ermutigt, der in seinem Roman *Tristram Shandy* die Abweichung überhaupt zum Strukturprinzip seiner Erzählweise gemacht und auch als solche sogar verteidigt hat: „Digressions, incontestably, are the sunshine of my story"(1756).

Viel Aufmerksamkeit hat die Alternsforschung dem Leistungsverlust in Kurzzeit- und Langzeitgedächtnis gewidmet. Die größeren Verluste im

Kurzzeitgedächtnis können heute mit digitaler Nachhilfe weitgehend reduziert werden. Dem Langzeitgedächtnis steht diese Hilfe nur sehr beschränkt zur Verfügung. Hier geht es auch primär weniger um quantitative Verluste als um qualitative Veränderungen. Die poetologische Parallele dazu ist das, was Wordsworth im Preface zu seinen *Lyrical Ballads* die „tranquil restoration" genannt hat. Erst die zeitliche Distanz vom Erlebnis bringt jene Qualität in dem Erlebten zum Vorschein, die dann in der Aussage zum Merkmal der poetischen Qualität wird. In der Biographie führt diese Qualität des individuellen Langzeitgedächtnisses zur Ausbildung von intergenerationellen Unterschieden etwa in der Wiedergabe von ein- und demselben historischen Ereignis. Diese Unterschiede werden besonders sinnfällig in der Wiedergabe von Erinnerungen an existenzielle Krisen wie Krieg, Gefangenschaft oder gesellschaftliche Umbrüche von der Art der NS-Annexion Österreichs 1938. Meine Aussagen zur Letzteren wurden übrigens Anlass zu einer Auseinandersetzung mit den Herausgebern des literarischen Organs der Österreichischen Akademie der Wissenschaften, *Sprachkunst*, über meinen Beitrag „Autobiographie. Wo ein Ich erzählt, ist immer Fiktion", in Band XXXVII, 2006, (Wiederabdruck in *Welt als Text*, 2011) sowie der Diskussion darüber in *Sprachkunst*, Band XXXVIII.

Bucheinband von Verf., *Verlust einer Jugend. Rückschau eines Neunzigjährigen auf Krieg und Gefangenschaft*, 2013 (Einband-Gestaltung Brigitte Heiden)

Wenn man die Liste meiner Bücher überblickt, wird man *Verlust einer Jugend* nicht übersehen können, denn auf dem Einband ist eine aus der Wasseroberfläche sich auftürmende Explosionswolke abgebildet. Erst bei genauerem Hinsehen wird man dann erkennen, dass sich die Explosion auf einem Schiff ereignet. Es könnte U 331 sein, auf dem ich als blutjunger, unerfahrener Dritter Wachoffizier (III WO) an diesem verhängnisvollen Tag, dem 17. November 1942, Dienst tat. Nur wenige Besatzungsmitglieder überlebten die

Torpedierung des Bootes durch einen Albacore Torpedoflieger der RAF – einer war ich.

Trotz dieser tragisch-dramatischen Erfahrung des Endes einer U-Boot Feindfahrt möchte ich mich nicht als U-Boot-Fahrer bezeichnen. Zwar habe ich in den diesem Ereignis vorausgehenden zwei Jahren in meiner seemännischen Ausbildung alle Stadien bis zur untersten Rangstufe eines Wachoffiziers auf einem U-Boot durchlaufen und als solcher an der letzten Fahrt von U 331, die mit seiner Vernichtung endete, teilgenommen. Es wäre aber eine Anmaßung, mich auf Grund dieser beschränkten Erfahrung als Angehörigen jener Gruppe zuzurechnen, die ihren Ruf dadurch erworben hat, daß sie die höchste Verlustrate aller Wehrmachtseinheiten erlitt. Ich erwähne diese Episode aus meinen jungen Jahren, weil sie mir eine Erklärung abfordert, wie ich überhaupt in diese Situation geraten bin.

Die nachfolgend erzählte Lebensabschnittsgeschichte erhält eine etwas ungewöhnliche Form. Es wird nämlich die erzählende Durchsicht meines Erinnerungsarsenals öfter durch, man könnte sagen, auktoriale Zwischenrufe des Literaten, eines Literaten, der vielleicht ein Quäntchen zuviel Narratologisches in seinem langen Leben eingesogen hat, unterbrochen. Es sind meist Einwände, die den mir in späteren Berufsjahren zugewachsenen professionellen Skrupeln betreffend Erzählen einer „wahren" Geschichte entspringen. So stellt sich mir immer wieder die Frage, ob sich denn die Dinge, wie sie sich in der über die Jahre hin vielfach geglätteten, aber auch an manchen Stellen verfestigten Retrospektion darbieten, auch dem Anspruch des dokumentierbar Historischen genügen können. Wird nicht durch die unvermeidliche Narrativität der Darstellung eine vieldimensionale Erfahrung in die Unilinearität eines Textes gepresst und damit unvermeidlicherweise in Richtung auf das bloß subjektiv Vorgestellte, das durch diese Texte aufgerufen wird, in Richtung Fiktion verschoben? Um mich nicht gleich zu Beginn im Gestrüpp einer theoretischen Diskussion zu verheddern, möchte ich fürs Erste zu einem erfrischend unbefangenen Diktum über dieses Problem Zuflucht nehmen: Die amerikanische Autorin Marianne Moore definiert einmal den Gegenstand jeder literarischen Aussage – und als solche betrachte ich auch meinen autobiographischen Versuch als Anglist – mit entwaffnender Treffsicherheit als „imaginary gardens with real toads in them". Ich kann nur hoffen, dass noch viele „echte Kröten" den Garten meiner Erinnerung beleben, so dass ich sagen kann, das Wesentliche an dieser Geschichte sei authentisch, real, historisch nachprüfbar. Diese Frage wird als ‚basso fermo' meine Erzählung stets begleiten. Für eine ausführlichere Diskussion der hier aufgeworfenen Fragen muß aber auf meine *Theorie des Erzählens*, 1979, die 2008 schon ihre achte Auflage erlebte, verwiesen werden. Im Hauptteil der nun hier vorgelegten Autobiographie meines Lebens als Anglist mit vorwiegend literaturwissenschaftlichem Interesse soll die ganze Aufmerksamkeit den „echten Kröten" im Garten meiner Erinnerung gelten, auch wo sie nicht gerade willkommen sind.

Auf meinem Weg zur Literatur, zur englischen Literatur – er setzte sich eigentlich aus vielen Umwegen zusammen, auf denen ein heimlicher Kompass mir immer wieder dazu verhalf, den einen richtigen Kurs zu steuern – bot sich bald eine erste Labestation an. Zu Beginn meiner britischen Kriegsgefangenschaft befand ich mich im Camp 1, Grizedale Hall, sehr pittoresk inmitten des Lake District, des Wordsworth Country, gelegen. Eines Tages, es muß im Frühjahr 1943 gewesen sein, erschien ein Lehrer aus der nahen County Town Kendal oder Keswick und hielt – wohl im Rahmen des von den Alliierten organisierten Re-Education Programme for German Prisoners of War – einen Vortrag über Englische Geschichte. Offensichtlich ermutigt durch die interessierten Mienen seiner Zuhörer, bot er am Schluss an, noch einmal zu kommen und einen Vortrag über Wordsworth zu halten. Da ich irgendwo schon gelesen hatte, dass Wordsworth in der Gegend des Lagers gelebt hatte, stimmte ich sofort für dieses Thema, was der Vortragende offensichtlich mit Befriedigung zur Kenntnis nahm. Doch kaum hatte er das Lager verlassen, überschütteten mich meine Kameraden mit dem Vorwurf, es sei wohl niemand außer mir an einem Vortrag über Woolworth, damals der Name einer Kette von Billiggeschäften, interessiert. Ich hatte einigen Erklärungsbedarf, dem zu entsprechen mir nicht ganz leicht fiel, denn mehr als dass Wordsworth ein Dichter aus dieser Gegend war, wusste ich auch nicht. Der Vortrag wurde aber dann mit großem Interesse aufgenommen, nicht zuletzt, weil der Vortragende auch einige Gedichte mit einführenden Kommentaren zum Besten gab. Eines davon ist mir seither im Gedächtnis geblieben, weil es offensichtlich etwas ansprach, was damals meine noch ganz ungeklärte Stimmung des Gefangenseins, nämlich – auf einem an allen Seiten von Stacheldraht eingehegten Stückchen Welt leben zu müssen – irgendwie ansprach: Jenseits des Stacheldrahts lockte eine schöne frühlinghaft aufblühende Landschaft, für mich unerreichbar! Das durch die Verse aufgerufene Bild bot jedoch der Imagination irgendwie einen Ersatz an. Es wäre denkbar, dass diese Erfahrung – bei gleichzeitigem Entzug des realen Erlebnisses, Ersatzerfüllung in der Vorstellung – mich überhaupt erst für den Genuss von Dichtung zugänglich machte. Hier ist der Schlüsseltext zu dieser Erfahrung: Verse, die William Wordsworths vor mehr als 200 Jahren auf einer Wanderung in der Umgebung des Lagers konzipiert hat. Sie finden sich in dem vielanthologisierten Gedicht *The Daffodils*:

> I wandered lonely as a cloud
> That floats on high o'er vales and hills,
> When all at once I saw a crowd,
> A host, of golden daffodils;
> Beside the lake, beneath the trees,
> Fluttering and dancing in the breeze.

War es nicht auch mir möglich, auf einer Wolke über den doppelten Stacheldraht des Compounds hinwegzuschweben, um den Frühling und seine Blüten zu genießen? In der Rückschau markiert dieser Vortrag in gewissem Sinne den Beginn meiner Karriere als Anglist. Hatte ich, als damals knapp Zwanzigjähriger, doch schon einen Gastvortrag über englische Dichtung organisiert! Über den Dichter der englischen Romantik, William Wordsworth, 1770–1850, wird später noch mehr zu sagen sein.

Gedanken zu Gerontologie und Poetik
(Kann vom Leser zunächst übergangen werden)

Ich möchte mit einem Begriff beginnen, der schon in jungen Jahren meine besondere Aufmerksamkeit auf sich gezogen hat, weil er sich als Zentralbegriff der modernen Poetik anbot, nämlich ‚Verfremdung', und zwar nicht im Sinne von Bert Brecht, sondern vom russischen Formalisten Shklovskij, der in den frühen Zwanziger Jahren unsere poetologischen Ansichten mit dem Begriff ‚ostranenie' = Verfremdung, revolutionierte. Es geht um eine Art Auffrischung oder Verjüngung unserer im Alltag stumpf gewordenen Wahrnehmung durch die Dichtung: „Man muss den Stein wieder steinig machen" lautet seine ebenso lakonische wie einleuchtende Anweisung. Nun habe ich in meinen letzten Jahren mehrfach die Erfahrung gemacht, dass mir Dinge, die mir in früheren Jahren durchaus vertraut waren, im Alter plötzlich als irgendwie ungewohnt, fremd erschienen sind. Es bedurfte dann einer gewissen geistigen Anstrengung, sie wieder in meine Welt des präsenten Alltags zurückzuholen. Darüber habe ich, so glaube ich, schon in früheren Arbeiten geschrieben. Solche Erfahrungen haben sich in den letzten Jahren immer öfter ergeben. Die Tatsache, dass mir ein dafür zutreffender Begriff verfügbar war, machte es mir leichter, meine Wahrnehmung gleichsam wieder zu normalisieren. In der Interpretation eines poetischen Textes kam mir dann diese Selbsterfahrung oft zugute, da auf diese Weise meine Aufmerksamkeit für die Wahrnehmung verfremdender Effekte in einem literarischen Text noch gesteigert wurde.

Ähnlich erging es mir mit einer anderen Unterscheidung, die für die Frage der Abnahme der Kreativität im Alter von Raymond Cattell vorgebracht wurde, nämlich die Möglichkeit zwischen fluider und kristalliner Intelligenz zu unterscheiden. Fluide Intelligenz, das bezeichnet vornehmlich Plastizität beim Aufbau neuer Neuronen-Verbindungen im Gehirn: Sie nimmt generell im Alter ab, gleichzeitig kann aber das, was Cattell kristalline Intelligenz nennt, im Alter auch erhalten bleiben, in besonderen Fällen sogar noch gesteigert werden. Letzteres setzt einen durch das Alter gewährten Zugewinn an Wissen und Erfahrung voraus, aus dem sich die Altersproduktivität nährt. Dabei wird die Erinnerung an früher verwendete Denkstrukturen und ihre optimale Selektion genutzt. So ist auch zu verstehen, warum gerade in den

Geisteswissenschaften, in denen Sprachliches und Historisches den Hauptgegenstand der Betrachtung bilden, der Kreativitätspeak manchmal erst im höheren Alter erreicht wird. Auch konnte ich feststellen, dass mir manche Zusammenhänge zwischen den verschiedenen Themenbereichen meiner literaturwissenschaftlichen Arbeiten erst viel später, in der retrospektiven Zusammenschau in ihrer Sinnhaftigkeit erkennbar wurden. Man lese dazu meine ‚Vorrede' zu *Welt als Text. Grundbegriffe der Interpretation*, 2011(!).

Besonders hilfreich fand ich über die Jahre hinweg mein durch die besonderen Umstände meiner Studienjahre vorgegebenes Interesse an Elementen der allgemeinen Linguistik, wie sie für mich besonders aufschlussreich aus den Arbeiten von Roman Jakobson erkennbar wurden, so etwa seine Unterscheidung von sechs Funktionen der Sprache: der referentiellen, der emotiven, der konativen, der appellativen, der phatischen und der – last but not least – poetischen Funktion. Die Definition der Letzteren bildete dann auch, zusammen mit dem Begriff der binären Opposition, eine der tragenden Säulen des literaturwissenschaftlichen Strukturalismus. Auf ihnen ruht auch die Grundkonzeption meines „berühmt-berüchtigten" narratologischen Typenkreises. Hinzu gesellte sich dann die von Goethe inspirierte Kreisanordnung und die Liminalität der grenzfreien Übergänge zwischen den als Typen markierten Erzählsituationen. Bei ihrer Konstituierung haben auch die Max Weber'schen Idealtypen Pate gestanden.

Anlässlich der Vollendung meines 80. Lebensjahres, 2003, hielt ich am Institut für Anglistik an der Universität Graz einen Vortrag über „Gerontologisches in Literatur und Poetik". Er ist in *Arbeiten zur Anglistik und Amerikanistik* 29, 2004, erschienen. (Wiederabdruck anlässlich meines 95. Geburtstages in meiner Sammlung *James Joyce in Kakanien* 1905–1915, 2019.) Dort habe ich eine etwas gewagte These vorgeschlagen. Sie lautet „Zwischen den Veränderungen des alten Menschen in Sprache, Vorstellung und Raum-Zeit-Kausalitätserfahrung und bestimmten Innovationen in der modernen Literatur und Poetik lassen sich, so glaube ich, gewisse Affinitäten, Analogien und Ähnlichkeiten erkennen." (*Kakanien*, 258) Ich wurde dazu durch eine interessierte Kenntnisnahme meines publizierten Beitrages von Judith H. Klein in der *F.A.Z.* vom 9.11.2016 ermutigt, dieser These weiter nachzugehen.

Das Thema Altern in der Literatur wird durch die, neuerdings viel beachtete Interkulturalität der Generationen eine zusätzliche Aktualität erhalten. Dazu trägt auch bei, dass die pathologische Manifestation unseres Themas, der Morbus Alzheimer, unsere Aufmerksamkeit von Tag zu Tag mehr in Anspruch nimmt. Hier liegen für einige der kreativen Autoren bereits Untersuchungen vor. Von diesen hat mich – aus persönlichen Gründen – jene über die Romanautorin Iris Murdoch besonders angesprochen. I. Murdoch war um 1990 Gastprofessorin am Institut für Anglistik an der Universität in Graz. Den Verlauf ihrer späteren Erkrankung an Alzheimer hat ihr Gatte, der Oxford Professor John Bayley, sehr einfühlsam beschrieben in *Iris. A Memoir of Iris Murdoch,* 1998. Diese Biographie bildet auch Grundlage für den Film *Iris*. Für I.Murdoch hat eine sprachwissenschaftliche Untersuchung der letzten drei Romane eine deutliche Verengung des Wortschatzes schon vor dem Ausbruch der Krankheit ergeben. Aus Bayleys biographischer Darstellung ist darüber hinaus zu entnehmen, dass Iris Murdoch zuletzt nicht mehr zwischen realen und fiktionalen Personen zu unterscheiden wusste, und z.B. eines Tages mit einem fiktionalen Charakter aus ihrem letzten Roman zu sprechen wünschte. Andererseits gelang es dem Gatten selbst im fortgeschrittenen Stadium der Erkrankung durch Zitieren von beiden gut vertrauten poetischen ‚Versatzstücken' noch Reaktionen auf solche Zitate von Iris auszulösen.

Einen ganz anderen Zugang zum pathologischen Wirklichkeitsverlust im Alter wählte Samuel Beckett in seinem Stück *Happy Days,* wenn er Winnie, die Zentralgestalt des Stückes im letzten Akt, in dem sie schon bis zum Hals in einem Erdloch eingesunken ist, von den „many mercies, many mercies" ihrer Existenz phantasieren lässt. (*Kakanien*, 266)

In meinem „Gerontologie und Poetik"-Beitrag komme ich dann auch noch auf R. Jakobsons sehr erhellende Studie über Parallelen zwischen zwei Arten von Sprachstörungen im Alter, Aphasien, und den zwei Grundformen der poetischen Sprache, Metapher und Metonymie zu sprechen, wodurch sich ein weiterer Zugang zum Begriff Verfremdung ergab, für den ich allerdings die aus dem Englischen entlehnte Übersetzung ‚Defamiliarisierung' als Bezeichnung vorziehe, weil sie noch deutlicher als Verfremdung das Charakteristische der veränderten Wahrnehmungsweise zu treffen scheint. Das

Englische bietet sogar einen zweiten, nicht weniger erhellenden Ausdruck an: ‚foregrounding', eine räumliche Metapher für eine Art der sprachlichen Aufmerksamkeitserregung zugunsten eines Vorgangs oder eines Gedanken oder Gefühls einer Figur der dargestellten Wirklichkeit.

Es muss den Lesern (immer generisch) der nachfolgenden Texte überlassen bleiben, ob und an welchen Stellen, Situationen, Themen sie einen Bezug zu den hier präsentierten Ausführungen zu Poetik und Gerontologie erkennen können. Am offensichtlichsten wird vielleicht ein solcher Zusammenhang an der gelegentlichen Digressivität der gedanklichen Struktur der Textsammlung (Tristram Shandy „digressions are the sunshine of my story"), den Wiederholungen – nie ohne kontextuelle Fremdfärbung des Wiederholten – und der gelegentlichen quasi-aphatischen Metonymisierung und Metaphorisierung des sprachlichen Ausdrucks zu erkennen sein.

Bei einer letzten Durchsicht des stark angewachsenen Textkonvoluts musste ich erkennen, dass noch Vieles einer Verbesserung sowohl im Ausdruck, wie auch in der Anordnung der z.T. thematisch disparaten Kapitel bedurft hätte. Nach eingehender Selbstbefragung meiner altersbedingten Leistungsfähigkeit bin ich allerdings zum Schluss gekommen, dass jede weitere Verzögerung, dem Text in seiner gegenwärtigen Form mein ‚Imprimatur' zu erteilen, die Publikation meines Opus Ultimum überhaupt in Frage stellen könnte. Ich habe mich daher entschlossen, das Manuskript in seiner vorliegenden Form dem Verlag zur Veröffentlichung zu übergeben.

Kapitel 1:
‚Nackt' an der Nachkriegsuniversität

„Jeder Mensch erfindet sich früher oder später eine Geschichte,
die er für sein Leben hält"
Max Frisch, *Mein Name sei Gantenbein*

Nach sechs Jahren Marsch durch die Wüste – Krieg und Gefangenschaft – endlich angekommen im Sommersemester 1947 in der Oase Alma Mater Graecensis, der Karl Franzens Universität in Graz, begann eine neue Phase der Entbehrungen und Enttäuschungen für den Studenten, der mit hochgespannten literarischen Erwartungen gekommen war, um hier ein Studium der Anglistik, Germanistik und Vergleichenden Sprachwissenschaft aufzunehmen. Wirklich Interessantes gab es nur selten zu hören, und dann eher in den sprachgeschichtlichen als den literaturwissenschaftlichen Kollegs. Von ersteren gab es auch eine große Auswahl. In der Literatur wurde dagegen praktisch nur Literatur<u>geschichte</u> vorgetragen. Im Seminar für Englische Philologie, wie das Institut für Anglistik damals hieß, wurde ein summarischer Überblick über Englische Literaturgeschichte von Beowulf bis Thomas Hardy in einem sechs-bis achtsemestrigen Zyklus angeboten. Die Germanistik bot Ähnliches, nur mit größerer Ausführlichkeit, und in vierstündigen Vorlesungen, etwa von Gottsched zu Herder, doch wurde das Ziel Herder auch im zweiten Semesterdurchgang noch immer nicht erreicht. Das hatte einen für uns Studierende damals noch nicht einsehbaren Grund ganz einfach in dem Faktum, dass der Vortragende selbst noch mit der Fülle des Materials rang, das er dann wöchentlich in jeweils zwei, drei oder vier Stunden vortrug. So manchen Privatdozenten vor Ort hatten die politischen Umwälzungen der Nachkriegszeit unverhofft zu Ordinariatsehren emporgehievt, worauf er meist nur schlecht vorbereitet war. Das zwang vorbereitungstechnisch zur Ökonomie, wie sie die Darstellung der einzelnen Autoren und ihrer Werke mittels des damals üblichen Drei- ER-Prinzips bot: Ein Autor und sein Werk wurden jeweils nach dem Ererbten, Erlebten und Erlernten beschrieben. Mit anderen Worten, es herrschte durchgehend ein biographischer Positivismus der Literaturbetrachtung, bei der sich alles auf ein paar historische Daten und Fakten reduzieren ließ. Es war wenig tröstlich, später einmal zu erfahren, dass einer meiner persönlichen Vorgänger auf dem Lehrstuhl in Erlangen und als Mitherausgeber der *Germanisch-Romanischen Monatsschrift*, Levin L. Schücking – in meinen Augen der letzte Universalanglist und als solcher mein stilles, wenn auch nicht ernsthaft angestrebtes Vorbild – vor fünfzig Jahren als Student in Göttingen eine ganz ähnliche Enttäuschung erfahren hatte. (Vgl. L.L.Schücking, „Memorabilia", *Anglia*, 1958).

Gelegentlich wurden allerdings auch in Graz in den ersten Nachkriegsjahren Labestationen für den großen Literaturdurst der Anglistikstudenten, meist Kriegsveteranen, angeboten. Es waren englische oder amerikanische Gastprofessoren, die unter den Auspizien des British Council oder des US Educational Service die österreichischen wie auch deutschen Universitäten bereisten. An einen dieser Gastprofessoren erinnere ich mich noch ganz genau, denn er hinterließ einen sehr nachhaltigen Eindruck bei mir. Es war der Romanautor und Kritiker Edwin Muir, der nicht über seine Romane, wohl aber über den Roman als literarisches Phänomen der Gattung Erzählung sprach. Das war 1948. Ich glaube, es war der allererste Vortrag, den ich in Graz über ein erzähltheoretisches Thema zu hören bekam. Im Anschluss an den Vortrag, im Gespräch mit Edwin Muir in kleinerem Kreis, bestehend fast durchwegs aus Kriegsheimkehrern, richtete er einmal an uns die Frage „What do you think of Kafka?" Was auf unserer Seite mit der Gegenfrage „Who is Kafka?" beantwortet wurde, und das im Jahre 1948, also zu einer Zeit, da die Romane Kafkas dank der Übersetzung von Edwin und Willa Muir bereits auf den verbindlichen Leselisten so mancher amerikanischer Colleges standen! Die NS-Schergen hatten die Spuren des jüdisch-österreichischen Autors total gelöscht. Nicht nur seine Werke, auch die darauf verweisenden Karteikarten waren aus den Bibliotheken entfernt worden. Aus Muirs Autobiographie erfuhren wir auch, dass ihm Kafka von einem Prager Freund – Edwin Muir war damals Leiter des British Council in Prag – zur Übersetzung ins Englische mit der Begründung empfohlen worden war, dass sein Deutsch relativ einfach sei! Für die noch schwachen

Deutschkenntnisse des Übersetzer-Novizen Edwin Muir eine sehr überzeugend begründete Empfehlung.

Obwohl ich gerade noch vor Weihnachten 1946 aus britischer Gefangenschaft entlassen worden war, konnte ich mein Anglistik-Studium erst nach Ostern 1947 an der Universität Graz beginnen. Der Vorlesungbetrieb wurde nämlich wegen Kohlemangels erst mit der wärmeren Jahreszeit aufgenommen. Eine meiner ersten Leistungen, die ich an meiner Alma Mater erbrachte, war übrigens die ‚händische' Lieferung von Kohle vom Bahnhof zur Universität mittels eines Handkarrens, beladen mit von mir und Kommilitonen mit Kohle prallgefüllten Säcken. Das fügte sich nicht ganz in mein Erwartungsbild von einer Universität, doch nahm ich es, ebenso meine mitbeteiligten Kommilitonen, ziemlich emotionslos hin. Meine Anreise vom Wohnort meiner Eltern in Oberösterreich nach Graz hatte ich – mangels einer durchgehenden Zugverbindung – ab Leoben auf der Ladefläche eines Baumaterial transportierenden Lastwagens hinter mich gebracht. Fuhrlohn für den LKW-Fahrer: ein paar Chesterfield Zigaretten, Restbestände aus meinem PoW-Vorrat als Nichtraucher.

Das Personal des Seminars für Englische Philologie der Universität Graz bestand damals aus einem Ordinarius, Prof. Dr. Herbert Koziol, einem prominenten Sprachhistoriker aus der Wiener Luick-Schule, und einer einzigen Wissenschaftlichen Hilfskraft, gleichsam Mädchen für alles: Bibliothekar, Sekretärin, Heizer, Seminarhausmeister, neben Betreuung der Studenten – heute gendergerecht Studierenden – zuständig für Aufsperren und Abschließen der Räume von Montag bis Samstagmittag, usw. Hinzu kamen dann zwei oder drei Lektoren mit Lehraufträgen von jeweils drei Stunden für den Englischunterricht. Eine Beratung von Studienanfängern gab es nicht. Also verließ ich mich auf den Rat des einzigen Philologen aus der Schar meiner ehemaligen Mitgefangenen, des Romanisten Mario Wandruschka, der lautete: „Wenn Sie Anglistik machen wollen, müssen Sie DEN Luick studieren." DEN Luick – gemeint war die umfangreiche Lautgeschichte des Englischen von Carl Luick – fand ich auch ohne Nachfrage, denn er stand im Handapparat des Seminars gleich vornean. Es fügte sich dann alles irgendwie zu meinen Gunsten, als nämlich Professor Koziol in meinem zweiten Studienjahr Seminarübungen zur Geschichte des Neuenglischen Lautwandels abhielt, konnte ich meine wirklich außerordentlichen Detailkenntnisse aus Luick voll ausspielen. Das Ergebnis war für mich etwas überraschend, aber ganz entscheidend für meine ganze akademische Karriere. Prof. Koziol, den offensichtlich meine überbordenden sprachhistorischen Kenntnisse beeindruckt hatten, bot mir die Übernahme der einzigen Wiss. Hilfskraftstelle des Seminars im nächsten Studienjahr an. Ein solches Angebot war mir sehr willkommen, denn mit dem kargen Gehalt einer WH konnte ich hinfort meinen Lebensunterhalt finanzieren. Das während der sechs Jahre Dienst in der Wehrmacht und Gefangenschaft auf meinem deutschen Bankkonto angehäufte Gehalt hatte sich nämlich durch Währungsreform und Wechsel der Staatsbürgerschaft total verflüchtigt. Vermutlich hatte nicht nur die eingehende Kenntnis der Englischen Lautgeschichte, sondern wahrscheinlich auch mein Englisch Prof. Koziol beeindruckt, hatte sich doch während der vier Jahre in britischer und kanadischer Gefangenschaft genügend Gelegenheit gefunden, mein Englisch zu perfektionieren. Es war allerdings ein etwas unfairer Vorteil, den ich damit gegenüber anderen potentiellen Mitbewerbern um die Assistentenstelle hatte: Fast alle hatten sie bis Ende des Krieges noch Wehrdienst geleistet, und einige waren erst kurz davor, so wie ich, aus der Kriegsgefangenschaft entlassen worden. Falls das Schicksal sie auf die Ostfront verschlagen hatte, waren für sie die Bedingungen für ein Englischstudium natürlich nicht so günstig wie für mich in Kanada.

Nach einem Jahr als Wissenschaftliche Hilfskraft, in dem ich mein Studium der Anglistik bereits mit einem Doktorat abschließen konnte, wurde mir 1950 ein Fulbright-Stipendium für ein Studium an einer amerikanischen Universität angeboten. Das Thema meiner Dissertation, „Das Amerikabild Thomas Wolfes, 1900 bis 1938" erwies sich dafür als – weiterer – Glücksfall. Das von mir frei gewählte und von Prof. Koziol großzügig akzeptierte Thema erwies sich – wiederum ohne mein Dazutun – als Qualifikationsvorteil für die Harvard Universität. Nach dem Krieg dominierte der amerikanische Roman sowohl literarisch wie auch inhaltlich das Interesse der europäischen Leser. Thomas Wolfe war im deutschsprachigen Raum damals bekannter als John Dos Passos, William Faulkner, James T. Farrell u.a. zeitgenössische amerikanische Autoren, denn in einem seiner Romane schildert er auch seinen Aufenthalt in Deutschland kurz nach Hitlers Machtergreifung. Dass er ein

Harvard-Graduate war, hat womöglich dann den Ausschlag gegeben, dass mich die Universität Harvard als Fulbrighter mit dem Status eines Special Auditors akzeptierte. Dieser Status, der mir als Inhaber eines Doktorgrades verliehen wurde, ist eigentlich für Forschungsarbeit gedacht, doch war ich während des Jahres 1950/51 vollauf damit beschäftigt, all das für mich völlig Neue, das ein Studium an dieser Elite-Universität zu bieten hatte, zu verarbeiten. Neben den Vorlesungen, die ich bei damals so prominenten Harvard-Professoren wie Douglas Bush, Marvin Murdock, Harry Levin hörte, nahm ich an Carvel Collins' Faulkner-Seminar teil, das mir das vielleicht nachhaltigste Bildungserlebnis des Harvardjahres vermittelte. Meine Seminararbeit bildete eine Analyse der Erzählweise in Faulkners Roman *Light in August*. Der überaus komplexen Erzählform versuchte ich mit meinen damals noch recht simplen, positivistischen Vorstellungen habhaft zu werden, wobei ich wohl etwas vorschnell auch an Faulkners Erzählhaltung manche Inkonsequenz an seiner Point-of-view Technik auszusetzen fand. Prof. Collins' durchaus wohlwollender, aber nicht unkritischer Kommentar traf ins Schwarze: „Franz, always remember that Faulkner did **not** study at the University of Graz!". Dieser Rat, zusammen mit all den Umbrüchen, die meine aus Europa importierte Nachkriegs-Vorstellungswelt während dieses Jahres zu verarbeiten hatte, zwangen mich zu einer tiefgreifenden Revision auch ganz persönlicher Wertvorstellungen, weit über mein Verständnis von Literatur hinaus. Einer Zusammenfassung meines Amerika- und Harvard-Erlebnisses gab ich – ohne zu übertreiben, wie ich heute noch glaube – den durchaus zutreffenden Untertitel „Eine intellektuelle Wiedergeburt". (Vgl. *Die typischen Erzählsituationen 1955–2015*, S. 35). Neben Vorlesungen und Seminaren waren es auch der lockere Umgang, die freie Diskussion und die Unterhaltungen mit amerikanischen und ausländischen Studenten, die mich darüber aufklärten, wie ideologisch defizitär das studentische Leben in den ersten Jahren nach dem Krieg in Österreich war. So ist vielleicht auch bezeichnend, dass ich nicht – etwa in einer Vorlesung der genannten Professoren – sondern von Studenten auf ein eben erschienenes Buch aufmerksam gemacht wurde, dessen Lektüre mich besonders nachhaltig beeindruckte: **René Welleks**, *Theory of Literature*, 1949. Bis dahin umschrieben für mich ‚Theorie' und ‚Literatur' zwei völlig unvereinbare Bereiche. In dem *einen* waltet der kühl kalkulierende Verstand und entwirft stringente Systeme, in dem *anderen* werden Ereignisse und Bilder evoziert, die Gefühle und Empathien im Leser aufrufen. Die hier skizzierten literaturwissenschaftlichen Ansätze dieses Buches von Wellek und sein ebenfalls gerade erschienenes Gegenstück, Lionel Trillings Essaysammlung *The Liberal Imagination*, 1950, haben mich über Jahre hinweg immer wieder beschäftigt, wie die offensichtlich zu verschiedenen Zeiten in beiden meiner Handexemplare eingetragenen handschriftlichen Marginalien sehr überzeugend zu belegen scheinen.

In meiner Rückschau auf das Amerika-Erlebnis von 1950/51 aus dem Jahr 2015 (Vgl. *Typische Erzählsituationen 1955–2015*) geht deutlich hervor, dass mich zunächst Welleks Formalismus mehr ansprach als Trillings humanistischer Liberalismus. So wie Wellek an der Yale University in Princeton, so residierte Trilling an der Columbia University in New York. Dort pflegte er auch das damals an amerikanischen Colleges praktizierte Great Works-Studien-Programm, von dem der Formalist Wellek weniger angetan war. So kam es, dass bei Trilling der von Freud inspirierten Psychoanalyse bei der literarischen Interpretation viel mehr Aufmerksamkeit geschenkt wird als in Welleks formalistischen Werkauslegungen: Bei diesen wird nach Roman Jakobsons linguistischer Abgrenzung der konnotativen Funktion der literarischen Sprache mehr Augenmerk zugewendet als der vorwiegend denotativen in der Alltags- und Wissenschaftssprache. Große Aufmerksamkeit wurde damals Trillings Essay über den 1948 erschienenen sog. Kinsey-Report, *Sexual Behavior in the Human Male*, zuteil. Dieser Report wurde sofort ein Bestseller. Es war der Humanist Trilling, der dem Kinsey-Report seine Aufmerksamkeit schenkte, aber sogleich auch Kritik an der vorwiegend quantifizierenden Methode von Kinseys Analyse des sexuellen Verhaltens der Amerikaner anklingen lässt: Kinsey war seiner wissenschaftlichen Herkunft nach Zoologe, woraus vielleicht seine Fokussierung auf die messbare Quantität der menschlichen Sexualität, die die Rücksichtnahme auf den Partner vernachlässigt, verständlich wird, was für Trilling zum Hauptanlass für seine Kritik am Kinsey-Report wird. Ganz abgesehen davon, dass sich damals in Europa wohl nirgends ein Professor für Literaturwissenschaft zu einem solchen Thema so explizit geäußert hätte wie Trilling, verrät auch bei Trilling die Wahl des Exemplums, mit dem er die quantifizierende Untersuchungsmethode Kinseys bloßstellt, letztlich die Dominanz seiner literarischen Vorstellungswelt: „By such reasoning the human male who is quick and intense in his leap to the lifeboat is natural and superior, however inconvenient and unfortunate his speed and intensity may be to the wife that he leaves standing on the deck." (Ebd. 47). Dennoch betrachtete Trilling den Kinsey-Report als „a very characteristically *American* document". Amerikanisch erscheint uns allerdings auch die Leichtfüßigkeit, mit der Trilling in diesem Essay dann vom Kinsey-Report zur Beschreibung der Gestalt der Venus im großen Lehrgedicht des Lukrez *De Rerum Naturae* gelangt.

René Wellek, übrigens ein Altösterreicher, der aus der Prager Schule des Formalismus stammt, wurde zu einem der ersten Wegbereiter des Strukuralismus in Amerika. Auf seine mir gegenüber anlässlich eines Zusammentreffens mit ihm bei einer Konferenz geäußerte Klage, dass er dafür in Amerika kaum Anerkennung gefunden habe, versuchte ich ihm dies damit zu erklären, dass fast alle darauf bezüglichen Hinweise in seinen Fußnoten und nicht im Text über dem Strich seiner *Theory of Literature* zu finden seien. Das schien ihm einzuleuchten. Ob es ihn auch getröstet hat? Damals wusste ich noch nicht, was mir erst Jahre später von einem Mainzer Kollegen anvertraut wurde: Es war René Wellek, der mich, lange vor diesem späteren persönlichen Treffen, als Kandidaten für die Besetzung eines anglistischen Lehrstuhls an der Universität Mainz ins Gespräch gebracht hatte. Welleks Bruder war nämlich Professor für Psychologie in Mainz, über ihn hat er mich für die Besetzung des Mainzer Lehrstuhls für Anglistik empfohlen. Anstoß dazu hat offensichtlich gegeben, dass ich ihm, von dem ich wusste, dass er Deutsch las, meine Habilitationsschrift *Die Typischen Erzählsituationen im Roman*, 1955, nach Yale geschickt hatte. Auch wenn ich in Mainz dann doch nicht zum Zug kam, diese Empfehlung von jenseits des Atlantiks brachte mich vermutlich dann aber in Göttingen ins Gespräch, wo ich tatsächlich bald darauf, 1957, eine Diätendozentur, eine Art Warteposition auf ein demnächst zu schaffendes Extraordinariat für Anglistik, übernahm. Aber noch einmal zurück nach Harvard.

Als Jahrgang 1923 war ich einerseits ein Kind des materiellen Mangels und der finanziellen Not: Wirtschaftskrise 1929ff., Krieg, 1939–1945, Gefangenschaft und Nachkriegsnotzeit, andererseits auch Objekt der autoritären Erziehung, zuerst im klerikal-faschistoiden Ständestaat von Dollfuss und Schuschnigg, dann mit NS-Ideologie verseucht, und schließlich in der Deutschen Wehrmacht geistlosem militärischen Drill unterworfen. Amerika in seinem materiellen wie auch intellektuellen Luxus musste mir daher 1950 wie ein irdisches Paradies dünken. Letzteres erschien mir geradezu verkörpert in Harvards Widener Library, die sich mir, dem Fremden, mit einer in europäischen Bibliotheken undenkbaren Generosität bis hinein in die schier endlosen Stacks ihrer Bücherregale öffnete. Dass ich in einer stillen Zeitschriften-Lesebucht dieser Oase des Geistes auf eine der neuesten Nummern der *Deutschen Vierteljahrsschrift* ausgerechnet auf den ersten Beitrag von **Käte Hamburger** mit dem zunächst eigentlich wenig attraktiven Titel „Strukturprobleme der epischen und dramatischen Dichtung" stieß, erscheint mir heute fast wie eine weitere Handreichung einer mir wohlwollenden Fortuna. Für die nächsten zwanzig Jahre und mehr war Käte Hamburger für mich eine gedankliche Begleiterin und zugleich Herausforderung. Ihre *Logik der Dichtung*, 1957, wurde für mich eine Art intellektueller Reibebaum, an dem meine Ansichten zur Erzähltheorie ihre erste Bewährungsprobe bestehen mussten. Eine zusammenfassende Rückschau auf meine laufende Auseinandersetzung mit Hamburgers *Logik* biete ich in einem Resümee in *Triade*, S. 141ff. (Kurztitel für *Die Typischen Erzählsituationen 1955–2015*). Mein Antrittsvortrag in Göttingen im Sommersemester 1957 war dann auch meine erste kritische Stellungnahme zu der kurz vorher erschienenen *Logik der Dichtung* und ihren narratologischen Begriffen wie Mimetische Fiktion, Episches Präteritum usw. (Vgl. „Episches Präteritum, erlebte Rede, historisches Präsens", *DVjs* 33, 1959). Mit großer Befriedigung habe ich kürzlich die Nachricht vernommen, dass eine Straße nahe dem Hörsaalgebäude, wo ich wohl als einer der Ersten Hamburgers Buch zur Diskussion gestellt habe, seit kurzem den Namen von Käte Hamburger trägt.

Nachtrag 1:
Dissertation und Studienabschluss 1950

Das Manuskript der Dissertation musste in drei Exemplaren vorgelegt werden, welche von mir eigenhändig mit großem Nachdruck auf einer Underwood-Portable Schreibmaschine äußerst zeitaufwendig wegen der Korrekturen der Tippfehler – Tippex war damals noch nicht verfügbar – hergestellt wurden. Als ich kürzlich wieder in meinem Handexemplar der Dissertation blätterte, musste ich zu meinem großen Staunen, ja, fast war es Schrecken, feststellen, dass der Begriff Erzähler darin kaum vorkommt. Wo von der Hauptperson die Rede ist, wird sie mit ihren fiktionalen Namen genannt, auf den Vermittler der Geschichte beziehe ich mich mit „Autor"! Deutlicher kann man die positivistischen Voraussetzungen meines Literaturverständnisses der Vor-Harvard-Zeit gar nicht belegen. In den literarischen Vorlesungen und Seminaren sowohl der Germanistik wie auch der Anglistik wurde das positivistische Credo „Die Stimme, die in einer Erzählung oder einem Gedicht zum Leser spricht, ist die des Autors, auch wenn er sich einmal vorübergehend einen andere Namen geben sollte", im Allgemeinen selten in Frage gezogen. Dieser Irrtum sollte sich aber grundlegend schon in den ersten Jahren dank des Siegeszuges, den Formalismus, Strukturalismus, Hermeneutik und New Criticism oder textimmanente Kritik auch im deutschen Sprachraum, nach zeitbedingter Verzögerung durch Krieg und NS-Ideologie antraten, bald überwunden werden.

Nachtrag 2:
Levin L. Schücking (1878–1964), der letzte Universalanglist und als solcher auch mein anglistisches Vorbild – er war übrigens auch mein Vorgänger, mittelbar als Inhaber des Erlanger Lehrstuhls und unmittelbar als anglistischer Mitherausgeber der *Germanisch-Romanischen Monatsschrift*. Er beklagte die Dominanz des Positivismus in der deutschen akademischen Literaturlehre auch schon zu seiner Göttinger-Studienzeit um 1905, und zwar in seinem sehr lesenswerten autobiographischen Rückblick „Memorabilia" in der *Anglia* des Jahrgangs 1958. Diese verfasste er zu seinem Abschied von Erlangen und nach seinem Rückzug in das Haus ‚Heorot' in Farchant, Oberbayern, benannt nach der Heldenhalle des von ihm neben Shakespeare auch edierten germanischen Epos *Beowulf*. Eine solche Leistung, auf zwei so verschiedenen Gebieten, hat wohl kein Anglist nach ihm mehr zustande gebracht. Zu diesen Meriten wären übrigens noch hinzuzufügen die Pionierarbeit über die *Soziologie der literarischen Geschmacksbildung* und seine Studien zur puritanischen Familie, *Die puritanische Familie aus literar-soziologischer Sicht*, mit

denen er methodologisch der Literaturbetrachtung seiner Zeit ganz neue Wege wies. In der stattlichen Liste der Rufe, die Schücking im Laufe seiner aktiven Zeit ablehnte, ist auch ein Ruf an die Universität Graz verzeichnet! Als 1933 die NS-Herren Schücking wegen seiner mehrfach bekundeten pazifistischen Gesinnung aus dem Lehramt an der Universität Leipzig zu entfernen trachteten, mussten sie vor dem übermächtigen öffentlichen Protest von Professoren und Studierenden der Universität diesen Plan wieder fallen lassen; ein seltenes Beispiel universitärer Solidarität, das mit dem Erstarken des NS-Regimes in den Jahren darauf bald nicht mehr vorstellbar war. Schücking gab mir sogar die Ehre seiner Anwesenheit bei meiner Antrittsvorlesung als Ordinarius für Anglistik an der Universität Erlangen im SS 1959 – eine denkwürdige Erinnerung. Antrittsvorlesungen wurden an der Universität Erlangen damals sehr eindrucksvoll zelebriert. Die Professoren, alle im Talar, saßen auf der Bühne in einer großen Runde hinter dem Vortragenden. Mitten in dieser Runde thronte im alpenländischen Outfit, so wie er aus seinem Haus Heorot in Farchant herbeigeeilt war, Levin L. Schücking, der letzte Universalist der deutschen Anglistik. Leider habe ich nie in Erfahrung gebracht, was er von meiner Antrittsvorlesung über „Die Darstellung von Innenwelt im Roman" hielt.

Kriegsveteranen – Baby Boomer – Corona-Pandemie 2020/21

Ein Artikel in einer Tageszeitung von heute – wir befinden uns im zweiten Lockdown der Corona-Pandemie – verfasst von einem Angehörigen der Baby-Boomer Generation (Geburtsjahrgänge 1945ff.), über die Belastungen und Herausforderungen durch die Coronakrise vor allem durch (neudeutsch) Social Distancing, Hausquarantäne und die besondere Gefährdung als Hochbetagter, hat mich veranlasst, meine Lage, meine persönliche Stimmung in dieser Situation zu überdenken. Das Ergebnis ist einigermaßen überraschend, denn ich komme zu dem Schluss, dass ich – hochgefährdet hin oder her – in ganz wesentlichen Punkten im Vergleich zur Stimmung der Baby-Boomer bevorzugt bin. Beginnen wir mit dem Bedrohlichsten: von Covid-19 angesteckt und schwer, eventuell lebensbedrohend zu erkranken. Die, je nach individuellem Schicksal, mehr oder weniger häufigen Konfrontationen mit Überlebenssituationen in unserer Jugend, haben uns Kriegsveteranen in der Erinnerung einen gewissen Gleichmut gegenüber dem Ausgang solcher Erlebnisse mitgegeben. Dann die psychische Last einer länger andauernden Hausquarantäne: Ihre Lockerung und schließliche Beendung ist in Monaten mess- und absehbar. Wie viel düsterer waren da die Aussichten eines Kriegsgefangenen! Nehmen wir einmal einen Piloten, der in der sogenannten Battle of Britain 1939/40 über England abgeschossen und in britische Kriegsgefangenschaft geraten war und dessen Chancen, aus ihr wieder entlassen zu werden, mit jedem Jahr, die der Krieg dauerte, schlechter und schlechter wurden. Ähnlich ist es mir ergangen, wenn auch nicht ganz so schlecht, der ich 1942 nach Vernichtung von U-331 in britische Gefangenschaft geraten war und entsprechend der von den westlichen Alliierten praktizierten Regel „captured early, discharged last" erst kurz vor Weihnachten 1946 entlassen wurde. Ich betrachte es als eine zweite Chance, die mir ein ominöses Fatum gewährt, in der gegenwärtigen Krise – so abwegig das auch klingen mag – so etwas wie eine Entschädigung dafür zu erfahren, dass mir in meiner Jugend die besten Jahre des Jungmannseins vorenthalten wurden. Als wohlbestallter Pensionist, und von Familie und Freunden versorgt, ist es mir gegönnt, abgeschirmt von der Hektik des prae-pandemischen Alltags den Verlauf meines Lebens mit besonderem Augenmerk auf meine durchaus befriedigend verlaufene Berufskarriere rückschauend zu rekonstruieren und zu Papier zu bringen und so der Nachwelt vielleicht auch als Rezept für die Bewältigung kommender Krisen (Klima?!) zu hinterlassen.

Von diesen etwas abwegigen Gedankengängen komme ich mit neuen, nicht unerheblichen Überlegungen zurück zum Thema „Mein Leben als Anglist". Jetzt wird mir nämlich plötzlich klar, dass der Generationensprung von der Kriegsveteranen- zur Nachkriegsgeneration (Baby-Boomer) auch eine erhebliche Zäsur in meine Karriere gekerbt hat. Am deutlichsten wird das sichtbar an der Rezeption meiner narratologischen Theorien. Ihre erste Ausbildung erfuhren sie zusammen mit theoretischen Entwürfen von Veteranen- oder Exilanten-Zeitgenossen wie Wolfgang Kayser, Willi Erzgräber, Edgar Mertner, Horst Oppel, und nicht zuletzt Käte Hamburger, Dorrit Cohn u.a. Sie alle schrieben ihre Texte, so wie auch ich, noch in eine Schreibmaschine. Deren kritische Rezeption und Rezension wie auch Weiterentwicklung erfolgte dann von Köpfen, denen bereits PC-Hände verfügbar geworden waren. Aber das war ein äußerlicher Unterschied, der allerdings in einer gewissen Zuspitzung auch manche inhaltliche Folgen nach sich zog. Dies lässt sich an einem besonders gelagerten Fall demonstrieren – es war gar nicht Schreibmaschine versus Computer, sondern Diktiergerät am langen versus kurzen Mikro-Kabel. Diesen historischen Fall habe ich konkret während meiner Erlanger Zeit mit meinem damaligen Würzburger Kollegen Wolfgang Iser um 1960 ausgefochten. Der Unterschied zwischen den von Wolfgang Iser am langen Kabel des Diktiergerätes Konzipierten und den von mir mittels Diktiergerät am kurzen Kabel – oder direkt, ohne Diktiergerät verfassten Texten, ist inhaltlich wie stilistisch nicht zu übersehen. (Vgl. *Unterwegs. Erzähltheorie für Leser*, S. 35/6). In der Rezeption meiner Erzähltheorie gab es eine frühe Phase, in der die Rezensenten, vor allem jene, die noch dem literarhistorischen Positivismus huldigten, etwas hilflos, wenn auch wohlwollend reagierten, wie etwa der erste Rezensent meiner *Typischen Erzählsituationen* in den *Neueren Sprachen*, 1957, oder aber auch abwehrend bis böswillig entstellend, worauf ich dann auch nicht gerade nachsichtig konterte. (Vgl. „Kritischer Vampirismus" in *Unterwegs*, S. 81–87). Gar nicht verzeihlich finde ich allerdings, dass der Herausgeber der führenden Fachzeitschrift *Anglia* in Jahren, in denen dieser Herausgeber die Zeitschrift hauptsächlich für die Publikation seiner eigenen Arbeiten in Anspruch nahm, für die Rezension der wenigen Habilitationsschriften, die damals erschienen, darunter auch meine *Typischen Erzählsituationen* 1955, keinen Platz fand. Wie überhaupt die Frage der Verantwortung, die Herausgeber von Fachzeitschriften in dieser Hinsicht gegenüber dem Fachganzen generell haben, bisher zu wenig hinterfragt worden ist. Die dann übliche Begründung, es hätten sich für ein bestimmtes Buch eben keine Rezensenten gefunden, wird nämlich gelegentlich auch dann in Anspruch genommen, wenn eine Zeitschrift Kritik an einer ihrer redaktionellen Entscheidungen auf diese Weise möglichst wenig Aufmerksamkeit zukommen lassen möchte. Meine Erfahrung mit dem Buch *Die Typischen Erzählsituationen 1955–2015*, in dem ich, ausgehend von Kritik an konkreten Fällen oder Zuständen, Fragen von grundsätzlicher oder programmatischer Bedeutung die weitere Entwicklung des Faches betreffend aufwerfe – z.B. die höchst problematische Totalanglisierung des literaturwissenschaftlichen Forschungs- und Lehrbetriebs – ist sehr aufschlussreich. Für diesen Band fand angeblich keine der führenden Fachzeitschriften im deutschen Sprachraum einen Rezensenten! Eine einzige ‚heimische' Zeitschrift ließ den Band auf meinen nachdrücklichen Zuruf dann doch besprechen, wobei allerdings keine der von mir gestellten programmatischen Fragen auch beantwortet wurde.

Nicht klagen kann ich dagegen über mangelnde *internationale* Aufmerksamkeit für meine Erzähltheorie, besonders in der erweiterten und vertieften Fassung von 1979 (*Theorie des Erzählens*, 1979). Mit großer Befriedigung haben Verlag und Autor zur Kenntnis genommen, dass dieser UTB-Band – diese Serie wird ja bekanntlich stets in recht hoher Stückzahl gedruckt – es innerhalb weniger Jahre auf acht Auflagen (!) sowie zu Übersetzungen in alle bedeutenden Sprachen brachte, u.a. auch bei der Cambridge UP, ja sogar zu einer mehrfach aufgelegten japanischen Ausgabe. Diesen Erfolg schulde ich u.a. der durchwegs freundlichen und kritisch weiterführenden Rezeption dieses Buches durch die Narratologen der Nachkriegsgeneration, maßgeblich durch M. Fludernik, Ch. Bode, J. Vogt, Dietrich Weber, Dorrit Cohn, Ansgar Nünning und vielen anderen. Durch ihre meist auch gedanklich weiterführenden Überlegungen, die zu manchen Differenzierungen meinerseits Anlass gaben, wurde die Rezeption des Buches zusätzlich gefördert. Mit dieser Diskussion traten dann auch Strukturalismus und immanente Textkritik (New

Criticism) ihren endgültigen Siegeszug über die Spätpositivisten, Nachzügler der Vorkriegsgeneration, an.

Aber Narratologie war, besonders in der Frühzeit meiner Karriere als anglistischer Literaturwissenschafter, für mich nur ein Teilgebiet, zu dem in meiner mittleren und späteren Zeit auch noch thematisch ganz anders orientierte Interessens- und Themengebiete traten: Literarische Imagologie und Nationalstereotypie sowie Komparatistik: Vergleichende Darstellung des Ersten Weltkrieges in Deutscher und Englischer Literatur, Kriegsautobiographie, Telegonie oder imaginative Fernzeugung, und last but not least, linguistische Aspekte der Literaturwissenschaft: Erlebte Rede etc. Darüber wird vielleicht später einmal zu berichten sein.

Akademischer Alltag und die Mühen einer postbellum akademischen Karriere. Habilitation

Ich habe in der Beschreibung meiner Lebensgeschichte als Anglist schon etwas vorgegriffen. Hier ist daher noch einiges nachzutragen: Was ich im Frondienst als einziger Assistent an einem Universitäts-Institut zu leisten hatte, das in den Fünfziger Jahren einen starken Zuwachs an Studierenden aufwies, ließ wenig Zeit für eigene Arbeiten. Das konnte mir Professor Koziol bei aller Förderung, die er mir zuteil werden ließ, einfach nicht ersparen. Nach banalen Dienstleistungen einer Semesterwoche blieb nur das Wochenende für wissenschaftliche Arbeit übrig. Dass es mir dennoch gelang, in der kürzestmöglichen Frist (Absolution nach 6 Semestern, nur für Kriegsteil-

```
Hörerzahlen (nach Belegscheinen) :
====================================

WS 1962/63 :    Hauptvorl. "Stilwandel"         312
                Mittelengl.                     164
                Lit.Prosem.                     12o

SS 1963 :       Hauptvorl."Romantik"            265
                Englandkunde                    248
                Lit.Pros.                        47
                Seminar "Chaucer"                32

WS 1963/64 :    Hauptvorl."Rom.&Vikt."          257
                Mittelengl.Lit.                 272
                Seminar "Roman"                  37

SS 1964 :       Hauptvorl."Vikt.&Mod."          32o
                Einführung angl.Litwiss.        171
                Lit.Pros.                       144
                Seminar "Shakesp."               3o
                gezählte Institutskarten        271

WS 1964/65 :    Hauptvorl."Shakesp."            325
                Mittelengl.                     123
                Seminar "Lyrik"                  26
                gezählte Institutskarten        355  (72 Erstsem.

SS 1965 :       gez.Institutskarten (bisher)    277
```

Hörerstatistik Anglistik Graz der Jahre 1962–1966, in denen Verf. allein das gesamte anglistische Lehrprogramm in Graz anzubieten hatte.

nehmer) die Rigorosen für das Doktorat und die Lehramtsprüfungen aus Englisch und Deutsch abzulegen, verdanke ich zu einem Gutteil dem intellektuellen Fettpolster, der mir während der vier langen Jahre der Kriegsgefangenschaft zugewachsen war. So konnte ich bereits acht Jahre nach faktischem Studienbeginn, SS 1947, die Hürden der Habilitation für ein Fach, das sich damals „Englische Philologie" nannte, nehmen. Der Titel meiner Habilitations-Schrift lautete *Die typischen Erzählsituationen im Roman. Dargestellt an Tom Jones, Moby-Dick, The Ambassadors, Ulysses* u.a. Das Buch konnte noch im gleichen Jahr, nämlich 1955, in Druck gehen, dank des Interesses, das die amerikanischen Informationsdienste in Wien dafür bekundeten, indem sie Exemplare davon für amerikanische Bibliotheken aufkauften. Die Inklusion von zwei amerikanischen Autoren in meinem Titel machte sich also – für mich völlig unerwartet – sogleich bezahlt. Ein Teil Österreichs und ein Sektor der Bundeshauptstadt Wien waren damals amerikanisch besetzte Zone. Aus Titeln und Untertiteln meiner ersten Beiträge ist zu erschließen, dass diese Arbeiten auf weite Strecken hin die Frucht einer Neuorientierung meiner literarischen Interessen während des Harvard-Jahres waren. Selbst der Ire James Joyce mit seinem *Ulysses* kam nicht wie Pontius im Credo in meinen Titel, sondern mein Interesse für dieses literarische Faszinosum ist auch einer Harvard-Vorlesung von Harry Levin zu Comparative Literature zu verdanken. Meine strukturalistische Grundposition verknüpfte ich dann mit Max Webers Konzept der Idealtypen, hinter denen Goethes kreisförmige Anordnung des Dreigestirns der Grundgattungen Lyrik, Epik und Dramatik sichtbar wird. Bei Goethe also findet sich der Keim zu dem in der Fortsetzung der Habil.-Schrift, in meiner *Theorie des Erzählens* von 1979 zum ersten Mal präsentierten Typenkreis auf triadischer Basis. Dieser Typenkreis hat wie kein anderes Produkt meiner narratologischen Arbeiten Zustimmung wie auch Kritik auf sich gezogen. Als „Stanzels berühmt-berüchtigter Typenkreis", mit diesem vielsagenden Epitheton ornans, wird er wohl auch in meine wissenschaftliche Biographie einmal eingehen. Es war nicht zuletzt die diagrammatische Tauglichkeit des Kreisdiagramms, die meiner *Theorie des Erzählens* zu größerer Verbreitung sowohl in der akademischen wie auch schulischen Lehre brachte. Beginnend mit einer englischen Übersetzung in der Cambridge University Press, der allerdings eine amerikanische von Dorrit Cohn veranlasste amerikanische Übersetzung der Habilschrift schon vorausgegangen war, wurde die *Theorie des Erzählens* bald nach ihrem Erscheinen 1979 in alle größeren Sprachen, darunter auch ins Japanische, übersetzt.

Als ich das Institut für Anglistik an der Universität Graz, oder Seminar für Englische Philologie, wie es damals noch hieß, von meinem Vorgänger und

Verf. mit Monika Fludernik, Freiburg. Sie begann ihre erfolgreiche anglistische Karriere als Mitarbeiterin des Verf. in Graz.

ehemaligen Lehrer, Herbert Koziol, übernahm, bestand es personell aus einer Professur und einer Wissenschaftlichen Hilfskraftstelle. Der damalige Inhaber dieser Assistentenstelle ging mit Koziol nach Wien. Also musste ich in Graz buchstäblich personell bei Null beginnen. Die mir kraft Berufungszusagen versprochenen Stellen wurden dann allerdings erst im Stellenplan jeweils der kommenden Jahre realisiert. Trotzdem gelang es mir aber, aus der erfreulich großen Zahl von sehr interessierten Studierenden Mitarbeiter als Assistenten zu gewinnen und fachlich für ihre wissenschaftlichen Aufgaben zu qualifizieren. Die meisten von ihnen strebten nach der Doktorpromotion auch eine Habilitation für das Fach Anglistik-Literaturwissenschaft an. Fast alle erhielten bald darauf auch Berufungen auf Professuren an österreichischen oder deutschen Universitäten: F. Zaic, Salzburg; W. Zacharasiewicz, Wien; Monika Fludernik, Freiburg Br.; W. Zach, Innsbruck; M. Löschnigg, Graz.

Auch gelang es mir nach einigen Fehlschlägen, die mir kraft Berufungszusagen neu geschaffenen Lehrkanzeln für Mediävistik und Linguistik mit Wolfgang Riehle aus München und Alwin Fill aus Innsbruck zu besetzen. Mit uns dreien und unseren speziellen Interessensgebieten war das Lehrangebot Anglistik nahezu perfekt abgedeckt. Aber auch der persönliche Kontakt zwischen uns Kollegen verlief stets harmonisch, auch dann noch, als wir uns als Emeriti zu dritt ein kleineres Arbeitszimmer teilen mussten.

Unerwähnt geblieben ist bisher, dass bald nach meiner Berufung nach Graz auch eine selbständige Amerikanistik ins Leben gerufen wurde, für die Jürgen Peper aus Berlin gewonnen werden konnte. Das heißt also, dass aus dem Ein-Mann-Betrieb Anglistik von 1962, nicht zuletzt dank der von mir ausgehandelten Berufungsbedingungen, zwei Institute mit vier Professuren und mit mehr als einem halben Dutzend wissenschaftlicher Assistentenstellen geworden war. Allerdings hatte sich die Hörerzahl inzwischen auch mehr als verdreifacht.

Kapitel 2:
Meine Erkundung des United Kingdom

Beim planlosen Zappen durch das abendliche TV-Programm geriet ich kürzlich in eine Sendung über Schottland. Mit dem Interesse an den gezeigten Landschaften – als Binnenländer faszinieren mich Küsten, besonders felsige Küsten und auch die Menschen dieser Gegenden bei ihren regional charakteristischen Beschäftigungen – drängte sich aus dem Hintergrund eine Frage auf, die mich heute, da ich kaum mehr die Möglichkeit für größere Reisen habe, zunehmend beschäftigt: Warum ich Schottland in meinen späteren Jahren als Anglist immer weniger Aufmerksamkeit zuwendete. Das war vor fünfzig Jahren doch ganz anders! Schottland galt, neben England natürlich, eben doch eine gewisse Neugier, zunächst weniger aus literarischer Motivation denn als Kontrast- wie auch Komplementärland zu meiner eigenen Voralpenlanderfahrung in der Jugend. In meiner anglistischen Laufbahn ergab sich dann, aufgrund einiger glücklicher Begegnungen, mehr Gelegenheit, Land und Leute aus Schottland auch persönlich kennen zu lernen. So nutzte ich 1980 meine Teilnahme an einer IAUPE-Konferenz (International Association of University Professors of English) in Aberdeen zu Besuchen der Orkney und Shetland Inseln – Inseln übten auf den Kontinentler immer eine zusätzliche Anziehungskraft aus. Später organisierte ich mit einer Gruppe von Mitarbeitern eine Studienreise rund um Schottland, eine sehr nachhaltige Erfahrung. Eine Einladung zu einer Gastprofessur an die Universität von St. Andrews bot dann auch Zeit und Gelegenheit für vertiefende Kenntnisnahme des Landes. Somit hatte die Entwicklung meiner anglistischen Karriere unversehens eine recht vielversprechende schottische Interessens-Schlagseite angenommen. Heute, also am Ende meiner Anglistik-Karriere, stellt sich mir nun ganz unerwartet, rein äußerlich durch die erwähnte TV-Sendung angestoßen, die Frage, warum dann später, das war so um die Mitte meiner Berufslaufbahn, andere Regionen der Anglophonie mehr und mehr meine Interessen in Anspruch nahmen. Das bedarf einer Erklärung.

Hier wäre zunächst Wales zu nennen, denn mein Interesse fürs Walisische schien ähnlich motiviert wie jenes fürs Schottische: Landschaft, Sprache und Literatur und institutionell die mehr oder weniger akuten Bestrebungen der regional/nationalen Abgrenzung vom „Mutterland"? England. Dafür brachte ich als Österreicher gesteigertes Interesse mit, der durch Hitlers Annexion von Österreich 1938 seine österreichische Staatsbürgerschaft gegen eine deutsche eintauschte, nicht ganz freiwillig, dann wieder 1962 – jetzt aber mehr als freiwillig – als Professor an der bayerischen Universität Erlangen. (War ich damals eigentlich Deutscher oder Bayer und vorher, 1959, als Göttinger Dozent vielleicht Niedersachse?). So geleitete ich 1981 ein Gruppe von Grazer Studierenden der Anglistik zu einem mehrwöchigen Studienaufenthalt an die Universität von Llampeter, Wales. Unser Hauptinteresse galt der Bewahrung der walisischen Sprache unter den Einwohnern dieser Kleinstadt und der eigenständigen Geschichte des Landes wie auch seinen Literaten, von denen damals dem Dichter Dylan Thomas unser besonderes Augenmerk galt. Als Folge ergab sich daraus dann auch ein allerdings sehr bescheidenes studentisches Austauschprogramm. Auf längere Sicht war jedoch dieses Regionalunternehmen zu begrenzt, um sich gegen die umfassenderen Anforderungen des Lehrplans behaupten zu können.

Auch hatte sich inzwischen ein viel imposanterer – das ist kein Werturteil – Vorstellungskomplex in meine Aufmerksamkeit gedrängt, wofür ich allerdings durch meine mehrjährige Kriegsgefangenschaft schon sehr nachhaltig gleichsam konditioniert war: Kanada. Hinzu kam dann noch ein kräftiger Anstoß von außen: Die kanadische Regierung begann 1970/80 an europäischen, vor allem deutschsprachigen Universitäten, das Interesse für Kanada durch Gastprofessoren und Stipendien zu wecken und regte indirekt auch die Gründung einer Association for Canadian Studies an. Darüber wird im folgenden Kapitel ausführlicher berichtet.

Kapitel 3:
Kanada und Kanadistik

Die dreieinhalb Jahre, welche ich während des Krieges gut und sicher in Kanada als PoW (Prisoner of War) verwahrt war, haben Kanada einen Vorsprung in der Rangordnung meiner Interessen an den Ländern der anglophonen Welt eingeräumt. Diesen musste Kanada allerdings in einem harten Wettstreit mit Amerika bewahren. Das Fulbright Jahr in Harvard hatte verständlicherweise einen ganz einmaligen formativen Einfluss auf meine intellektuelle Entwicklung genommen, wie schon gezeigt wurde. Dort spreche ich sogar von einer „intellektuellen Wiedergeburt" während des Harvard Jahres (*Triade* 35). Doch in den mittleren Jahren gab eine von Ottawa gestartete Kultur-Initiative den Anstoß zur Rückbesinnung auf die Zeit hinter Stacheldraht, 1943–1946. Es war der längst überfällige Versuch Kanadas, in Europa an der massiven kulturellen Präsenz der Vereinigten Staaten gleichsam ein gewisses Korrektiv anzubringen. Es begann versuchsweise noch auf amerikanischem Territorium mit einem *Symposion on 20th Century Canadian Culture*, 1977, in Washington, D.C. Auffällig ist, dass man das Thema so pauschal umschrieb „Canadian Culture". Spricht daraus noch ein gewisser Mangel an Selbstbewusstsein, ob und in welchen speziellen Bereichen, Kanadas Literatur in der Welt gelesen werden sollte? Programmatisch war dann auch ein Satz in Northrop Fryes Eröffnungsvortrag: „What was an inarticulate space on the map is now responding to the world with the tongues and eyes of a mature and disciplined imagination." Der Begriff "disciplined imagination" lässt mich heute noch aufhorchen, denn so spricht nicht ein vielleicht noch etwas naiver Stürmer und Dränger, sondern jemand, der weiß was auf dem Spiele steht in diesem kreativen Wettstreit der Besten auf einem höchst anspruchsvollen Terrain. Offenbar ermutigt vom Erfolg dieser Konferenz auf quasi noch heimischen Boden, begann dann Ottawa eine großzügige Werbeaktion in Europa. Kanadische Botschaften hielten Ausschau nach potentiell an Kanada Interessierten, luden sie zu Zusammenkünften ein und sorgten für gute Organisation der Gespräche. Für den deutschsprachigen Raum fand das erste Treffen dieser Initiative in Gummersbach bei Köln,

1979, statt. Diesem folgten dann in ununterbrochener Serie Jahreskonferenzen in Grainau bei Garmisch Partenkirchen bis heute.

Nicht ganz zufällig fanden sich unter den Gründervätern der Gesellschaft für Kanadastudien/Association of Canadian Studies, 1980, auch so mancher ehemalige Insasse eines kanadischen PoW Camps. Einer war ich, dem auch sogleich die Ehre widerfuhr, zum ersten Vizepräsidenten der Gesellschaft für Kanadastudien, GKS, gewählt zu werden, womit wohl auch signalisiert werden sollte, dass Österreicher und wohl auch Schweizer gleichberechtigte Mitglieder dieser Gesellschaft sind. Zusammen mit meinem Wiener Kollegen Waldemar Zacharasiewicz beriefen wir dann 1984 eine erste österreichische Kanadakonferenz in einem Ausflugshotel mitten im Wienerwald ein, zu der wir vorausschauend auch Repräsentanten von allen österreichischen Nachbarländern einluden. Die Kanadischen Botschaften in Bonn und Wien unterstützten großzügig dieses Unternehmen, indem sie so prominente kanadische Autoren wie Margaret Atwood, Rudy Wiebe, Jack Hodgins und Robertson Davies als Vortragende verfügbar machten. Die Wirkung dieser Konferenz ließe sich am besten an den Leselisten der anglistischen Studienprogramme an österreichischen Universitäten, aber auch der Nachbarländer, ablesen. Die Vorträge dieses Symposiums wurden von W. Zacharasiewicz und mir als *Encounters and Explorations. Canadian Writers and European Critics*, Würzburg, 1986 publiziert. Dieser Sammelband ist eine der ersten Publikationen mit rein kanadistischem Inhalt in Deutschland und Österreich. Im Titel der abschließenden Diskussion „The Canadianness of Canadian Literature" spiegelt sich die Stoßrichtung, die für die Rezeption von Can.Lit. in den anglistischen Lehrplänen und Leselisten von uns gewählt wurde. Die Etablierung von selbständigen Kanadastudien konnte nur in deutlicher Abgrenzung von den bereits existierenden Amerikastudien erfolgreich sein, daher die besondere Fokussierung auf das Eigenständige, Auszeichnende der kanadischen Literatur. Margaret Atwoods Essay *Survival*, war dabei sehr hilfreich, ebenso Northrope Frys *The Bush Garden*, aus dem ich folgendes Zitat bei meiner Einleitung zu dieser Diskussion vortrug: „The question of identity is primarily a cultural and imaginative question, and there is always something vegetable about the imagination, something sharply limited in range". (*Encounters*, 139). Und die Ergebnisse der sehr angeregten Diskussion darüber abschließend, bemerkte ich: „That a debate on the Canadianness of Canadian Literature would not come to an agreement what constitutes Canadianness was a foregone conclusion. It is another matter that opinions should also be divided as to the *usefulness* of raising the question of Canadianness at all." (145)

In meinen Gesprächen mit Kanadiern gab meine absichtlich etwas überpointierte Frage, was denn wirklich „distinctly Canadian" sei, stets zu regen Diskussionen Anlass, in denen die Meinungen fast immer weit divergierten. Dabei kam ich auch einmal auf jene geometrische Kuriosität zu sprechen, die die Straßen vor allem in Manitoba und Saskatchevan an der sogenannten Correction Line Road in die offenen Ebenen der Prärie-Landschaft zeichnen: Die unerwartet rechtwinkelige Richtungskorrektur der Nord-Süd laufenden Straßen, die das Konvergieren der Nord-Süd-Meridiane notwendig macht. Zwei kanadische Dichter konfrontierte ich mit dieser Tatsache, die, wie ich glaubte, bis dahin in der kanadischen Literatur keinen entsprechenden Ausdruck erhalten hatte: „This geometric handwriting left by early Canadians on the still inarticulate empty space of the prairies has always appeared to me as a distincly Canadian form of interaction between physical topography and history." Die beiden kanadischen Dichter, Douglas Barbour und Stephen Scobie ließen sich schließlich dazu animieren, diesem Phänomen einen poetischen Ausdruck zu verleihen. Hier sind die beiden Gedichte. Ich bin stolz, damit indirekt einen Beitrag zur kanadischen Literatur geleistet zu haben, denn, so viel ich weiß, sind die beiden Poems die einzigen über dieses Thema. Im Übrigen lohnt es sich zu verfolgen, wie verschieden die Gedankengänge und Assoziationen sind, welche die Vorstellung Correction Line Road bei beiden auszulösen imstande war.

Correction Lines

Canadian perhaps they
order the vast space of farmland, cattleland and
register the slight worldly shifts of pure geometry:
right angled vision moving North. In
Europe something else makes
correction necessary to Canadian eyes:
that sense of always already previous
inscription of all landscapes
overwritten by human toil and
numberless invasions.

Let us speak then of correction,
its line: to put all "sous rature"
noting everything in the palimpsest of history but
eliding cleanly to get at the clear
sight of now. "Corrected" we say – but to what.

Douglas Barbour

The Correction Line

                    zigs and then zags
setting the road to rights, and to right

angles / ninety degrees against the curve
of the wide flat earth, the invisible flaw

in all man's neat geometry. A line
extended to infinity goes wrong; two lines

will meet at the horizon, vanishing point
on the prairie's minimal canvas; both

extensions of the visible, into blind faith
in all you cannot know from here, this corner

where the road that once seemed endless stops
and, meeting no obstacle, turns in its tracks.

                                              Stephen Scobie

Aus: *Encounters and explorations : Canadian writers and European critics*. Hrsg. Franz K. Stanzel & Waldemar Zacharasiewicz. Würzburg: Königshausen und Neumann, 1986. 154–55.

Inzwischen habe ich herausgefunden, dass es im kanadischen Sprachgebrauch auch eine metaphorische „correction line" oder ein „correction line principle" gibt. Gemeint ist damit eine Korrektur einer früheren Ansicht oder die Revision eines Grundplans, oder etwas Ähnlichem. Für die Deutung einer solchen Metapher würde wohl jeder Europäer kanadischen Landeskunde-Unterricht brauchen. Was wiederum die Aussagekraft dieser Metapher noch erhöht oder verdichtet.

Noch einmal kurz zurück zum Ausgangspunkt dieser Überlegungen: Gibt es etwas, das als typisch kanadisch gelten kann? In den ersten Jahrzehnten nach dem letzten Krieg beanspruchte alles, was über den Atlantik nach Europa geschwemmt oder geweht wurde, amerikanischen Ursprungs zu sein. Damals hatte die sarkastische Frage "Who reads a Canadian novel, except by mystake?" – man glaubte nämlich einen amerikanischen Roman in den Händen zu haben – noch einen realen Aussagewert. Dieser „sarcastic quip" hat inzwischen seinen ursprünglichen Witz total eingebüßt, eine unmittelbare Folge der seit den achtziger Jahren an den europäischen Universitäten intensiv betriebenen Beschäftigung mit Kanada und seiner Literatur, ein Ergebnis der Bemühungen der Gesellschaften für Kanadastudien in den meisten Ländern Europas. Dabei ist stets die Komponente ‚Kanadisch, das ist Nicht-Amerikanisch' mit im Spiel, was jeder Beschäftigung mit Kanadischem einen zusätzlichen Reiz verleiht.

Die für mich überzeugendste Antwort auf meine Frage „What is Canadian about Canadian Literature?" hat Robertson Davies in seinem Beitrag zum Tulbinger Kogel Symposium geliefert. Sie sei daher noch einmal hier abgedruckt. Der Originaltext findet sich auch im Sammelband *Encounters and Explorations*, S. 128–131.

Robertson Davies, 1913–1995, ist einer der vielseitigsten Kanadischen Autoren. Neben seiner Deptford Roman-Trilogie verfasste er mehrere sehr erfolgreiche Theaterstücke und schuf sich auch durch seine Tätigkeit als literarischer Journalist und Lehrer einen Namen.

Robertson Davies: "What is Canadian About Canadian Literature?"

WHEN I AM TRAVELLING in the United States, speaking and reading from my own work, I am often asked to say something about whatever it is that distinguishes Canadian writing from that of American authors. Is there, indeed, any discernible difference? If so, wherein lies its individuality? What is the distinctive flavour that non-Canadian readers may hope to find? Is the difference, perhaps, nothing more than a nationalist pretence?

There is an answer to this question, but it is not the plain, wholly conclusive answer that puts all doubt at rest. It is the kind of answer that irritates some hearers, and inspires others to launch into complex and inconclusive debate. It is an answer with its roots in psychology, and although literature and psychology must surely be thought of as friends, there are many students of literature who become impatient of psychological answers, especially when they relate to whole nations and not simply to individuals.

I do not pretend to speak for colleagues who write in French, though I know that many of them agree with my opinion. I can speak with assurance only on behalf of the Canadian writers whose language is English, and I must say at once that Canadian writing, when it is good, is on the surface very much like good writing in Great Britain or the U.S., or indeed in any other English-speaking country. I cannot pretend that on a first encounter with a Canadian novel in English, most readers would immediately guess its land of origin.

Bad writing is, of course, a very different thing. There have been and there still are Canadian writers whose first desire is that their work should be plainly marked "Made in Canada". Perhaps you have read some examples? They sound rather like this:

> „By gollies, she's sure blowin' up fer a storm tonight, eh?" cried Big Dunk McGregor, as he struggled into the cabin, fighting to close the door against the howling wind without. Quickly he stripped off his mackinaw and shook the snowflakes from it onto the Quebec heater, which hissed in answer.
>
> „By gar, de night she dark like one black cat, de wind she blow also," said his companion, Jean-Baptiste, spitting on the Quebec heater, which hissed in answer.
>
> „I say, do you chappies think there is any chance we may be snowbound?" asked the Honourable Algernon Moncrieff, the tenderfoot, who sat in a

corner practising the Canadian art of blowing his nose on his fingers, which he flicked toward the Quebec heater, which hissed in answer.

"Seems mighty likely," said Big Dunk. "What do you say, Hibernating Muskrat?"

His question was directed toward the Indian guide, who was preparing a savoury stew of beavertail boiled with chewing tobacco, on top of the Quebec heater.

"Ugh!" rejoined the taciturn Red Man.

The wind howled louder, and the Quebec heater hissed repeatedly as the three merry adventurers poured the savoury stew into their tin bowls.

That kind of writing has lost any relevance it ever had for most Canadians, for we are now predominantly an urban people; when we travel we are not easily identifiable as Canadians. Indeed, this is so much the case that a Canadian passport has acquired a very high value on the black market. International criminals are delighted to have one, because virtually anyone nowadays may pass as a Canadian.

This has been strongly impressed on us recently by two distinguished visitors. The first was Pope John Paul. As soon as he had arrived and ceremoniously kissed the earth of Canada, he was caught up in a whirl of entertainment which must have made him wonder if indeed he had left Europe. He was greeted in a dozen languages, and people in all varieties of European national dress gave him flowers, and plied him with all sorts of ethnic foods, played wildly national music, and performed exhausting national dances. His Holiness, when he could make himself heard above the multi-cultural racket, made deeply impressive speeches urging his hearers to cling to their various national heritages and – or so it certainly seemed to some of us who were Canadians of long descent, who have no national dress, eat no strange foods, and dance the dances that are fashionable – urged them not to be seduced into accommodating themselves to the new land to which they had come. Their bodies might be in Canada, but their souls were to stay in Europe. Several of our newspapers seized upon this eagerly and urged us to face the fact that Canada was now, in an important sense, a Catholic country.

Yet hardly had His Holiness soared up into the sky, to carry his wisdom elsewhere, than another visitor, also the head of a not inconsiderable world church, arrived on our shores. This time it was our Queen, an old friend who was visiting us for the fifteenth time. She expressed great pleasure in the fact that Canada was binding a multitude of disparate new citizens into a coherent whole, and she said that we were indeed a catholic country – but this time it was catholic with a small 'c', and she meant that we were an internationally minded, embracing country.

The interesting thing – and perhaps also the puzzling thing – is that both these contradictory opinions were loudly cheered.

I think the Queen was right. After all, she knows us better than the Pope and she knows that in the end Canada will subsume and change all our newcomers as it has put its mark on all of us who are Canadians of long descent, not because of anything we do in the way of propaganda, but because of where we live.

The great, the overwhelming fact about Canada is the land itself, a country of extraordinary beauty and also capable of being very dangerous. In the end, everyone's temperament is conditioned by the land. Not to speak of Canada, is anyone likely to mistake a New Englander for a Californian? Canada remains, even for city-dwellers, one of the few countries in the world where it is positively dangerous, and may be fatal, to stay out-of-doors all night long, during a considerable part of the year. We are a land where the Spring is fleeting, so that we hurry from Winter into Summer. Our most beautiful and probably our most characteristic season is the Autumn, a time of breathtaking, splendid decline, which reminds us in the midst of its beauty and the delightful remissions that we call Indian Summer of the fleeting nature of beauty and of life.

Are we, then, a melancholy people? Certainly we do not appear to the stranger to be an ebullient, merry people, though laughter – often ironic – is by no means unknown among us. The English press, when the Queen was visiting us, pitied Her Majesty extravagantly for having to spend time in a country where the people were ill-mannered, loutish and irredeemably dull. We did not mind, particularly. We understood that Mother England was peevish because her one-time child had grown unlike herself, so unfailingly courteous, *mondaine* and vivacious. I thought of this at the time of a recent autumn visit to our national capital; during two or three minutes of the fleeting dusk, I saw the towers of our Houses of Parliament standing with the aspiring fantasy of nineteenth century Gothic architecture against a bank of purple – yes, purple – clouds and I was reminded that Canada was very much a northern land, wholly unlike either of our mother-lands, England or France.

Unquestionably northern, and perhaps a little melancholy and farouche, as northern lands are apt to be. Not professionally melancholy, like our Scandinavian friends, nor have we sought to found our literary art upon our melancholy, as Russia did in the nineteenth century. But temperamentally we are more akin to the Scandinavians – when speaking in the U.S. I have to be careful not to say to the Russians – than we are akin to the British, or any other part of the North American continent except the New England States, whence so many of our earliest settlers, and my own ancestors among them, came at the time of the insurrection in 1776 against the British Crown.

The difference is psychological. Both Britain and the U.S. have had their civil wars, and Canada has had hers during the past twenty years, but as it was a psychological civil war, and as very few shots (we had a few assassinations) were fired, and as it now shows signs of being concluded amicably, the world has not paid much attention. But we have paid attention. More than once I have made trouble for myself by saying that the decisive difference between the U.S. and ourselves is that, speaking in terms of Analytical Psychology, the U.S. is an *extraverted* country and Canada is an *introverted* one. The trouble arises because it is not easy for many people to think of a whole nation as having a psychology, which does not always agree with that of the individual citizen.

Obviously I did not mean that every American is an explorer, or a revolutionary in art or science, or simply a super-salesman: nor did I imply that every Canadian is a recluse, or a poet, or simply somebody who can easily be bullied by someone with a loud voice. What I mean is that, in very simple terms, the U.S. believes that it is wholly the Captain of its fate; the American attitude is "We can *make* it happen." Canada, though not wanting in determination, is apt to keep an eye peeled to see what destiny may decree, understanding that destiny is not wholly national in its concerns and that collaboration with destiny is deep wisdom. I think that the nature of the land is the decisive factor in both basic national attitudes. And in Canadian writing of the sort that travels abroad, I think our national introversion may be heard, not as the harmony but as the ground bass – the pedal-point – on which the harmony is erected.

Climate and the feel of the land; these are the Canadian factors present in our writing, inescapable even when least aggressive. If you read sensitively, as I hope you do, you will hear them, not like the hiss of the spittle on the Quebec heater, but as the deep ground note, the pedal-point.

Aus: *Encounters and explorations : Canadian writers and European critics*. Hrsg. Franz K. Stanzel & Waldemar Zacharasiewicz. Würzburg: Königshausen und Neumann, 1986. 128–131.

Prof. Dr. **FRANZ K. STANZEL**
(Anglistik, Graz)

„KANADA IM KRIEG:
DIE ENTDECKUNG SEINER STAATLICHEN UND
KULTURELLEN IDENTITÄT"

Zeit: **Donnerstag, 13.10., 16.45-18.15 Uhr**
Ort: **Inst. f. Romanistik, Merang. 70, LR 3.088**

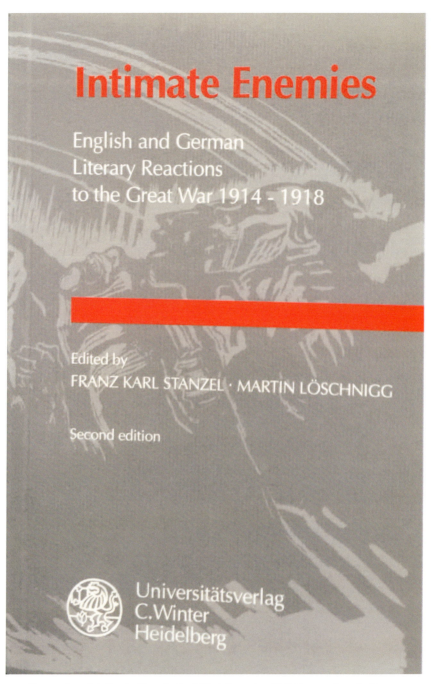

Sammelband „Intimate Enemies" mit Vorträgen des 1993 Symposions in Graz über English and German Reactions to the Great War 1914–1918

Kapitel 4:
Die Anglistentage des (Deutschen) Anglistenverbands

Mitte der Sechzigerjahre lud der Anglist Helmut Viebrock zu Vorträgen und Gesprächen an seine Universität in Frankfurt/M. ein. Vermutlich war er auch von Kollegen anderer Universitäten dazu angeregt worden, denn bis dahin gab es nur ein gelegentliches, nicht reguläres Treffen von Anglisten verschiedener Universitäten, auf dem man sich zu anglistischen Fachgesprächen zusammenfand. Auffällig war, dass die großen Drei, die die Berufungsszene in der Anglistik damals beherrschten – Heuer (Freiburg), Schirmer (Bonn), Clemen (München) – diesem ersten, auch noch völlig informellen Treffen fernblieben. In einem gewissen Sinne war es also eine ‚grass roots'-Bewegung, die sich in Frankfurt, man schrieb das Jahr 1966, formierte. Ich, der ich damals noch als der einzige anglistische Lehrstuhlinhaber in Graz fachlich ziemlich isoliert war, schätzte es sehr, endlich einmal Gelegenheit zu Fachgesprächen mit Kollegen zu finden, die mir auch bei der dringend gewünschten Orientierung über Fachfragen Hilfe leisten konnten. Während der kurzen drei Jahre in Erlangen, 1959–1962, hatte ich mich nur einige Male mit Wolfgang Iser, so wie ich Lehrstuhlnovize im benachbarten Würzburg, getroffen. Viebrock hatte vielleicht auch die fahrtechnisch zentrale Lage Frankfurts im Auge, als er dorthin einlud. Sein Saatkorn fiel auf fruchtbaren Boden und wurde durch Ulrich Suerbaum (Bochum), Edgar Mertner (Münster) und auch von anderen in den darauffolgenden Jahren weiter gepflegt. Schon bald sah man sich auch veranlasst, dieses zunächst ganz informelle Treffen – man wollte keinen Verein gründen, Thomas Finkenstaedt schlug die Bezeichnung ‚Club' vor – doch zu institutionalisieren. Finkenstaedt entwarf aber dann selbst etwas, das sich so wie ein Vereinsstatut las. Auf eine Vereinsgründung ließ sich auch, wie sich bald herausstellte, auf die Dauer nicht verzichten. Das hatte einen ganz konkreten Grund: Als Verein konnte der Anglistenverband, wie er sich dann nannte, bei der Deutschen Forschungsgemeinschaft ganz offiziell seine Forderungen, etwa nach Projektfinanzierung, mit korporativem Nachdruck vertreten. Ich habe noch im Ohr, dass uns das Beispiel des Germanistenverbandes in diesem Punkt als

Vorbild genannt wurde. Tatsächlich sollte in wenigen Jahren das, was so unverbindlich begonnen hatte, zur semi-offiziösen Vertretung der Anglisten des gesamten deutschen Sprachgebietes werden. Auf dem jährlich anberaumten „Anglistentag" – das sollte bald ein jedem Anglisten geläufiger Begriff werden – begegneten sich die Vertreter des Faches aus Deutschland, Österreich und der deutschsprachigen Schweiz. Erst mit der späteren Etablierung der europäischen ESSE, der man nur als Mitglied eines nationalen Verbandes beitreten konnte, begannen sich mehr und mehr zentrifugale Kräfte bemerkbar zu machen, was ich insofern bedauerlich fand, als die meisten meiner österreichischen Kollegen und Kolleginnen sich daraufhin gar nicht mehr veranlasst sahen, am Anglistentag teilzunehmen. In der Chronik der von mir besuchten Anglistentage werde ich später auch die gelegentlich bescheidene Zahl der jeweiligen österreichischen Teilnehmer nennen. Ich fürchte, in Österreich war man sich nicht voll bewusst, dass man so auf eine sehr wichtige Möglichkeit zum Gedankenaustausch in seiner ganzen fachlichen Breite verzichtete. Auf die Folgen, die sich daraus auch für die Vergabe des von mir in Münster 2007 gestifteten Förderpreises „In Memoriam Helene Richter 1861–1942" ergaben, wird an anderer Stelle noch einzugehen sein.

Alle Anglistentage, an denen ich teilgenommen habe, möchte ich hier nicht aufzählen. Am Anglistentag in **Mainz 1974** präsentierte ich die ersten Ergebnisse meiner Forschungen zur Motivgeschichte Telegonie – Fernzeugung. Der vollständige Text des Vortrags ist im Kapitel „Telegonie" nachzulesen. Dem Vortrag folgte eine sehr angeregte Diskussion, für mich ein Zeichen, dass das Thema bis dahin wenig beachtet worden war.

Eine Stadt, die nicht zuletzt wegen ihrer malerischen Lage am See schon zweimal den Anglistentag beherbergt hat, ist **Konstanz** – zum ersten Mal **1983**, damals bildeten „Markiertheitstheorien" ein Hauptthema. Von der später viel zitierten Konstanzer Schule war damals noch keine Rede, obwohl 1983 H.J. Jauß und W. Iser schon ein paar Jahre an der neugegründeten Universität Konstanz residierten. Besser in Erinnerung blieben wohl die schönen Ausflüge nach Meersburg (mit Weinprobe) und auf die Blumeninsel Mainau im Beiprogramm. Bei einer dieser Gelegenheit wurde auch die stattliche Zahl von Dirnen genannt, die während des langen Konzils von Konstanz

Anglistentag Zürich 1982 (Frauenanteil ca. 20%; Frauenanteil bei Anglistentagen heute ca. 60%)

1414–1418 in der Stadt ihre Dienste anboten. Mit der die Hafeneinfahrt visuell beherrschenden weiblichen Statue hat man ihnen ein vielsagendes Denkmal gesetzt. **1987** trafen wir uns in **Tübingen**, wo wir noch glaubten, Kriterien für die anglistische Kanonbildung etablieren zu können. Dazu haben sich vor allem Broich, Finkenstaedt und Standop zuversichtlich geäußert. Aus den Abstracts der Tagung entnehme ich, dass die meisten Vorträge deutschsprachiger Anglisten in Tübingen noch auf Deutsch gehalten wurden!

Der Anglistentag in **Würzburg 1989** war thematisch offensichtlich dominiert durch den Plenarvortrag von Richard Hoggart über „Cultural Studies. From Class to Status". Das Tagungsprogramm enthält einen Kurzbeitrag von Rüdiger Ahrens – in deutscher Sprache! – über „Würzburg und die englische Literatur". Darin wurde auch an die Brandnacht vom 16. März 1945, in der britische Bomber ihre schwelenden Spuren in der Stadt hinterließen, erinnert.

1990 war **Marburg** an der Reihe. Das Anglistentag-Forum wagte sich dort an eine Diskussion der nicht immer konfliktfreien Beziehungen zwischen Anglistik und Amerikanistik. Unter den Vorträgen finde ich zum ersten Mal (?) auch einen über die Literatur von New Zealand, präsentiert von R.-A. Glaap. Vom Marburger Anglistentag ging die Exkursion natürlich – wie könnte es anders sein – ins Deutsche Literaturarchiv Marbach.

Nachsitzung am Anglistentag Würzburg, v.l. Ahrens, Frau Stanzel, Verf., Frau Diller, Diller.

Schon bald nach der Gründung des Verbandes richtete sich mein Ehrgeiz darauf, den Anglistentag auch einmal nach **Graz** einzuladen. Das gelang dann auch **1994**, ein für mich sehr „günstiges" Datum, da ich nämlich 1993 emeritiert worden war, so dass die Mühen der Organisation der Tagung von meinem Kollegen Wolfgang Riehle und seinen Mitarbeitern geleistet werden mussten. Das literarische Schwerpunktthema war Irland. Unter der Leitung von Heinz Kosok wurden zehn gewichtige Referate zu diesem Thema geboten. Dass dabei von James Joyce, dem wohl bedeutendsten irischen Autor, nur sein autobiographisches *Portrait of the Artist* Erwähnung fand, hat mich ermutigt, am Ende meines Varia-Vortrages, der eigentlich dem von David Hume und Zeitgenossen kultivierten Bild des „hässlichen, weil kropfigen Steirers" galt, eine Coda über James Joyce anzufügen. In der Nestor-Episode des *Ulysses* tritt ein pedantischer Schulmeister auf, der sich durch antisemitische Äußerungen zusätzlich einen schlechten Namen macht. Auch seine geographischen Kenntnisse sind beschränkt. So lokalisiert er die steirische Kleinstadt Mürzsteg, wo nach seinem Gewährsmann eine Impfung gegen die „Rinderpest", Maul- und Klauenseuche, schon erfolgreich durchgeführt worden war – eine für den irischen Rinderexport nach England wichtige Information – nicht in der Steiermark, sondern in „Lower Austria". Ich konnte nachweisen, dass in der Briefvorlage richtig Styria angegeben wird! Hat Joyce absichtlich die falsche Ortsangabe eingefügt, um dem rechthaberischen Schulmeister noch eins auszuwischen? „So what?", wird sich vielleicht mancher Leser dieser Zeilen fragen. Zugegeben, es ist eine Trivialität im Detail, zugleich aber auch ein wichtiger Fingerzeig für das Verständnis des *Ulysses*: So funktioniert nämlich der Text bei Joyce nicht selten! Hat nicht der Autor selbst gestanden, er habe so viele Rätsel im Text des *Ulysses* versteckt, dass die Professoren hundert Jahre brauchen würden, sie alle aufzulösen. Wir haben also noch eine Frist, allerdings nur mehr eine kurze: sie läuft genau genommen 2022, hundert Jahre nach dem Ersterscheinungsdatum des *Ulysses,* ab!

Anglistentag Graz 1994, Nachsitzung im Haus des Verf. in der Hohen Sulz, Deutschlandsberg. Rückenansichten von links nach rechts: Fill, Erzgräber, Mertner, Frau Mertner. Gegenüber von links: Frau Kosok, Diller, Kosok, Frau Diller, Verf., Frau Stanzel, Frau Erzgräber

An einem der Abende wurde G.B. Shaws *The Dark Lady of the Sonnets* in einer Bearbeitung und unter der Leitung von Wolfgang Riehle durch eine studentische Schauspielergruppe zur Aufführung gebracht, die viel Beifall fand.

1996 hat **Dresden** den Anglistentag beherbergt. Das Forum diskutierte über „Cultural Studies – British Studies". Kulturgeschichte war also auch damals schon ein Fokus der Literaturwissenschaft. In angenehmer Erinnerung sind mir noch die Besichtigungen in der Kunststadt Dresden und die Exkursionen in die kulturträchtige Umgebung Dresdens – Die Frauenkirche war nach der verheerenden Bombennacht von Februar 1945 wieder wie alt restauriert worden, ebenso die Schatzkammer im Grünen Gewölbe. Irgendwo fand sich auch eine Abbildung einer sächsischen Fürstin, die zwecks Markierung des Erstgeborenen von Zwillingen, diesen schnell einmal kräftig gebissen hat. Die Exkursion zur Porzellanmanufaktur Meißen hat besonders meine Frau Ina angesprochen. Mir gefiel auch sehr die Abschlussfahrt zur Besichtigung von

Schloß Pillnitz, an der auch noch Prof. Mertner (Münster), damals einer der ältesten Anglisten, teilnahm. Am AT Dresden nahmen nur sechs Österreicher teil: Fill, Foltinek, Kastovsky, Klein, Stanzel, Zacharasiewicz.

Nachdem 1974 schon ein informeller Anglistentag in Salzburg, dann ein erster offizieller 1994 in Graz, wie schon berichtet, stattfand, erreichte der Deutsche Anglistenverband schließlich 2001 die Bundeshauptstadt **Wien**. Hier hielt der Romanist Frank-Rutger Hausmann einen hochpolitischen Vortrag über „Anglistik im Dritten Reich zwischen Philologie und Kulturwissenschaft", an dessen Diskussion ich mich ausführlich beteiligt habe. Ob das den Anstoß zu meinen intensiveren Recherchen des besonders für die Anglistik Wien heiklen NS-Themas wurde, kann ich heute nicht mehr sagen. (Vgl. dazu den Aufsatz „Anglistik in der *GRM* 1933–1943", *GRM* 52, 2002, 381–399). Sicherlich wusste ich damals noch nichts von dem Schicksal der jüdischen Wiener anglistischen Privatgelehrten Helene Richter. Über sie wird an anderer Stelle noch mehrfach berichtet werden.

Der Anglistentag in **Bayreuth**, 2002, wurde von mir gewissermaßen zweckentfremdet. Mit dem Angebot, die Tagungsteilnehmer nach der Mitgliederversammlung zu einer Buchpräsentation ins Audimax zu locken, haben meine Frau und ich Snacks und Getränke, ausgelobt als steirische Spezialitäten, zur Erfrischung nach der Präsentation meines Buches *Unterwegs. Erzähltheorie für Leser*, 2002, angeboten. Kollegialerweise hatte sich Ansgar Nünning auf meine Bitte hin bereit erklärt, das Buch vorzustellen. Der Band enthält eine Sammlung von neueren wie auch bereits publizierten Beiträge zur Narratologie, allerdings nach Fragestellungen geordnet: z.B. Erzähltheorie und Linguistik, die (für beide Seiten sehr fruchtbare) K. Hamburger-Kontroverse, Erlebte Rede, usw. Beim Durchblättern der Seiten dieses Sammelbandes fällt gleich zu Beginn mein Blick auf den Eröffnungssatz der „sehr persönlichen, fachkritischen Einleitung", der mich heute – also neunzehn Jahre später – doch etwas überrascht: „Ein Jahr vor Vollendung meines achtzigsten Lebensjahres und fünfzig Jahre nachdem meine erste Arbeit 1953 zum Druck angenommen wurde, gehe ich daran, in einer Art der nachsorgenden Rückschau den Weg abzuschreiten ..." usw. usw. Ja, was bleibt mir dann überhaupt noch zu tun, heute, so viele Jahre später? Es hat sich doch seither so viel getan, ich habe eine ganze Reihe von weiteren Arbeiten zur Diskussion gestellt, für die gewissermaßen auch nachgesorgt werden muss. Es ist vielleicht hier der Ort, um meine wissenschaftlichen Arbeiten nach meiner Emeritierung aufzuzählen. Die Entlastung von Verwaltungs- und Lehraufgaben hat es mir ermöglicht, eine größere Zahl von wissenschaftlichen Arbeiten zum Abschluss zu bringen. Die Aufzählung ist auch ein Plädoyer an die Universitätsverwaltungen, bei der Zuweisung von Räumen und Mitteln an Emeriti/ae großzügiger zu sein. Meine nach der Emeritierung (mit 70) neu publizierten oder überarbeiteten Bücher:

Telegonie – Fernzeugung. Macht und Magie der Imagination, Köln-Wien 2008; Theorie des Erzählens, Göttingen 8. Aufl. 2008; Welt als Text. Grundbegriffe der Interpretation, Würzburg, 2011; Verlust einer Jugend. Rückschau eines Neunzigjährigen auf Krieg und Gefangenschaft, Würzburg 2013; Die Typischen Erzählsituationen 1955–2015. Erfolgsgeschichte einer Triade, Würzburg 2015; James Joyce in Kakanien. Mit erzähltheoretischen Analysen des Ulysses im Anhang, Würzburg 2019.

Der **Anglistentag Aachen 2004** hat sich gut in meiner Erinnerung gehalten: Vielleicht waren es die Exzentrik der Lage und das ehrfurchtsvolle Staunen vor dem Grab Karls des Großen im Aachener Dom, die feine Gotik des Rathauses, das jetzt den Platz der alten Kaiserpfalz besetzt. Von der Stirnwand des Sitzungssaales schaut von einem Gemälde Karl der Große mit strengem Blick auf den Rat. Eigenartigerweise hat sich nur noch der Ausflug in das kleine, alte Grenzstädtchen Monschau in meiner Erinnerung erhalten. Dabei kommt mir vor, als könnte ich noch die Personen, mit denen ich dabei ins Gespräch gekommen bin, aufrufen. In der Konferenzmappe finde ich einen Führer zum Aachener Dom, den lege ich zur Seite, denn schon ein flüchtiger Blick hinein verspricht Erinnerungen an die Schätze (Barbarossaleuchter etc.), die dort zu sehen waren. Am AT Aachen nahmen elf Österreicher teil, mit Fludernik (seit Jahren in Freiburg Ordinaria und ehemalige Grazer Studiosa) wären es sogar 12 gewesen. Die historische Attraktivität eines solchen Tagungsorts übt offensichtlich eine zusätzliche Anziehungskraft auch für die angereisten Österreicher aus. Mit dem Sektionsthema „Hypertext" hat sich in Aachen auch die Digitalität nachdrücklich zu Wort gemeldet: Ex occidente lux digitalis?!

Zur gleichen Zeit tagten die Germanisten in München. Die beiden Tagungen waren nicht nur räumlich so weit voneinander entfernt, wie es der deutsche Sprachraum gestattete. Auch die Stimmungen der beiden Tagungen waren grundverschieden, wie auch das Medienecho, das sie fanden. In München sorgte ein Einleitungsvortrag von Robert Menasse, der sich durch das Vordringen des Englischen als Lingua Franca veranlasst sah, ein „Lob der deutschen Sprache" anzustimmen, verbunden mit einer Attacke auf M. Reich-Ranicki, Master Mind der ARD Erfolgsserie „Literarisches Quartett", für heftige Diskussionen. Für den ruhigeren Verlauf des Aachener Anglistentages möchte ich Alwin Fills Bericht darüber in der Wiener *Presse* zitieren:

„‚Gespenstisch' wurde in der deutschen Presse das Treffen der Germanisten in München bezeichnet. Nichts von alledem war beim soeben zu Ende gegangenen Anglistentag in der Kaiserstadt Aachen zu spüren, bei dem in der Sektion ‚Anglistik heute' Optimismus versprüht wurde. Bei den Teilnehmern aus Deutschland, Österreich und der Schweiz herrschte Aufbruchstimmung, wenn etwa Themen wie ‚refashioning gender', Literatur und Musik, Hypertext oder auch Öko-Kritik in eigenen Sektionen behandelt wurden. Diskutiert wurde auch darüber, wie sich die Etablierung von Englisch als Lingua Franca in fast allen Bereichen von Medizin bis hin zur Popkultur auf die künftige Entwicklung der englischen Sprache auswirken wird. Im schroffen Gegensatz zum Germanistenkongress wurden Fragen der Rechtschreibkultur nicht einmal erwähnt […] Am Rande sei noch vermerkt, dass die österreichische Anglistik von der Mitgliederversammlung auch eine Würdigung erfuhr, indem der Grazer Emeritus für Anglistik, Prof. Dr. Franz Karl Stanzel, für seine auch international anerkannten wissenschaftlichen Arbeiten [neben einer Reihe von prominenten deutschen Anglisten] die Ehrenmitgliedschaft des Deutschen Anglistenverbandes – eine Art Oskar der Anglistik für sein wissenschaftliches Lebenswerk – erhielt." (Alwin Fill)

Diese Auszeichnung hat mich dann veranlasst, dem Anglisten-Verband meine Helene Richter-Gedenkstiftung zu übertragen. Das geschah beim Anglistentag **2007 in Münster** unter dem Vorsitz von Stiersdorfer. Die Tagungsteilnehmer quittierten die Übergabe der Stiftung mit einer ‚Standing Ovation' für den Stifter. Die von Stiersdorfer dabei geäußerte Hoffnung, dieser Stiftungsakt möge bald Nachahmungstäter finden, hat sich bis heute leider nicht erfüllt. Das Gegenteil ist eingetreten, wie noch zu berichten sein wird. 2009 tagten wir in **Klagenfurt.** Dort nahmen Diskussionen über Satzungsänderungen viel Energie und Zeit in Anspruch, doch bot mir dann eine Kreuzfahrt über die ganze Länge des Wörthersees bei herrlichem Wetter sehr viel Gelegenheit, ungestörte Fach-Gespräche mit mehreren Kollegen und auch Kolleginnen (sic!) zu führen. 2011 fand ich am Anglistentag in **Freiburg** Gelegenheit, meine narratologischen Kenntnisse in der Sektion „Early Modern Narratives and the Genesis of the Genre" auf den neuesten Stand zu bringen. Daneben galt dann mein Besuch der Freiburger Anglistin Monika Fludernik, deren sehr erfolgreiche Karriere noch unter meinen Auspizien in Graz begonnen hatte. Von dem Ausflug auf den Gipfel des Lug-ins-Land (oder so ähnlich?) brachte ich eine sehr reiche Fotoernte mit nachhause! 2013 reiste man ein zweites Mal zum Anglistentag nach **Konstanz**. Er bot Gelegenheit, des früh verstorbenen Konstanzer Kollegen Iser zu gedenken, mit dem mich neben gemeinsamen narratologischen Interessen (Isers Arbeiten sind auf den Leser, meine mehr auf den Erzähler fokussiert) auch ein engerer persönlicher Kontakt während unserer gleichzeitig absolvierten ‚Lehrjahre' als frisch ernannte Ordinarien, Iser in Würzburg und ich in Erlangen, verband. (Vgl. dazu die Geschichte von Isers langem und meinem kurzen Diktiergerät-Kabel, *Welt als Text*, S. 58). Auch meines gerade fälligen 90. Geburtstages hat man in einer kollegialen Runde gedacht, zu der ich eine Karriere-Erinnerung unter dem Titel „Auf Umwegen zur Anglistik" beigetragen habe. In **Paderborn 2015** halfen mir die ausführlichen persönlichen und fachlichen Gespräche mit Wolfgang Müller, Jena, über die schon deutlich spürbare Generationenkluft zur Mehrheit der Tagungsteilnehmer hinweg. Der sehr interessante Ausflug zum Kloster Corvey wurde auch zum Anlass, des erst kürzlich verstorbenen Paderborner Kollegen Rainer Schöwerling zu gedenken. Die Mitteilung, dass er sich schon früh für die mittelalterlichen Bibliotheksbestände von Corvey zu interessieren begonnen hatte, rief bei mir die Erinnerung an Rainer Schöwerling als besonders aktiven Absolventen des Mittelenglisch Pflichtkurses, den ich während meiner Göttinger Jahre 1957–59 abzuhalten hatte, wieder wach. Der Anglistentag in **Regensburg 2017** sollte der letzte sein, an dem ich teilnahm. Es begann gleich mit einem Lapsus bei der Eröffnung, als man meinte, zum ersten Mal in Regensburg zu tagen, was mich veranlasste, daran zu erinnern, dass schon vor Jahren unter Göller – dessen Witwe im Saale anwesend war – ein Anglistentag hier stattgefunden hatte. Für mich persönlich gab es gleich noch eine Enttäuschung. Schon zum zweiten Mal konnte der Helene Richter Preis – wegen verspäteter Ausschreibung durch den Verband – nicht verliehen werden. Einmal wurde er übrigens – ohne Rückfrage beim Stifter – sogar erhöht. Das sprichwörtliche ‚last straw' aber war dann die Mitteilung des Präsidenten, dass mir **2018 in Bonn** keine Gelegenheit zur persönlichen Übergabe des Preises in der Eröffnungssitzung geboten werden könne. Das

Am Anglistentag in Regensburg 2017, von li. Zacharasiewicz, Frau Göller, Verf., Markus

alles zwang mich, nicht zuletzt aus Gründen des Selbstrespekts, die Helene Richter-Stiftung dem Anglistenverband, nachdem dieser Preis mehr als zehn Mal an Verfasser (generisch! – es waren sogar mehr Frauen als Männer) von ausgezeichneten wissenschaftlichen Arbeiten verliehen worden war, wieder zu entziehen. Damit fand dann auch meine Bindung an den Anglistenverband, dem ich seit seiner Gründung 1966/67 vor allem in den frühen und mittleren Jahren viele sehr anregende Kontakte und wissenschaftliche Anregungen zu danken hatte, ein leider etwas unrühmliches Ende.

Fourth Conference, I.A.U.P.E., Lausanne, 1959

Verf., Haas, Hamburg, Sühnel, Heidelberg, mit Kapitänsmützen vor Hafenrundfahrt, I.A.U.P.E Conference Hamburg 1989. Die vergnügte Runde beim anschließenden Reeperbahn-Bummel hat sich im Lederband der Mütze des Verf. verewigt, u.a. mit Altenglisch-Zitaten.

Neben der regulären Teilnahme an den meisten der Jahrestagungen des Anglistenverbandes nahm ich gelegentlich auch an Konferenzen der I.A.U.P.E, International Association of University Professors of English, teil. Sie boten in Hinsicht auf die Auswahl der Diskussionsthemen wie auch der persönlichen Kontakte eine willkommene Ergänzung der Anglistentage. 1959 tagte sie in Lausanne. Es war überhaupt die erste größere Konferenz mit einem internationalen Aufgebot, an der ich teilnahm. Von dieser Konferenz istauch ein Gruppenfoto der Teilnehmer erhalten geblieben. Es wird hier wiedergeben als Dokument, aus dem ersichtlich wird, dass die Zahl der Frauen damals in unserem Fach noch relativ klein war. Aus einem neueren Foto würde ersichtlich werden, dass das zahlenmäßige Frau-Mann Verhältnis im Fache Anglistik/English Studies heute bereits umgekehrt ist. Weitere I.A.U.P.E - Konferenzen, an denen ich teilnahm, fanden in Aberdeen 1980, York 1986, Hamburg 1989 und Kopenhagen 1995 statt.

Über die Tagungen der James Joyce Foundation, an denen ich teilnahm (Dublin, Triest, Irvine Cal. und wieder Triest, Dublin) wird an anderer Stelle berichtet werden.

Verf. zur Zeit der Entstehung seines Typenkreises, 1969.

Kapitel 5:
Narratologie. Auf dem Weg zum Typenkreis

> Es ist gleich tödlich für den Geist, ein System zu haben und keins zu haben. Er wird sich wohl entscheiden müssen, beides zu verbinden.
>
> (Friedrich Schlegel, 53. Athenäumsfragment)

Analysen der Erzählformen, vor allem in Roman und Kurzgeschichte, waren in den ersten Jahrzehnten der Nachkriegszeit das interessanteste Gebiet der Literaturwissenschaft, auf dem auch die heftigsten Kontroversen ausgetragen wurden. Zu einer der ergiebigsten davon haben direkt oder auch auf Umwegen die Thesen von Käte Hamburger in ihrer *Logik der Dichtung*, 1957, Anlass gegeben. Diese Diskussion hat, wie heute allgemein anerkannt, wesentlich dazu beigetragen, die Literaturwissenschaft aus ihren historisch-positivistischen Banden der Vorkriegszeit zu befreien. Die Kontroversen entzündeten sich an zwei großen Brandherden der narratologischen Diskussion: Bei Käte Hamburger und ihrem Gefolge war es die Deutung des von ihr so benannten Epischen Präteritums nicht primär als Tempus-Signal der Vergangenheit, sondern als Modus-Signal der Fiktionalität, der Geschichte als etwas Vorgestelltem. Der andere Brandherd, der seit Spielhagen immer wieder aufflackerte, wurde von Wolfgang Kayser mit der provokant formulierten These „Der Tod des Erzählers ist der Tod des Romans" (*DVjs* 28, 1954) neu angefacht. Beide Ansätze waren dualistisch. Dagegen erkühnte ich mich, mit einem triadischen Ansatz anzukämpfen. Die Triade lautet:

1. Auktoriale Erzählsituation, das heißt die Geschichte wird von einem unbeteiligten ER, oft auch zusammen mit persönlichen Kommentaren zum Erzählten, erzählt. Daher erscheint das fiktionale Geschehen dann auch als vergangen;
2. Personale Erzählsituation: Der Erzähler hat sich zurückgezogen und einem Reflektor-Charakter die Vermittlung der Geschichte gleichsam in actu als dessen Bewusstseinsinhalt – also als gegenwärtig Vorzustellendes – überlassen;

3. Ich-Erzählsituation, in der das Ich als erzählendes Ich entweder mehr wie ein auktorialer Erzähler, oder mehr als erlebendes Ich, also ähnlich wie ein personaler Reflektor agiert. Im ersteren Fall wird das Erzählte vorwiegend als Vergangenes, im anderen Fall mehr als gegenwärtig Vorzustellendes vom Leser aufgenommen werden.

In der angloamerikanischen Narratologie wurden diese Grundfragen der Narratologie damals ebenso intensiv diskutiert, etwa von W.C.Booth in seiner *Rhetoric of Fiction*, 1961, wobei fast durchgehend dualistische Gruppierungen oder Oppositionen gebildet werden. Percy Lubbock zeigt in seiner Studie *The Craft of Fiction*, 1947, eine deutliche Präferenz für die Personale Erzählsituation, wie sie etwa in den Romanen von Henry James anzutreffen ist, im Gegensatz zu den Romanen von Dickens oder Thackeray mit ihrer Präferenz für auktoriale Erzählsituationen. W.C. Booth zeigt sich mit seiner vielfach nachgedruckten *Rhetoric of Fiction* für beide Verfahren des Erzählens (er nennt sie „dramatized" und „undramatized") offen, aber mit einer leichten Präferenz für den „dramatized narrator", der sich sowohl als Ich-Erzähler wie auch als auktorialer Erzähler kundtun kann.

Dieser Überblick kann nicht abgeschlossen werden, ohne den weitgehend unabhängig begangenen, im Grunde auch dualistisch angelegten Weg von Gérard Genette zu erwähnen, für dessen Charakterisierung auf die eingehende Darstellung der neueren Narratologie in meinem Sammelband *Unterwegs. Erzähltheorie für Leser*, 2002, verwiesen werden kann.

Als Vermittlerin zwischen G. Genette und F.K. Stanzel hat sich Dorrit Cohn große Verdienste erworben. Wie dies abgelaufen ist, wird im Folgenden näher geschildert werden.

Wenn die Auflagenziffern und die Zahl der Übersetzungen ein Index für die Akzeptanz einer Studie ist, dann darf ich für meine *Theorie des Erzählens* eine relativ große Verbreitung beanspruchen, und zwar nicht nur im deutschen Sprachgebiet. Die erste Kurzfassung von 1964 erlebte als Vandenhoeck-Bändchen zwölf Auflagen, die *Theorie des Erzählens* von 1979 acht Auflagen. Beide, vor allem aber die *Theorie des Erzählens*, wurden auch in fast alle größeren Sprachen, sogar ins Japanische, übersetzt. Eine englische Fassung erschien als *A theory of narrative*, 1984, und erfuhr seither mehrere Re-

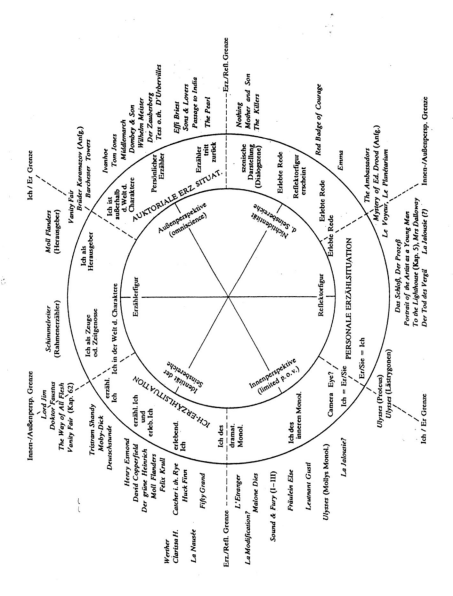

Typenkreis der Erzählsituationen, deutsch, entworfen 1979

prints bei der CUP. Ihr folgten Übersetzungen auch in mehrere kleinere europäische Sprachen, so des Tschechischen und Neugriechischen, nicht aber des Französischen! Die japanische Übersetzung soll inzwischen bereits mindestens zweimal nachgedruckt worden sein. Meine ausführliche Auseinandersetzung mit der fachkritischen Rezeption meiner narratologischen Ansichten findet sich in dem Sammelband *Unterwegs. Erzähltheorie für Leser*, 2002.

Viele Dyadisten gegen einen Triadisten

Mit dem Datum der Abfassung dieses Kapitels, Aschermittwoch 2020, einen Tag nachdem das Coronavirus auch in Österreich geortet wurde, legt dieser Essay den Gedanken nahe, dass es mehr Kontinuitäten und Liminalitäten unter dem literarischen wie auch viralen Himmel gibt, als man bisher geträumt hat. Von einem narratologischen Kontinuum, dessen Nachweis in meiner akademischen Laufbahn eine wichtige Rolle spielt und gespielt hat, war bereits die Rede und wird weiterhin auch in dieser, meiner persönlichen Geschichte der Anglistik die Rede sein: Gemeint ist das Formenkontinuum der möglichen Erzählsituationen, wie es im Diagramm von „Stanzels berühmt-berüchtigtem Typenkreis" anschaubar gemacht wird.

Man könnte die Geschichte meines Lebens als anglistischer Literaturwissenschafter und Narratologe auch als Saga der Abwehr eines übermächtigen Gegners darbieten, wenn mir nicht die Grundeigenschaften des Heldischen völlig abgingen. Auch als Literaturwissenschafter suchte ich nie die schroffe Konfrontation, das Gegeneinander von zwei gegensätzlichen theoretischen Meinungen, oder Auslegungen von Texten, sondern das Sowohl-als-auch. Dort wo ich von den binären Oppositionen, den von Strukturalisten bevorzugten Denkschemata, Gebrauch mache, verwende ich sie gleichsam wie gedankliche Krücken, auf dem sich die triadischen Polstellen des Typenkreises abstützen: Auktoriale, Personale und Ich-Erzählsituation. Die offenen Übergänge zwischen den Bereichen werden durch die Benennung von drei Typen aber nicht verengt. Das hat mir offensichtlich von einem amerikanischen Kritiker-Kollegen die für mich ehrende Bezeichnung „low structuralist" eingetragen. Zur diagrammatischen Veranschaulichung bedie-

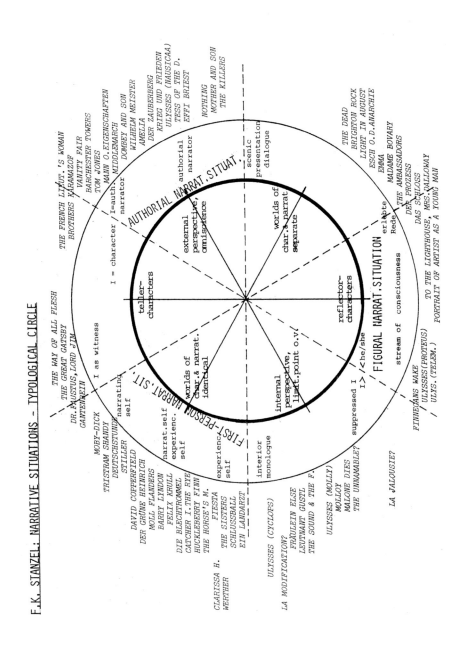

Typenkreis englisch

nen sich die dualistischen Taxonomisten durchgehend eckiger Kästchen-Schemata, während ich diagrammatisch die Endlosform des Kreises vorziehe, auf dem sich dann alle denkbaren Formen des Erzählens finden lassen. So versinnbildlicht der Typenkreis als Ort aller denkbaren Erzählformen das Universum des Epischen ganz allgemein. Wie an anderer Stelle beschrieben kam der Anstoß zur kreisförmigen Anordnung literarischer Formen von Goethes Präsentation der literarischen Grundgattungen Lyrik, Epos, Drama auf einem Kreis.

Diese auf den ersten Blick so konträren Zugänge von Dyadisten, Dualisten und mir als Triadisten erweisen sich aber in der Praxis der Interpretation, in der sich alle literaturwissenschaftlichen Methodologien bewähren müssen, als Vettern einer großen Familie, die jeweils eben nur einer Blickrichtung auf den Text für eine Weile den Vorzug geben. Historisch betrachtet fällt allerdings auf, dass die dualistisch-dyadische Blickrichtung von einer deutlich überwiegenden Mehrzahl der Narratologen bevorzugt wird, während ich mich als triadistischer Solist fast allein auf der Bühne, umgeben nur von einer kleinen Gruppe von Sympathisanten, behaupten muss. Auch diese können manchmal nicht ganz der Versuchung widerstehen, meine Position jener des anderen Lagers anzunähern, wie z.B. die höchst verdienstvoll die Werbetrommel für meine Erzähltheorie in Amerika rührende, einstige Harvard-Germanistin (urösterreichischer Provenienz) **Dorrit Cohn**. Sie versuchte zwar sehr zurückhaltend, aber für mich doch inakzeptabel, eine Art milder Quadratur meines Typenkreises (Vgl. Dorrit Cohn, „The Encirclement of Narrative", *Poetics Today*, 1981; Wiederabdruck in *Unterwegs*, S. 365–390). Dort wird auch sehr anschaulich ein modifiziertes Diagramm meines Typenkreises neben dem Rechteck-Diagramm der Dyadisten, G.Genette, W.C. Booth et al. präsentiert. S. 370/1.. Eine solche Quadratur wäre aber nur unter Verzicht auf die begriffliche Quintessenz des Kreisdiagramms, nämlich die grenzenlose Kontinuität oder Liminalität des Nebeneinanders aller denkbaren Erzählformen, möglich. Den Anstoß dazu erhielt Dorrit Cohn durch ein von ihr als ‚roadblock' wahrgenommenes Hindernis beim Übergang von der Ich- zur Er-Erzählung beim Reflektorpol des Typenkreises. Zugegeben dort liegt eine pronominaler Stolperstein, doch auch der wird in normenbrechenden Texten überwunden, wie etwa von James Joyce an mehreren Stellen seines *Ulysses*, so auch in der „Calypso"-Episode, vorgeführt hat. Auch ließen sich im *Ulysses* Textstellen ausfindig machen, wo in der Bewusstseinsdarstellung mit Bezug auf ein und dieselbe Person Ich- auf Er-Bezüge und umgekehrt bruchlos aufeinander folgen.

An englischen und amerikanischen Universitäten und Colleges wurde schon immer einführenden Lehrveranstaltungen und Tutorien mehr Aufmerksamkeit zugewandt als an deutschsprachigen Universitäten zu meiner Studienzeit. Dort gab es damals auch schon Bücher, die sich für in Erzähltheorie einführende Lehrveranstaltungen gut einsetzen ließen, wie z.B. Percy Lubbocks The *Craft of Fiction*, 1921, oder E.M. Forsters, *Aspects of the Novel*, 1927. Beide waren auch als erfolgreiche Romanautoren tätig, was sich auch in der textnahen exemplarischen Anlage ihrer Bücher mit einem nur geringen theoretischen Anteil widerspiegelt. Dieser Ansatz wurde dann von Wayne C. Booths – an der Zahl ihrer Reprints monumentaler – *Rhetoric of*

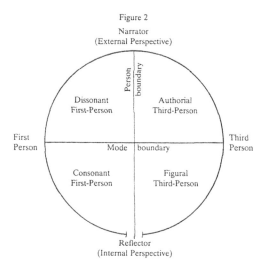

Typenkreis nach Dorrit Cohn

Fiction, 1961, zu einem umfassenden erzähltheoretischen Handbuch erweitert, das dann auf einer dualen Basis (dramatized – undramatized narrators) eine Vielfalt von variablen Erzählformen beschreibt. An W.C. Booths *Rhetoric of Fiction* wird sehr schön deutlich, welche Präferenz die anglophone Erzähltheorie ganz allgemein von der deutschsprachigen unterscheidet: Es ist die Präferenz für das, was ich zusammenfassend den Reflektor-Modus, z.B. in den Romanen von Henry James, bezeichnet habe, oder „showing", gegenüber der deutschen Präferenz für „telling", den Erzählermodus (*Theorie des Erzählens*, 70ff.), wie er in den Romanen von Thomas Mann seine Perfektion erfahren hat. Diese Präferenz hat sich übrigens mit Wolfgang Kaysers apodiktischem „der Tod des Erzählers ist der Tod des Romans" selbst ins Abseits bugsiert (*DVjs* 28, 1954).

In der Endfassung meines Typenkreises habe ich versucht, die beiden Systeme, das vorherrschend dyadische oder duale, mit meinem triadischen zu verbinden, indem ich zeige, dass jede der drei Achsen, die den Typenkreis tragen, von einer binären Opposition gebildet wird: In der Erzähler-Achse opponiert der Modus Erzähler- vs. Reflektorfigur, in der Er-Ich-Achse opponiert der Modus Nichtidentität vs. Identität der Seinsbereiche von Erzähler und Charakteren, und schließlich in der Perspektivenachse zeigt sich die Opposition Innenperspektive vs. Außenperspektive. Das so auch binär gestützte Kreisdiagramm wird durch die Romantitel, deren Kranz die Peripherie des Typenkreises schmückt, konkretisiert. Die Stringenz des Kreisdiagramms suggeriert beides, Kontinuität der liminalen Erzählformen und nominelle Vollständigkeit des Formenarsenals. Daneben bietet der Typenkreis, gleichsam als Draufgabe, auch eine Möglichkeit für eine historische Betrachtung der Gattung Erzählung. Von Anfang an lässt sich in den frühen Phasen der Romangeschichte eine Präferenz für die Formen Auktoriale Erzählung und Ich-Erzählung erkennen. Der Platz der Personalen Erzählsituation bleibt fast bis um 1900 unbesiedelt. Und schließlich ließe sich auch an den Übergangsstellen von einer typischen Erzählsituation zu einer anderen zeigen, dass sich in neuerer Zeit dort mit Vorliebe gerne experimentelle Formen des Erzählens einzunisten pflegten.

Narratology. From Linnaean Taxonomy to Darwinian Evolution[1]

> Darwin would not have been possible if he had not been preceded by Linnaeus, that is to say, if one had not already laid the theoretical and methodological bases permitting to describe and define the species which are subject to change.
>
> (Claude Levi-Strauss)

It all started more than fifty years ago. Being profoundly irritated by the heated arguments pro and contra the 'legitimacy' of beginning a novel with an intrusive narrator saying things like "Eduard — so nennen wir einen reichen Baron im besten Mannesalter…". Retrospectively it appears that the question, whether a narrator has the right to intrude into the story or not was more hotly debated in German criticism than in England and the United States. This was perhaps my main motivation to plead for the recognition of several narrative forms or styles. The history of the novel demonstrated this for me abundantly, that in the mansion of fiction there are many rooms, some with a balcony from which the reader gets a breathtaking panoramic view not only of the scenery before him, but also glimpses of past and future events of the action. Other rooms offer more intimate vistas, of what happens in the house opposite or in the room next door, or even in the mind of one or several characters.

It was taken for granted that "by definition narrative art requires a story and a story-teller" (Scholes and Kellog) and that the story-teller can assume different guises. But can he/she, as it were, refine himself/herself[2] out of existence for the eyes and ears of the reader? Followers of Henry James, Hemingway, Virginia Woolf and the early Joyce et al. would emphatically say, yes, he can. Admirers of Dickens, Balzac and followers of Thomas Mann and E.M. Forster et al. would reply, no he cannot. This debate was

---

[1] This bio-bibliographical sketch is largely based on *Unterwegs. Erzähltheorie für Leser*, Göttingen, Vandenhoeck, 2002, which also reprints a selection of my articles on narrative studies. There the reader will also find a more detailed bibliographical documentation than can be presented here.

[2] Future references to narrator etc. are to be understood as unspecific with regard to gender.

additionally obfuscated by the terminological sloppiness, which critics writing in English more often indulged in than more philologically 'pedantic' critics writing in German. In the Fifties and even later, 'author' and first-person narrator, as well as (authorial) narrator are frequently used as interchangeable, which had serious consequences for narrative criticism. Take for instance Joseph Warren Beach's much quoted dictum: "Exit Author. In a bird's eye view of the English novel from Fielding to Ford, the one thing that will impress you more than any other is the disappearance of the author."[3] Echoes of this terminological confusion reverberate still in Wayne C. Booth's often reprinted, magisterial *Rhetoric of Fiction* (1961ff.). It is to the credit mostly of German critics like Wolfgang Kayser and others, that gradually this indiscriminate use of the terms author and narrator gradually was eliminated.

This clarification was helped when in 1955, in a moment of Adamitic blissful innocence, I gave names to the different species of narrative animals. It was the birth of the three types of narrative situations, authorial, figural and first-person. That within a few years they became household words in German narrative criticism, their reception in English was delayed by circumstances which will be discussed later, shows that there was a wide demand for such a terminological distinction. In particular Kafka critics quickly adopted the term figural narrative situation. The general breakthrough on the critical front was achieved when in the late Fifties and the Sixties I joined the highly controversial debate about Käte Hamburger's *The Logic of Literature* (1957, revised edition 1968, Engl. translation 1973). As a matter of fact it had also a profound effect on shaping my *Theory of Narrative*[4], as can be gathered from the many references there to *The Logic of Literature* and its critiques. The sentence with which Hamburger illustrated where, what she called the epic preterite can lose the meaning of pastness, "Morgen war Weihnachten" became the most often quoted sentence in the narratological discussions of the Sixties and Seventies. It also became the classical paradigm

---

[3] Joseph Warren Beach, *The Twentieth Century Novel. Studies in Technique*, New York 1932, p.14.
[4] F.K.Stanzel, *Theorie des Erzählens*, Göttingen 1979, revised edition 1982, eighth reprint 2008, E-book forthcoming, *A Theory of Narrative*, Translation by Charlotte Goedsche, Cambridge UP 1984.

for the much disputed "Erlebte Rede" / "Free Indirect Speech". Dorrit Cohn and I can claim to have introduced the sentence into English and American discussions. Our efforts met not always with success. At the end of a lecture I gave on Free Indirect Style, in which I quoted "Tomorrow was Christmas" as an example of FIS, my host, a native English speaker, rounded off the debate with "It's simply bad English". Dorrit Cohn was, as far as I can see, the first American, Roy Pascal the first English professor to give the credit due to this seminal concept of narrative theory, before French Structuralism began to dominate the debate.[5] Dorrit Cohn's very critique of my *Theory of Narrative* was very helpful for preparing the revised second edition of 1982.[6] Her critique also deserves mentioning because it discusses in detail the many parallels as well as some of the significant divergences between Gerard Genette's and my approach. The parallels are the more revealing since Genette and I conceived our narrative systems practically independently from one another[7].

Next to defining three types of narrative situations I consider the presentation of a typological circle to supplement or replace the prevailing square boxes and stemma for the diagrammatic visualizing of the narrative forms perhaps my most significant contribution to the field of narratology.

The distinction of three types of narrative situations has helped to terminate the long lasting feud between the two camps, the one insisting on the visible or audible presence of a personalized narrator and the other favouring the withdrawal of the narrator from the eyes or ears of the reader. Perhaps more consequential in the long run, however, may be my insisting on a triadic system in place of the more commonly used dyadic one in imposing some kind of order on the variety of narrative forms. The triadic division

---

[5] Dorrit Cohn, *Transparent Minds. Narrative Modes for Presenting Consciousness in Fiction*, Princeton, N.J., 1978, Roy Pascal, *The Dual Voice. Free Indirect speech and its functioning in the nineteenth century-European novel*, Manchester 1977.

[6] Dorrit Cohn, "The encirclement of narrative. On Franz Stanzel's *Theorie des Erzählens*, Poetics Today 2, 1981, 157–82.

[7] Gérard Genette, *Narrative Discourse*, New York 1980 („Discours du récit", *Figure III*, Paris 1972.) The wide international exchange of ideas in the field of narrative studies is indeed exceptional in the literary discipline. But there are also conspicuous omissions and delays, as Volker Schulz has painstakingly registered in his *A Structuralist-generative Model of Literary Narrative*, Frankfurt/M. 2005, 19ff.

between first-third PERSON, internal-external PERSPECTIVE and teller-reflector MODE, form not only the structural basis for the three narrative situations, but also serve as the three axes of the typological circle, which Genette referred to – with tongue in cheek I suppose — as "rosace mirifique". The triade offers, indeed, a decisive advantage over the dyadic square boxes and stemmata preferred by Dolezel, Füger, Chatman, Genette et al. Its advantage is to be seen in the fact that it does not fix a particular novel or story in one definite classificatory box, but assigns it to a certain segment of the typological circle, thus occupying not one spot but a whole sector of the formal continuum between two adjacent narrative situations. Not to fix a narrative on a certain spot or in a box but indicate the area within which the narrative situation in a story tends to shift or change, suggests an affinity with Darwin's evolutionary concept of species in contrast to the Linnaean taxonomy of boxes or stemmata. I could justify my preference of circular presentation, suggesting continuity, gradual transition rather than strict categorization by reference to Hemingway's "The Killers". Using the familiar boxes this story would have to be placed in a box labelled 'scenic presentation, dramatic dialogue, narrator withdrawn, camera-eye'. Such a classification would indeed be correct for the main part of the story, it would, however, not take account of the significant shift from scenic-objective to figural perspective towards the end of the story, when the reader perceives the action exclusively from Nick Adams's point of view. On the typological circle "The Killers" therefore appears half way between the (third-person) scenic-dramatic and the figural sector. Such a diagrammatic definition of the text has particular heuristic value: thus it functions as a discovery tool drawing the reader's attention to the significant shift from scenic to reflector-mode presentation towards the end of this highly dramatic story. Hemingway's resorting to the reflector mode, eases the reader's empathy with the main character Nick Adams, his confusion at being confronted with a kind of mysterious evil, his initiation into the reality of the world.

A Low Structuralist at Bay?[8]

In her review of my *Theory of Narrative* in *Times Literary Supplement* 1984, p. 1508, Ann Jefferson writes: "In Stanzel's flexible world anything goes, since there is nothing normative about his categories, and adaptability and tolerance are the essence of his system". But then the reader is shown the other side of the medal: "But if this is good pedagogy, it does make for distinctly dull theory". This deserves quoting because it is symptomatic of a kind of critique, repeated by several other critics, the logic of which escapes me. How can a study of narrative be dull, that is uninspiring, and yet help the reader to new insights in understanding the story and the way how it is told? W.C. Booth gives the same thought a slightly different twist. For him my *Narrative Situations in the Novel* as well as similar other studies, mostly of German provenience, pursue phantom problems of little relevance for the interpretation of novels. Such a phantom problem in his eyes is, for instance, our exaggerated emphasis on the difference between first-person and third-person narration: "Perhaps the most overworked distinction is that of person"[9]. It took him more than twenty years and almost as many reprints of his *Rhetoric of Fiction* until he had second thoughts about this. In the "Afterword" to the second edition of his *Rhetoric* (1983) we read the laconic self-rebuttal of this pet idea of his: "Plain wrong", which is, however, not followed by a revision of the pertinent passages in his book.

It is true that German critics have already very early developed a special interest in the narrative distinctness of first-person narration (K. Forstreuter, Die deutsche Ich-Erzählung, 1924), whereas English-American critics have always shown more interest in the "telling-showing" distinction (Percy Lubbock, following in the footsteps of Henry James, Norman Friedman et al.) Recently these 'national' differences have virtually disappeared. In 1973 K. Hamburger's *The Logic of Literature*, the in-depth treatment of the first/third person distinction, appeared in an English translation; perhaps it

---

[8] Cf. „A Low Structuralist at Bay? Further Thoughts on *A Theory Of Narrative*", in *Poetics Today* 11 (1990), p. 805–816 and reprinted in *Unterwegs*, 219–230.
[9] Wayne C. Booth, *Rhetoric of Fiction*, 1961, p. 150 and „Distance and point of view", in: *Essays in Criticism*, 11 (1961), 60–79.

was the proverbial last straw to bring down the high and mighty disdain of PERSON in Booth's otherwise meritorious *Rhetoric of Fiction*.[10]

Evolution and Critique of the Concept 'Narrative Situation'

Let us begin with an important supplementation of the system of three basic narrative situations: Monika Fludernik's "Second Person Fiction: Narrative *You* As Addressee and/or Protagonist"[11] In my *Theory* I mention you-narration only in passing. Fludernik's article supplies what could be considered a missing link in my system. Such a supplement is doubly welcome, because it also supplies further evidence for the smooth transition from teller-mode to reflector-mode and vice versa, disputed, among others, by Dorrit Cohn. This aspect of transition receives a more detailed discussion in Fludernik's comprehensive study *The Fictions of Language and the Languages of Fiction* (1993), which presents also a critical comparison with Ann Banfield's *Unspeakable Sentences* (1992). Here Fludernik shows that "unspeakable sentences" can appear only in narrative texts presented in what in my terminology is the reflector-mode.[12]

From the early days in the conception and elaboration of my narrative theory James Joyce's *Ulysses* turned out to be the most resistant text for the practical application and textual verification of my typology. I made a first, still somewhat rudimentary attempt in the final chapter of *Typische Erzählsituationen* of 1955. More to the point are those sections in chapter 6 (teller/reflector mode) of my *Theory* which deal with Joyce's narrative innovations. The close analysis of passages from *Ulysses* produced the admittedly somewhat unwieldy term "Reflectorisierung", which in English became "figuralization". This concept served M. Fludernik as jump-off for further, quite provocative differentiations between reflector characters who appear in person on the narrative stage and reflector-characters whom the reader perceives only as 'voice'.[13] For further comments on critiques concerning my

---

[10] See his „Afterword" to the second edition of *Rhetoric*.
[11] *Arbeiten aus Anglistik und Amerikanistik*, 18 (1993), 217–247.
[12] M. Fludernik, *The Fictions-of Language*, 64. See also Stanzel, *Unterwegs*, 102ff.
[13] See M. Fludernik's *Towards a ‚Natural' Narratology*, 1996.

Theory of Narrative see the articles reprinted in *Unterwegs. Erzähltheorie für Leser*.

"In Stanzel's flexible world anything goes"

If Ann Jefferson meant it as a compliment it was a somewhat backhanded one[14]. It does, however, point to that aspect of my narrative theory which can perhaps best explain its popularity on different educational levels from final year in grade-school to academic courses, introductions and seminars in narratology. It has been in demand now for almost fifty years as can be gathered by the repeated reprinting of *Die Typischen Formen des Romans*, first published in 1964, now in its 12th reprint. *Theorie des Erzählens* (1979) recently went into its 8th edition and will soon be made available as E-Book. Of its many translations, including a Japanese one, the English had to be reprinted several times by Cambridge UP. I suppose that it was its very flexibility and openness, visualized in the diagram of the Typological Circle, combined with its handiness as a critical tool for imposing a first tentative classificatory order on the richness and variety of the textual material offered within the narrative genre, which can explain the wide reception by the interpretative community. And there are signs indicating that the latest reprints will not have to be remaindered in the near future. Prominent narratologists have devoted extensive critical discussions of my narrative theory in their recent studies of literary narrative: Christoph Bode in *Der Roman. Eine Einführung* (Tübingen 2005); Volker Schulz, *A Structuralist-generative Model of Literary Narrative*, (Frankfurt/M.2005); Monika Fludernik, *Einführung in die Erzählkunst* (Darmstadt 2006); Silke Lahn/Jan Christoph Meister, *Einführung in die Erzähltextanalyse*, (Stuttgart 2008); Monika Fludernik, *An Introduction to Narratology*, (Abingdon and New York 2009).

What Future for Narratology?

No other branch of literary criticism and theory has developed with such rapid speed and opened up so many new fields of inquiry as narratology. I want to make no prognosis but it is obvious that further explorations will follow the today very attractive methods characterized by prefixes like post-,

---

[14] *Times Literary Supplement*, Dec. 28 1984, 1508.

inter- meta- etc to their titles. Following the time-proven maxim to stray far from the 'madding crowd' I would like to suggest that one of the most pressing tasks for narrative studies lies in the field stretching from historiography, in particular historical biography to fiction. The vexing question what are facta and what are ficta posed most pointedly by biographical confessions of contemporaries, witnesses etc. of the ill-fated recent past, like Sebastian Haffner's *Geschichte eines Deutschen*, (2002), Ralf Dahrendorf's *Über Grenzen. Lebenserinnerungen* (2002), Marcel Reich-Ranicki's *Mein Leben* (2003), Joachim Fest's *Ich Nicht. Erinnerungen an eine Kindheit* (2006), Günter Grass' *Beim Schälen der Zwiebel* (2006), Imre Kertész, *Dossier K.* (2006). Of this plethora of time-witness life stories, the two last named provoke their readers to compare the later autobiographical with the earlier fictional treatment of the same material: G. Grass in the novel *Hundejahre* (1993) and Kertész in *Roman eines Schicksallosen* (1975). To take a closer look at the transformation of the historical into fictional matters as it happens in an ever increasing number of books published under the signum 'Novel' with the "armed vision" (S.T. Coleridge) sharpened by the critical tools of narrative theory, would perhaps do to modern narratology, what Addison wished to achieve with his *Spectator*-Essays: "to bring Philosophy out of Closets and Libraries, Schools and Colleges, to dwell in Clubs and Assemblies, at Tea Tables and in Coffee Houses." (*Spectator* No. 10).[15]

---

[15] When I made a first attempt to bring up the problem of fictionalizing topical biographies, as it becomes manifest e.g. in G. Grass' *Beim Schälen der Zwiebel*, etc., the editor of the literary journal found it too polemical and not fit for printing in a publication of the Austrian Academy of Sciences. When it was at last printed its attempted rejection became the cause of a vivid correspondence between the editors and a number of critical readers. See: Franz K. Stanzel. „Autobiography. wo ein Ich erzählt, ist immer Fiktion", further down.

Stemma — Kästchen — Typenkreis

> So wunderlich sind diese Elemente [Naturformen der Dichtung] zu verschlingen, die Dichtarten bis ins Unendliche mannigfaltig, und deshalb auch so schwer eine Ordnung zu finden, wonach man sie neben oder nacheinander aufstellen könnte.
>
> (J.W. v. Goethe, *West-östlicher Divan*)

Die Formen- und Artenvielfalt der Literatur steht jener von Flora und Fauna in nichts nach. Die Literaturwissenschaft hat daher verständlicherweise auch ihre Linnés und Darwins auf den Plan gerufen, die sich bemühten, das Unüberschaubare wenigstens so weit zu ordnen, daß eine Zuordnung des Artverwandten, wenn auch nur tentativ, möglich wird. So entstand eine Reihe von diagrammatischen Modellen. Es wäre nicht sinnvoll, einem dieser Modelle seine Gültigkeit innerhalb seiner Prämissen auf Kosten eines anderen abzusprechen.

Bedenkt man, daß Diagramme in der Literaturwissenschaft immer nur Behelfe sein können, Mittel zur Veranschaulichung von aus Abstraktion gewonnenen Erkenntnissen, dann erübrigt sich von vornherein eine Diskussion darüber, welches Diagramm oder Schema richtig, welches falsch ist. Wohl aber lassen sich an jedem Schema oder Diagramm bestimmte Vorteile wie auch Nachteile ausmachen. Das gilt auch für die drei hier kurz zu skizzierenden Diagrammformen: Stemma oder Stammbaum (Beispiele bei Dolezel, Füger, Chatman u.a.), Kästchen oder Boxes, die sich zu einem Quadrat oder Rechteck zusammenfügen lassen (D. Cohn, Genette u.a.) und das von mir vorgeschlagene Modell des Typenkreises. Das Stemma-Modell hat die Literaturwissenschaft von der modernen Linguistik, die mit Noam Chomsky die Darwinsche Evolution bis hinab in die tiefsten Verästelungen unseres Bewußtseins verfolgt, übernommen. Der Vorteil dieses Schemas liegt ohne Zweifel in der logischen Stringenz, und begrifflichen Trennschärfe, birgt aber für den Interpreten den nicht unerheblichen Nachteil in sich, daß Formen des Erzählens, die in der Praxis der Literatur kraft nächster Verwandtschaft nebeneinander oder im ständigen Übergang zwischen den einzelnen Formen auftreten, durch das System mitunter sehr weit voneinander getrennt erscheinen, was seinen heuristischen Wert für die Interpretation einschränkt. Ein Vorteil des Stemma ist dagegen die transparente und übersichtliche Anordnung der Formen nach ihren binären Ableitungen, z.B.: Ich-Form / Er-Form, daraus abgeleitet Ich-Form mit persönlichem Erzähler und Ich-Form mit unpersönlichem Erzähler usw.

Kästchen (Boxes), die sich zu Rechteck oder Quadrat zusammenfinden, haben, wie es zunächst scheint, den Vorteil der eindeutigen Zuordnung. Dafür ist aber ein Preis zu entrichten. Einmal „eingekastelt" in eine Box bedeutet für ein Werk eine ähnlich hoffnungslose Situation wie das Urteil „lebenslänglich" vor einem Strafgericht. Die Aussichten sind gering, daß ein einmal so eingeschachtelter Text jemals wieder aus seiner Box herauskommt.

Wiederum läßt sich an Hemingways *The Killers* besonders einsichtig demonstrieren, welche Konsequenzen sich für die Interpretation dieser Erzählung aus den verschiedenen diagrammatischen Zuordnungsversuchen ergeben. Bei Gérard Genette (*Die Erzählung*, 273) findet sich *The Killers* in dem Kästchen „Neutral, (Externe Fokalisation)", bei Dorrit Cohn in „Third person/Reflector/External Perspective/Dramatic Scene" („The Encirclement"). Im Unterschied zu Genette ist also Cohn bereit, den Reflektor-Modus am Ende der Erzählung zur Kenntnis zu nehmen. Für mich ist aber die dynamische Lokalisierung im Diagramm des Typenkreises, die den Übergang von auktorialer (mit fast nicht mehr hörbarem Erzähler) zu personaler Erzählsituation sichtbar werden läßt, die für die Interpretation ergiebigste.

Im Vergleich zu den vertrauten Schemata Stemma und Kästchen ist mein Typenkreis ein Exote im Musterbuch der Diagramme. Auf ihn wird daher auch immer mit Staunen reagiert, oft skeptisch, gelegentlich aber auch bewundernd. Im neuen *Metzler Lexikon Literatur und Kulturtheorie* (Hg. A. Nünning, 1998, 2. Aufl. 2001) wird dem Typenkreis immerhin das Epitheton „vielbeachtet" (176) zuerkannt. An anderer Stelle versucht Manfred Jahn sogar eine Erweiterung des Typenkreises, in der der Gradualismus meines Schemas durch das Hinzufügen von Skalen an den Typenstellen visuell noch verstärkt wird. Interessant ist auch Jahns Hinweis, daß mein Insistieren auf kontinuierliche Variabilität der Formen in Einklang stünde mit Stanley Fishs Grundthese, daß Textmerkmale niemals unabhängig und absolut gegeben sind („Narratologie: Methoden und Modelle der Erzähltheorie" in: A. Nünning, Hg. *Literaturwissenschaftliche Theorien, Modelle und Methoden*, 1995, 40).

Mehrere meiner Kritiker haben mir vorgehalten, mit Typentriade und Typenkreis der Faszination der Dreizahl und der Magie des Kreises erlegen zu sein. Dem habe ich wenig entgegenzuhalten, außer, daß mir in der Tat beide auch eine gewisse, ich kann wohl sagen, ästhetische Befriedigung gewährt haben, was bei einem theoretischen Unterfangen nicht immer zu erwarten ist. Bei G. Genette vermischt sich offensichtlich eine anerkennende mit einer skeptischen Reaktion, wenn er einmal den Typenkreis eine „rosace mirifique" nennt, eine Metapher der Bewunderung, in der allerdings ein leise ironischer Tonfall mitschwingt. Dagegen ist die Ironie ganz der Bewunderung gewichen, wenn in einer Rezension der neugriechischen Übersetzung der *Theorie*, in der neben Genettes auch Cohns Reaktion auf den Typenkreis referiert wird, nur mehr der bewundernde Aspekt in Genettes Vergleich zum Klingen gebracht wird: „Die drei Erzählsituationen ergeben [...] den ökumenischen Kreis Stanzels [...] diese wunderbare Rosette, das fließende Spektrum aller potentiellen Erzählnuancierungen" (Maria Iatru, „Die wunderbare Rosette des erzählenden Diskurses", *Nea Estia*, Athen 2000, 978f., Übersetzung K. Chryssomalli-Henrich). Es ist die Kombination von zwei Wesenszügen des Narrativen, die im Typenkreis einen, wie ich glaube, adäquaten diagrammatischen Ausdruck findet: das Kontinuum der Formen in ihren mannigfaltigen Abwandlungen und der Anspruch, die Darstellungspotenz der ganzen narrativen Gattung in ihrer Totalität zu erfassen. Letzteres ist, zugegeben, ein sehr hochgesteckter Anspruch, über dessen Berechtigung man lange diskutieren könnte. Man beachte aber dabei, daß ich die Destruktion des Schemas durch experimentelle Erzählprosa durchaus als Möglichkeit, u.a. am Beispiel von S. Becketts „Ping", in Rechnung stelle, wie aus *Theorie* 298f. zu entnehmen ist.

Auf ganz andere Weise hat sich Seymour Chatman mit dem Typenkreis auseinandergesetzt. („The Circle of Narrative", *Comp.Lit.* 39, 1987, 162–168) Chatman betrachtet mich als „taxonomist", einen (verspäteten) Linné der Erzähltheorie, und bezeichnet sich selbst im Gegensatz dazu als „featurist", einen Anhänger des angelsächsischen Empirismus, dem die Wirkung des einzelnen „feature" mehr bedeutet als die Systematik des Ganzen. Der Widerspruch zwischen diesen Auffassungen ist nicht ohne Relevanz für die Praxis der Interpretation. Wiederum erweist sich Hemingways *The Killers* als idealer Testfall. Chatman will die Short Story an jener Stelle des Typenkreises ansiedeln, wo ich „Camera Eye" lokalisiere. Aus der Differenz der diagrammatischen Plazierungsversuche von Chatman und mir wird deutlich, daß Chatman die knappen narrativen Elemente zwischen den Dialogen überhaupt nicht als solche registriert, während ich ihnen eine, wenn auch nur unterschwellig wirkende, Bedeutung für den Leser zuerkenne. Noch mehr fällt jedoch ins Gewicht, daß Chatman der Darstellung des Schlusses der Erzählung keine besondere strukturelle Funktion zubilligt. Aus meiner Sicht ist aber, wie schon erwähnt, die personale Gestaltung des epiphanieartigen Schlußes ein entscheidendes Moment im Sinngefüge dieser spannenden Geschichte. Hier erfährt nämlich, das übersieht der Featurist Chatman, der Leser nicht mehr nur das, was eine unpersönliche Filmkamera registrieren würde, sondern er nimmt teil an der tiefen Betroffenheit von Nick Adams, der die Situation als existentielle Bedrohung des Schweden erkennt, ohne irgendwie dem Bedrohten Hilfe leisten zu können. Nick Adams' Betroffenheit und Ohnmacht gegenüber der allgegenwärtigen Gewaltdrohung wird für die Interpretation der Erzählung das entscheidende Moment. Dieser Sachverhalt wird, wie mir scheint, durch meine Lokalisierung der Erzählung mittels Typenkreisschema deutlicher zum Ausdruck gebracht als durch die Zuordnung in Kästchen wie neutrale Erzählsituation, externe Fokalisierung oder Camera-Eye. Die Meinungsunterschiede zwischen Chatman, Genette und mir bezüglich der adäquatesten diagrammatischen Lokalisierung dieser Erzählung können, so gesehen, Ausgangspunkt für eine fruchtbare Diskussion über die Bedeutung der Erzählung werden. Wo ist der thematische Fokus der Erzählung zu suchen, in dem Nachvollzug der existentiellen Bedrohung der Charaktere durch die beiden Gangster oder in der Empathie mit dem jungen Nick in den Augenblicken seiner Initiation, der Erfahrung des Ausgeliefertseins an eine Welt der brutalen Gewaltherrschaft? Der Versuch der adäquaten diagrammatischen Lokalisierung der Erzählung kann also auf diese Weise zum Wegweiser in der Landschaft des Textes werden, zur Orientierungshilfe für den Leser.

Die Neigung zur Visualisierung eines komplexen literarischen Zusammenhangs, die sich notwendigerweise einer schematischen Vereinfachung nicht entziehen kann, ist vielleicht eine Reaktion sowohl auf die Widerborstigkeit der individuellen Texte wie auch auf den ungebremsten Drang der Theorie zur Abstraktion. Für mich liegt ein nicht unerheblicher Reiz in diesem Widerspruch zwischen dieser Don-Juanesken Liebe zur Geometrie der Theoretiker und der Shandyschen Ungebärdigkeit des einzelnen Romans für den Interpreten. Vielleicht habe ich gerade deshalb im Lauf der Jahre, in denen ich mich immer wieder aufs Neue zur Verteidigung meines Typenkreises herausgefordert sah, eine Zuneigung zu diesem Gebilde meiner theoretischen Überlegungen wie auch meiner Phantasie entwickelt, so daß ich auch heute noch bereit bin, diesen suggestiv strahlenden Kreis („rosace mirifique") weiterhin zu verteidigen. Dabei motiviert mich nicht nur der Nachweis seiner erkenntnistheoretischen Stichhaltigkeit, sondern nicht zuletzt auch seine mein aesthetisches Empfinden befriedigende Gestalt. Für mich ist dieser Kreis mein kreativer Beitrag zu einem nicht nur logischen, sondern auch imaginativen Organon der Gattung Erzählung. In ihm findet gewissermaßen eine Synthese zwischen der Unmöglichkeit einer den strengen Gesetzen der Methodik gehorchenden Wissenschaft und der Herausforderung unserer Phantasie und unseres Einfühlungsvermögens durch die unübersehbare Mannigfaltigkeit der individuellen Werke, Romane, Novellen, Short Stories, statt. Den von einem Kritiker erhobenen Vorwurf, der Typenkreis sei das Produkt gleich von mehreren Denkfehlern, abzuwehren, scheint mir angesichts dieser Befriedigung, die er mir als Gebilde meiner Vorstellungskraft gewährt, ein völlig nachrangiges Anliegen.

Aus: *Unterwegs. Erzähltheorie für Leser*. Göttingen: Vandenhoeck & Ruprecht, 2002. 58–61.

Dorrit Cohn (1924–2012) – ehrliche Maklerin zwischen Genette und Stanzel

Das ist eine der seltenen ebenso fruchtbaren wie liebenswürdigen Dreiecksgeschichten der internationalen Literaturwissenschaft. Dorrit Cohn, gebürtige Wienerin, die es nach dem Schicksalsjahr für Österreich 1938 zunächst nach Frankreich und dann nach den Vereinigten Staaten verschlug, hat ihre existenziell vorgegebene trilinguale Begabung sehr erfolgreich dazu genützt, als Vermittlerin zwischen deutschsprachigen, französischen und anglophonen Narratologen zu fungieren. Ihre akademische Karriere krönte sie mit der Annahme des Rufes auf eine Professur für Germanistik, ausgerechnet an die Universität, wo ich, zwanzig Jahre früher, als Fulbright Special Auditor meine „intellektuelle Wiedergeburt" nach dem Krieg, wie ich 2015 schrieb, erlebte, nämlich der Harvard University. Schon vorher, an der University of Indiana, hatte sie einen ihrer Dissertanten, James P. Pusack, mit der Übersetzung meiner *Typischen Erzählsituationen im Roman* betraut. *Narrative Situations in the Novel* erschien 1971 in Bloomington, Indiana. In dieser Übersetzung wird, wie im Original von 1955, G. Genette noch nicht erwähnt, da seine erzähltheoretischen Studien *Figures III* erst 1972 erschienen sind.

Damit beginnt eine Dreiecksgeschichte zwischen Dorrit Cohn – F.K. Stanzel – G. Genette, die verdient, etwas eingehender beschrieben zu werden. Ihre Anfänge reichen zurück in die Nachkriegsjahre, in denen die Literaturwissenschaft die Narratologie gewissermaßen neu entdeckte. In Frankreich war es vor allem Gérard Genette, der wie ich die Grundzüge einer Erzähltheorie entwarf, ohne vom anderen Kenntnis zu haben. Dass dabei unterschiedliche Ansätze verwendet würden, war zu erwarten. Mein narratologischer Erstling, *Die typischen Erzählsituationen im Roman*, 1955, hatte das Glück, dass Dorrit Cohn, von der ich damals auch noch nichts wusste, diesen meinen Erstling ins Englische übersetzen ließ. Das brachte meiner Theorie eine frühe Bekanntschaft bei amerikanischen und englischen Narratologen. Obendrein sandte Dorrit Cohn, die auch mit der französischen Literaturwissenschaft gut vertraut war, ein Exemplar meiner *Narrative Situations in the Novel* an Gérard Genette, dessen erster narratologischer Entwurf *Figure III* 1972, also im Jahr darauf, erschienen war. Diese Chronologie erklärt auch, warum in beiden Erstentwürfen noch keine Reaktion auf den jeweils anderen zu finden ist. Im Wintersemester 1981 absolvierte ich eine Gastprofessur am Dartmouth College auf Einladung von Prof. Steve Scher in Comparative Literature. Von dort folgte ich auch einer Einladung Dorrit Cohns nach Harvard, wo ich einen Vortrag über „Consonant and Dissonant Closure in *Death in Venice* and *The Dead*" – diese Begriffe habe ich von Dorrit Cohn übernommen – gehalten habe. In der auf meinen Besuch in Harvard bezugnehmenden Korrespondenz berichtet Dorrit Cohn u.a. auch über G. Genettes Reaktion auf die Lektüre meiner *Narrative Situations* im Februar 1982. Da dieses handschriftliche Schreiben auch für Komparatisten von Interesse sein könnte, sei es hier ausführlich zitiert. Im Dezember 1981 bedankt sich G. Genette bei Dorrit Cohn für die Zusendung eines Exemplars meiner *Narrative Situations* mit folgenden Worten:

> « Je suis plongé dans la lecture de la traduction de Stanzel, c'est bien intéressant, et je mesure mieux la naïveté qu'il y eut de ma part à écrire Figures III sans l'avoir lu. »

Dorrit Cohn machte ihn darauf auch aufmerksam, dass von mir inzwischen in *NOVEL* 11, 1978, ein neuerer Beitrag, nämlich „Second Thoughts on Narrative Situations in the Novel. Towards a Grammar of Fiction" erschienen war. Darauf antwortet G. Genette wie folgt:

> « Merci de vos indications sur Stanzel. J'ai lu, en effet, avec grand intérêt son article de NOVEL. Je vais passer quelques semaines ou quelques mois, en grande discussion (intérieure) avec lui, et comme vous l'avez bien vu, c'est pour moi un dialogue passionnant et inextricable… j'espère mettre tout cela au point dans quelque postface à venir. »

Und Dorrit Cohns Ausdruck der Befriedigung darüber kann man nur mit Nachdruck und nicht geringerer Befriedigung zustimmen: „Well, if nothing else, I'll have achieved my bridge-building task over the Rhine at long last."

Von nun an finden sich auch laufend Hinweise in meinen Arbeiten auf Genette und bei Genette auf meine Erzähltheorie. Sie sind bei mir besonders zahlreich in meinem narratologischen Sammelband *Unterwegs. Erzähltheorie für Leser*, 2002, in dessen Personenverzeichnis 19 Verweise, nicht wenige auf jeweils mehrere Seiten, angezeigt werden. Im Anhang zu *Unterwegs* sah ich mich auch veranlasst, Dorrit Cohns ausführliche Darstellung meines narratologischen Ansatzes, die auch einen kritischen Vergleich unserer beiden narratologischen Ansätze enthält, wie er in *Poetics Today*, 1981, erschienen war, „The Encirclement of Narrative. On Franz Stanzel's *Theorie des Erzählens*", ungekürzt wieder abzudrucken. (*Unterwegs*, 365–390). Wollte man Unterschiede und Gemeinsamkeiten der beiden Theorien auf einen Nenner bringen, so böten sich am besten diagrammatische Abbildungen dazu an: Genettes dyadischer Ansatz zwingt zu Doppelkästchen, mein triadischer Ansatz findet im Kreis seine anschauliche Präsentation. Dorrit Cohn als ehrliche Maklerin zwischen letztlich gegensätzlichen Ansätzen versuchte dann auch – in ihrem Versuch zwischen beiden Ansätzen zu vermitteln – eine Art Quadratur des Kreises, die zwar logisch nicht möglich ist, aber doch sichtbar macht, wo das letztlich Gemeinsame unserer Bemühungen zu erfühlen ist. Der Vorteil des Kreisschemas, die Veranschaulichung der Liminalität, des ‚sowohl-als-auch' oder des ‚in-between', die durch die Kontinuität des Kreisschemas gegeben ist, gerät bei Dorrit Cohn etwas in den Hintergrund und damit auch der Aspekt der Abwandelbarkeit jeder der drei Erzählsituationen nach beiden Richtungen, hin zu den jeweils benachbarten Typen.

Wenn Genette einmal meinen Typenkreis als „rosace mirifique" bezeichnet, so erhält diese bewundernde Metapher durch das dann noch hinzugefügte, nicht nur schmückende Beiwort „germanique" einen leicht ironischen Unterton. Das soll mich aber nicht daran hindern, dieser ganz besonderen und auch raren Zusammenarbeit zwischen drei transrhenischen und transatlantischen Narratologen aus verschiedenen Lagern entsprechende Aufmerksamkeit zukommen zu lassen. In diesem Sinne wird dann auch die kollegiale Art der Kritik und weiterführenden gegenseitigen Anregungen von mir zusammenfassend so charakterisiert:

> „Das wirklich Außerordentliche der Debatte [zwischen Genette, Cohn, Stanzel], das sei hier ausdrücklich noch einmal hervorgehoben, ist der gegenseitige kollegiale Respekt vor der Meinung des oder der anderen." (*Unterwegs*, 93)

Dorrit Cohn, geb. 1924 in Wien, also nur ein Jahr jünger als ich, war vielleicht die Literaturwissenschafterin, die mit mir die meisten Interessen teilte.

Dorrit Cohn, vor Hundertwasser Fenster in Bärnbach, Steiermark. Dorrit Cohn, geb. Wienerin, 1924–2012, Germanistin der Harvard Univ. Cambridge, Mass.

Ihr großes Verdienst war aber die nach drei Seiten wirkende vermittelnde Tätigkeit zwischen deutschsprachiger, englischer und französischer Narratologie und Komparatistik. Als Anerkennung für diese übernationalen Dienste wurde Dorrit Cohn auf meinen Vorschlag 1988 zum Korrespondierenden Mitglied im Ausland der Österreichischen Akademie der Wissenschaften gewählt.

Verf. in seinem Arbeitszimmer am Computer. An der Wand u.a. Ehrendoktordiplome Uni. Freiburg CH und Marburg D.

Teller-Characters and Reflector-Characters in Narrative Theory

The theory of narrative, which I have presented in *Theorie des Erzählens* and from which the following is an extract (mainly of chapter six), concentrates on the process of narrative transmission. It is based on the assumption that mediacy (Mittelbarkeit) is the generic characteristic that distinguishes narrative from drama, poetry and, as a rule, also from film. Being a complex generic phenomenon, mediacy has to be analyzed on the basis of its chief constitutive elements. These are presented in the form of the following oppositions of distinctive features: identity and non-identity of the realms of the fictional characters and of the narrator (first-/third-person narration); internal and external perspective (limited point of view/omniscience); teller-character and reflector-character as agents of transmission (telling/showing). The structural significance of these basic oppositions emerges from the observation that a transformation of a narrative text determined by one pole of one of these oppositions into a text dominated by its opposite elements usually alters the meaning of the narrative. In this way the central chapters of the *Theorie* attempt a verification of the structural significance of these oppositions. Illustrations are drawn mainly from English, American and German novels, ranging from DeFoe, Sterne, and Goethe, to Thomas Mann, Faulkner, Joyce, Beckett, M. Frisch, and Vonnegut.

In the teller/reflector opposition we perceive two contrary manifestations of mediacy of presentation, the generic characteristic of all narrative: on the one hand overt mediacy, when the process of narrative transmission becomes part of the thematic texture of the story; and on the other hand covert or dissimulated mediacy, which produces in the reader the illusion of immediacy of presentation. Almost all narrative texts, a few shorter stories excepted, oscillate between these two modes of presentation. This distinction can be traced back to the beginnings of literary theory. It underlies Plato's concepts of *diegesis* and *mimesis* and it provides the conceptual framework for the innumerable oppositions of the telling/showing kind (cf. Friedmann, 1955: 1161–65): "eigentliche – szenische Erzählung" (Ludwig 1891: 20ff.), "berichtende Erzählung – szenische Darstellung" (Stanzel 1955: 22f.), "picture – scene" (Lubbock, 1947: 62ff.), "vision après – vision avec" (Pouillon, 1946: 74–114). More recently, Johannes Anderegg (1977: 170) made use of it in his description of two models of narrative texts ("Berichtmodell" – "Erzählmodell") which also, partly, anticipate our opposition of teller-characters and reflector characters.

This opposition seems to correspond to two contrary modes of perception, which are particularly obvious in the arts and are described by E.H. Gombrich as "conceptualism" and "impressionism" (1968:76, 99ff.). The characteristic trait common to the terms 'conceptualism,' 'Berichtmodell,' 'telling,' and 'teller-character' is a *modus obliquus* of perception and expression (which is a summary or abstraction of concrete objects, and the compression of events in report). The characteristic trait common to the terms 'impressionism,' 'Erzählmodell,' 'showing,' and 'reflector-character,' is a *modus rectus*, namely the direct rendering of sensations and impressions, scenic presentation of events, as it were, *in actu*. The distinction teller/reflector, originating from narrative theory, appears, therefore, to have a wider range of validity, including our perception of reality and our experience of art.

The modes of narrative transmission described above will now be examined as aspects of two different realizations of the generic concept of mediacy of presentation: on the one hand the process of narrative transmission may even form part of the story, mediacy thus being one of the many thematic strands of the narrative, and on the other hand mediacy may be dissimulated into immediacy, thus creating the illusion that the reader watches the events and characters of the story in action, as if they were part of a dramatically presented scene. This distinction has been generally accepted in narrative theory. Its critical efficacy has, however, been much reduced due to difficulties in delimiting one mode from the other. In order to avoid the terminological confusion which results from this situation I propose to shift the emphasis of the definition from the textual categories (scene, summary) to the agents of transmission (teller, reflector), because it usually presents no problem to determine whether a personalized narrator (teller-character) or a figural medium (reflector-character) serves as the agent through which the narrated events reach the reader.

The teller-character's main function is to tell, narrate, report, to communicate with the reader, to quote witnesses and sources, to comment on the story, to anticipate the outcome of an action or to recapitulate what has happened before the story opens. This kind of narrative agent dominated earlier novels: Cid Hamete Benengeli, Simplicissimus, Robinson Crusoe, Clarissa Harlowe, Tristram Shandy, Werther, the personalized narrators of *Tom Jones*, *Wilhelm Meister*, *Vanity Fair*, and David Copperfield, Heinrich Lee, Marlow, Felix Krull.

The reflector-character's main function is to reflect, i.e., to mirror in his consciousness what is going on in the world outside or inside himself. A reflector-character never narrates in the sense of verbalizing his perceptions, thoughts and feelings, since he does not attempt to communicate his perceptions or thoughts to the reader. This produces the illusion in the reader that he obtains an unmediated and direct view of the fictional world, seeing it with the eyes of the reflector-character. As opposed to the teller-character, the reflector-character has steadily gained in importance since the end of the nineteenth century, although there have recently been signs that this trend is gradually being reversed (cf. Stanzel, 1979a: 116; Botheroyd, 1976; Meindl, 1974). Apart from this, the number and variety of reflector-characters is as great as that of the teller-characters of older standing: the two Emmas (in J.

Austen and Flaubert), Lambert Strether (*The Ambassadors*), Stephen Dedalus (*Portrait of the Artist*), Schnitzler's *Leutnant Gustl*, Broch's Vergil, Kafka's Josef K. and K., Leopold and Molly Bloom, Virginia Woolf's Mrs. Ramsay, and many others. These lists of teller- and reflector-characters show that the former comprise all kinds of authorial (third-person) narrators, as well as those first-person narrators who actually function as narrators in the sense that they address the reader, comment on the story or on the act of narration, thus making themselves known as narrative agents. First-person narrators who do not verbalize their thoughts aloud, who do not communicate with the reader but only, as it were, with their own selves, as for instance Molly Bloom in *Ulysses*, are reflector-characters, not teller-characters.

As a rule it is not very difficult for the reader to discern whether he is confronted with a teller-character or a reflector-character in a certain passage of a novel, even though the mode of transmission sometimes changes from one passage to another. The distinction can also become insignificant, as is usually the case in shorter stories, where scenic dialogue between characters predominates and narration proper is reduced to brief factual stage directions and inquit-phrases. Hemingway's story "The Killers" is perhaps the most striking example of such a narrative text. Scenic or dramatic renderings of this kind produce an illusion that is in many respects similar to the illusion of immediacy of presentation as achieved through the reflector-mode.

We will now have to look more closely at how the reading and interpretation of a story is affected by the use of either a teller-character or a reflector character as the main agent of narrative transmission. There is, first of all, a difference between a story narrated by a teller-character and one presented through a reflector-character in terms of epistemological validity. One reason for this has already been pointed out by N. Friedman in his article on "Point of View in Fiction." "Summary narrative (telling)" – in our terminology narrative transmission by a teller-character – is, according to Friedman, always a generalized and compressed account whereas "immediate scene (showing)" (1955:1169) – corresponding to some extent to narrative transmission through a reflector-character – places the emphasis on the specific and continuous details of events and characters. What is narrated by a teller-character claims, implicitly or explicitly, to be a complete record of events, or a record as complete as the narrator could or would, for the sake of the reader, make it. What is presented through a reflector-character makes no such claim. The selection of elements from the fictional world seems to be arbitrary, determined by the reflector-character's experiential and existential contingencies. An author's choice of one of the two modes, therefore, already implies an important decision with regard to his narrative strategy: shall the particular events of the story appear as embedded in the framework of comprehensive knowledge of the total action or shall the bare particulars be presented as fragmented, isolated, incomplete, as they are experienced by a character of the story, leaving it entirely to the reader to fill in the areas left undetermined and uncompleted by the narration? Clearly Roman Ingarden's seminal concept of the "concretization of indeterminate areas" or "blanks" (1968:12, 49ff. et passim, and 1972:261ff.; cf. Stanzel, 1977) in a narrative text as effaced by the reader must be modified to accommodate basically different situations as they arise in a teller-text and a reflector-text. In Kafka's novels the vagueness, uncertainty and anxiety surrounding the life of the hero receive characteristic poignancy largely through their particular mode of presentation. Had Kafka introduced a teller-character, the ambiguities of the castle or the trial would most probably never have had such threatening connotations for the reader. There is an arbitrariness almost metaphysical in which Kafka's heroes and, with them, the reader are cut off from vital information concerning certain areas of the fictional world. This would never have been accepted in a novel narrated by a teller-character, who could be held accountable for the withholding of so much important information. In the light of this observation Dorrit Cohn's explanation of Kafka's reasons for rewriting the first chapters of *The Castle* in the third person (originally in the first-person form), which entails a shift of the narrative from the vicinity of the narrator-mode to the reflector-mode, receives special significance. D. Cohn maintains that, had Kafka persisted in writing *The Castle* in the first person, the "logic of self-narration" would have demanded "self-justification – if not self-explication" (1968:36). Such a self-explication of the first-person narrator would necessarily have also included the identification of the epistemological basis of the story, including the arbitrary selection of facts concerning the castle.

Teller-characters and reflector-characters also differ in regard to their reliability. Reliability has become an important concept in narrative theory since W.C. Booth introduced it in his *Rhetoric of Fiction* (1961:158f.). Booth applies this criterion to teller-characters and reflector-characters. In the following quotation from the *Rhetoric*, Booth refers to Stephen Dedalus, the prototype of a reflector-character: "We should remind ourselves that any sustained inside view, of whatever depth, temporarily turns the character whose mind is shown into a narrator; inside views are thus subject to variations [...] in the degree of unreliability" (1961:164). A counterargument would be that most of what is going on in Stephen's mind is directly presented in the narrative text, because no personalized narrator intervenes. It is, therefore, misleading to apply the criteria of reliability or unreliability to a character like Stephen, whom we classify as a typical reflector-character.[1] The usefulness of the concept of reliability as a tool of criticism is greatly enhanced if it is reserved for teller-characters like Barry Lyndon, the governess in *The Turn of the Screw*, Felix Krull, and the narrators of *Tess of d'Urbervilles*, *The Way of All Flesh*, *War and Peace*. D.H. Lawrence's famous dictum "Never trust the artist, trust the tale" (1969:4) can also be understood to mean that we must always be on our guard when reading a story in which the author has chosen a teller-character for transmission, whereas we can "trust the tale" if it is transmitted to us through a reflector-character. Reflector-characters, moreover, have to be distinguished according to their idiosyncrasies, particularly the different degrees of clarity or turbidity of their minds, but never according to their reliability.

---

[1] Booth himself admits this when on the preceding page of the *Rhetoric* he states that "the report we are given of what goes on in Stephen's mind [...] is an infallible report" (163). The confusion results from Booth's refusal to maintain the distinction between the two kinds of narrative agents, namely teller- and reflector-characters. He applies the term "narrator" to Moll Flanders as well as to Stephen Dedalus. See also my article (1979b:196ff.).

Narrative Openings

The fact that the narrative modes are connected with the linguistic structure of the narrative text can best be shown by an analysis of the first sentences in a story. The narrative opening usually establishes the mode of narrative transmission which will prevail throughout the story. In the beginning of Tobias Smollett's *The Adventures of Peregrine Pickle* (1751) it is clearly an authorial narrator who presents himself to the reader as a reliable and considerate agent of transmission.

> CHAPTER I
> An Account of Mr. Gamaliel Pickle. The Disposition of his Sister described. He yields to her Solicitations, and retires to the Country.
>
> In a certain county of England, bounded on one side by the sea, and at the distance of one hundred miles from the metropolis, lived Gamaliel Pickle Esq.; the father of that hero whose adventures we propose to record. He was the son of a merchant in London [...] (Smollett, 1964:1)

Such a narrative mode is understood by the reader as a kind of guarantee that all information required for understanding the story will be provided in good time by the teller-character, that is, the authorial narrator. Generally this is also true for a story told in the first person, although with a first-person narrator the question of reliability attains more weight than with the conventional type of authorial narrator, who as a rule appears as the trustworthy representative of the author in the narration. Conventional first-person narrators usually introduce themselves (David Copperfield, Felix Krull). It is therefore not surprising that some modern authors try to subvert this convention in the very first sentence of the story by calling in question the true identity of the first-person narrator: "Ich bin nicht Stiller" (Max Frisch, *Stiller*); or by identifying the narrator, as it were, only provisionally: "Call me Ishmael" (Melville, *Moby-Dick*). A less conspicuous, yet more significant way of indicating a certain narrative mode is to leave out the self-introduction of the first-person narrator altogether. H. James opens his tale "The Aspern Papers" in the following manner:

> I had taken Mrs Prest into my confidence; in truth without her I should have made but little advance, for the fruitful idea in the whole business dropped from her friendly lips (1963, 6:275).

This way of opening a story is quite common with authors like Hemingway, Faulkner, and others: "I walked right through the anteroom without stopping" (Faulkner, "Honor," 1943:551). Although the person referred to as "I" has not yet introduced himself at the time of his first appearance, the reader nevertheless identifies him as the teller-character of the story. The importance of this observation, however trivial it may seem at first, becomes evident when we contrast it with a narrative opening presenting an unidentified third-person pronoun. If we transform the opening sentence from first to third person ("He walked right through the anteroom without stopping"), "He" becomes a referentless pronoun which, for the time being, does not yet reveal the identity of its referent to the reader. Therefore the kind of narrative opening significantly differs in its narrative mode from the first-person version of the sentence: it signals to the reader that he must not expect to be guided by a teller-character as to the identity of the characters referred to. The reader will have to direct all his attention to the story and, as though placing himself on the scene of the action, watch their actions and the rumination in their minds from this vantage point. A character into whose mind the reader is admitted or rather forced to enter is a reflector-character. Narrative openings of this type are to be encountered in the stories of H. James, Anderson, Joyce, Mansfield, Faulkner, Hemingway – authors who generally show a marked preference for the reflector-mode:

> Eight years before he had seen his friend off at the North Wall and wished him good speed (Joyce, 1974:68).

> Of course he knew – no man better – that he hadn't a ghost of a chance, he hadn't an earthly (Mansfield, 1976:120).

It should be noted that such a use of referentless personal pronouns seems grammatically acceptable only in fictional texts; it would introduce a fictional element into nonfictional texts. Further down we shall encounter a similar phenomenon where the grammar of fiction deviates from conventional grammar. Joseph M. Backus (1965:67–83), who has analyzed the appearance of referentless pronouns in the opening sentences of American short stories, considers such pronouns to be "non-sequential sequence signals," thus drawing attention to the fact that in this case the personal pronoun does not function as a sequence signal, that is, it does not refer information. This temporary suspension of the informative function of the narrative text characterizes the opening strategy of the reflector mode. James's well-known tale "The Liar" offers an almost classical example of this:

> The train was half an hour late and the drive from the station longer than he had supposed, so that when he reached the house its inmates had dispersed to dress for dinner and he was conducted straight to his room.

Here the referentless "he" (later the reader will find out that it refers to the painter Oliver Lyon on his way to a weekend party in an English country house) is accompanied by another linguistic element which helps to reinforce the reflector-mode: the repeated use of the definite article with objects that have not been mentioned beforehand in the text. Following G. Storms, W.J.M. Bronzwaer has called this deviation from the conventional cohesive ties in a text the "familiarizing article." The term seems aptly chosen because it suggests that the first mention of a thing, event or person already presupposes familiarity; this is justified only if they are looked at from a point of view of a reflector-character, but not from the reader's angle of vision. Such an opening strategy induces in the reader immediate and complete empathy with the reflector-character and his "here-and-now" in the fictional world. The reader senses that what he has not yet learned about the antecedents is contained or stored in the consciousness of the reflector-character and that he has to suspend his curiosity for the time being. By putting himself squarely in the place of the reflector-character, the reader hopes to retrieve in good time the information initially withheld from him. In stories dominated by the reflector-mode an open ending very often goes together with a beginning as described above; this can be illustrated by a number of stories by H. James, Joyce, Hemingway, and Mansfield. The effect thus achieved is a consequence of the absence of any teller-character, since the function of a personalized narrator would be to conclude the story by pulling the diverse threads together, just as he would have opened it by introducing the characters and the setting.

Opening sentences with referentless personal pronouns as we find them in stories beginning in the reflector-mode have already been studied by linguists in connection with the organization of theme and rheme in a text. Kenneth Pike distinguishes two types of linguistic structure in opening sentences and calls them "etic" and "emic" (1954:37ff.). Opening sentences with referentless pronouns as they appear in narratives dominated by the reflector-mode belong to the "etic" type, that is, they begin in a manner so abrupt as would not be acceptable in a non-fictional text. Here again we encounter an element of the grammar of fiction which deviates from ordinary grammar. The first sentence in Maugham's story "The Force of Circumstance," "She was sitting on the verandah waiting for her husband to come to luncheon," is grammatically complete only when it is part of a fictional discourse. In a nonfictional text (newspaper or police report) it would be an incomplete statement inducing the reader to ask, "Who is '*She*'?"

Teller-Characters as Reflector-Characters

It is the fate of most neat distinctions in literary theory to be refuted at least by some literary texts. This is also true of our opposition between teller- and reflector-characters. Several modern authors show a preference for narratives in which the agent of transmission has most of the attributes of a teller-character but occasionally acts as though he were a reflector-character. A revealing instance of this kind is to be found in Mansfield's "The Garden Party." Laura, one of the Sheridan children, feels that the garden party would have to be cancelled because of the accidental death of a worker living in a neighboring cottage, but she is contradicted by her mother and sisters, who find such a consideration extravagant. The discussion of this issue by Laura and her sister Jose is interrupted by the following passage, which contains no explicit narratorial signal as to whose thoughts or opinions it conveys:

> "But we can't possibly have a garden-party with a man dead just front gate."

> That really was extravagant, for the little cottages were in a lane to themselves at the very bottom of a steep rise that led up to the house. A broad road ran between them. True, they were far too near. They were the greatest possible eyesore, and they had no right to be in that neighborhood at all. They were little mean dwellings painted a chocolate brown. In the garden patches there was nothing but cabbage stalks, sick hens and tomato cans. The very smoke coming out of their chimneys was poverty-stricken. Little rags and shreds of smoke, so unlike the great silvery plumes that uncurled from the Sheridans' chimneys. Washerwomen lived in the lane and sweeps and a cobbler, and a man whose house-front was studded all over with minute bird-cages. Children swarmed. When the Sheridans were little they were forbidden to set foot there because of the revolting language and of what they might catch. But since they were grown up, Laura and Laurie on their prowls sometimes walked through. It was disgusting and sordid. They came out with a shudder. But still one must go everywhere; one must see everything. So through they went.
>
> "And just think of what the band would sound like to that poor woman," said Laura (Mansfield, 1976:76f.).

The information in this passage about the working-class cottages near the Sheridan mansion could be taken to be a comment or description by an authorial narrator, who makes an extended appearance in the story which is otherwise characterized by the absence of authorial intrusions. This summary passage, in which the reader is taken back several years to a time when the Sheridan children were still small, would also fit the role of an authorial narrator who recapitulates an earlier part of the story. The external perspective of the description and the "then-and-there" deixis prevailing throughout evidently correspond with the point of view an authorial teller-character conventionally assumes. On the other hand the comment on the propriety of having the garden party in spite of the unexpected death of the man from the cottage cannot be that of an authorial character. The passage contains too many echoes of words and opinions uttered or silently held by members of the Sheridan family – Laura always excepted – in order to be attributed to the narrator. And yet nowhere is the reader informed about the personal identity of the mind whose subjective views about life in the cottages are presented here. It is obvious that these views largely conform to the attitude of most of the Sheridans, but they are never explicitly named. Therefore the only person to whom the words can grammatically be attributed is a teller-character who temporarily seems to assume the role of a reflector-character, and who looks at the cottages from the upper-class point of view of the Sheridans. He adopts their social insensitivity as though it were the only possible attitude toward the working-class families in the surroundings. In this way Mansfield's rendering of the Sheridans' lack of consideration gains a poignancy much stronger than could have been achieved through a conventional teller-character or through the direct presentation of the social attitudes of the Sheridans (e.g., by making one of them, perhaps Mrs. Sheridan, utter these sentiments or turn them over in her thoughts, as a reflector-character would).

Teller-characters acting as reflector-characters are often to be found in Mansfield's stories. Their general characteristic is the withdrawal of the personalized narrator from the story and the prominent role of reflector-characters as agents of narrative transmission. Such a narrative situation seems to favour the merging of the narrative functions of teller and reflector. It is surprising to encounter the same phenomenon in the novels and stories of another author, namely Thomas Mann, who generally prefers to entrust the transmission of his stories to well-personalized teller-characters. In the opening sections of some of his stories, such as "Schwere Stunde," Thomas Mann likes to keep pending the decision as to whether he is going to choose a teller-character or a reflector-character as his main agent of narrative transmission. In "Tristan" this kind of narrative strategy puzzled a linguistic critic, who found the alternation of the narrative roles of teller and reflector and the concomitant shifting of point of view rather confusing (Harweg, 1975:166). Readers of Joyce's *Ulysses* would hardly be confused by this phenomenon since Joyce almost consistently has his authorial narrator dissimulate his voice and thought into those of Stephen and Mr. Bloom, the two main reflector-characters in the first chapters of *Ulysses*. In the "Father-Conmee section" of the "Wandering Rocks" episode the presentation of Conmee's physical perambulations and mental rumination oscillates between the mode of telling by an authorial narrator and the mode of showing with Father Conmee as the reflector-character:

> He [Father Conmee] walked by the treeshade of sunnywinking leaves and towards him came the wife of Mr David Sheehy M.P. – Very well, indeed, father. And you father? Father Conmee was wonderfully well indeed. He would go to Buxton probably for the waters. And her boys, were they glad indeed to hear that. And Mr Sheehy himself? Still in London. The house was still sitting, to be sure it was. Beautiful weather it was, delightful indeed. Yes, it was very probably that Father Bernard Vaughan would come again to preach. O yes, a very great success. A wonderful man really. Father Conmee was very glad to see the wife of Mr David Sheehy M.P. looking so well and he begged to be remembered to Mr David Sheehy M.P. Yes, he would certainly call. – Good afternoon, Mrs Sheehy. (1969:218f.)

Several things make the process of narrative transmission in this passage conspicuous. The quotation of the conversation between the characters is incomplete. A conventional narrator would have indicated the omissions. The middle part of the conversation is rendered in free indirect style or narrated monologue (*erlebte Rede*).[2] The consciousness in which the spoken words are echoed seems to be Father Conmee's ("Was that so?") as well as that of an unidentified third person ("Father Conmee was very glad indeed to hear that") behind whom we seem to perceive the hidden authorial narrator. This teller-character, however, behaves as though he were a reflector-character, as for instance when he disregards the duties observed by every conventional teller-character, such as informing the reader as to who is speaking and what is being omitted from the conversation, etc.

Many of the most interesting experiments in narrative discourse since Joyce (Beckett, Robbe-Grillet, Pynchon, Vonnegut and others) are connected with the merging of the originally quite distinct narrative functions of teller and reflector. This does not render the attempt of narrative theory to draw a borderline between these functions superfluous; it rather makes it even more desirable. In the light of those experiments the opposition between teller-characters and reflector-characters takes on a structural significance

---

[2] For a definition of these terms see Roy Pascal (1977) and Dorrit Cohn (1978).

which is in every respect comparable to the significance of the older distinction between first- and third-person narrators or between external and internal perspective for narrative discourse.

References

Anderegg, Johannes, 1977 (1973). *Fiktion und Kommunikation: Ein Beitrag zur Theorie der Prosa* (Göttingen).

Backus, Josepf M., 1965. "'He came into her line of vision walking backward': Nonsequential Sequence-Signals in Short Story Openings," *Language Learning* 15, 67–83.

Booth, Wayne C., 1961. *The Rhetoric of Fiction* (Chicago).

Botheroyd, P.F., 1976. ich und er: First and Third Person Self-Reference and Problems of Identitv in Three Contemporary German-Language Novels (The Hague & Paris).

Bronzwear, W.J.M., 1970. Tense in the Novel: An Investigation of Some Potentialities of Linguistic Criticism (Groningen).

Cohn, Dorrit, 1968. "K. enters *The Castle*: On the Change of Person in Kafka's Manuscript." *Euphorion* 62, 28–45.

– 1978 *Transparent Minds.: Narrative Modes for Presenting Consciousness in Fiction* (Princeton, N.J.).

Faulkner, William, 1943. "Honor," in: *Collected Stories* (New York).

Friedman, Norman, 1955. "Point of View in Fiction: The Development of a Critical Concept". *PMLA* 70, 1160–1184.

Gombrich, E.H., 1968 (1960). *Art and Illusion: A Study in the Psychology of Pictorial Representation* (London).

Harweg, Roland, 1975. „Präsuppositionen und Rekonstruction: Zur Erzählsituation in Thomas Manns Tristan aus textlinguistischer Sicht," in: Schecker and Wunderli, eds., 166–185.

Ingarden, Roman, 1968. Vom Erkennen des literarischen Kunstwerks (Tübingen). 1972 (1960) *Das literarische Kunstwerk* (Tübingen).

James, Henry, 1963. *The Complete Tales of Henry James*, edited by Leon Edel (London).

Joyce, James, 1969. *Ulysses* (Harmondsworth). 1974 *Dubliners* (Harmondsworth).

Lawrence, D.H., 1969. "The Spirit of Place," in: *Studies in Classic American Literature* (New York), 1–8.

Lubbock, Otro, 1891. „Formen der Erzählung," in: *Epische Studien: Gesammelte Schriften* (Leipzig), vol. 6, edited by A. Stern.

Mansfield, Katherine, 1976. *The Garden Party and Other Stories* (Harmondsworth).

Maugham, W. Somerset, 1963. "The Force of Circumstance," in: *The Complete Short Stories of W. Somerset Maugham* (London), vol. 1, 481–505.

Meindl, Dieter, 1974. „Zur Renaissance des amerikanischen Ich-Romans in den fünfziger Jahren," *Jahrbuch für Amerikastudien* 19, 201–218.

Pascal, Roy, ROY, 1977. The Dual Voice: Free Indirect Speech and its Functioning in the Nineteenth-Century European Novel (Manchester).

Pike, Kenneth L., 1954. Language in Relation to a Unified Theory of the Structure of Human Behavior (Glendale).

Pouillon, Jean, 1946. *Temps et roman* (Paris).

Schecker and Wunderli, eds., 1975. *Textgrammatik* (Tübingen).

Smollett, Tobias, 1964. *The Adventures of Peregrine Pickle* (London), edited by James L. Clifford.

Stanzel, F.K., 1955. *Die typischen Erzählsituationen im Roman: Dargestellt an „Tom Jones", „Moby-Dick", „The Ambassadors," „Ulysses" u.a.* (Vienna & Stuttgart).

– 1977 „Die Komplementärgeschichte: Entwurf zu einer leserorientierten Romantheorie," in: W. Haubrichs, ed., *Erzählforschung 2* (Göttingen), 240–259.

– 1978 "Second Thoughts on *Narrative Situations in the Novel*: Towards a 'Grammar of Fiction,'" *Novel: A Forum on Fiction* 11, 247–264.

– 1979a *Theorie des Erzählens* (Göttingen: Vandenhoeck & Ruprecht, UTB 904).

– 1979b „Zwei erzähltechnische Termini in komparatistischer Sicht: Erlebte Rede und Erzähler im Deutschen und Englischen," *Sprachkunst* 10, 192–200.

Storms, Godfrid, 1961. The Origin and the Functions of the Definite Article in English (Amsterdam).

Aus: *Poetics Today*, 2 (1981), 5–15.

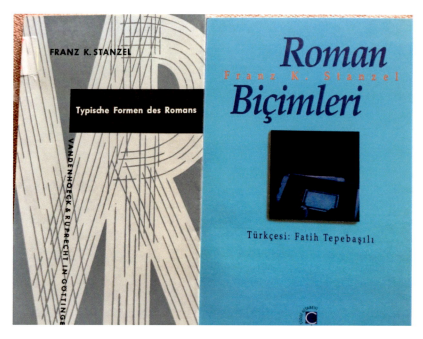

Bestseller des Verf., *Typische Formen des Romans*, 1964, dann 12 Auflagen und Übersetzungen, hier türkische Übersetzung, 1997.

Die Komplementärgeschichte.
Entwurf einer leserorientierten Romantheorie

> "I write, let the reader learn to read"
> (Mark Harris)

Wir sind alle Erzähler, auch wenn wir nie eine Short Story oder einen Roman schreiben. Tagtäglich bemühen wir uns, unsere Erfahrung der Wirklichkeit in Gesprächen, Berichten, Meldungen und vor allem in Erinnerungen, seien sie still oder ausgesprochen, zu gestalten, d.h. ihr Zusammenhang, Sinn, Ganzheit und Bedeutung zu geben. Indem wir so unsere Wirklichkeitserfahrung erzählend zu gestalten suchen, gestalten wir sie um, fiktionalisieren wir sie. Von der Fiktionalität einer vorherrschend verbal gestalteten Kultur zu sprechen, erschien der Zeit eines Benjamin Lee Whorf noch als eine sehr kühne Verallgemeinerung, ist für Strukturalisten unserer Tage jedoch schon fast ein Gemeinplatz geworden. Im folgenden wird versucht werden, eine Konsequenz aus dieser Ansicht für einen bestimmten Aspekt der literarischen

Erzähltheorie ohne Zuhilfenahme strukturalistischer Erklärungsmodelle zu ziehen.

Wenn wir alle Erzähler sind, dann sind wir es auch als Leser einer Short Story oder eines Romans. Daß der Leser überhaupt in die Rolle eines Erzählers oder Mitautors versetzt werden kann, wurde aber bislang nur bei ganz ungewöhnlichen Erzählwerken wie Sternes *Tristram Shandy* gelegentlich in Erwägung gezogen. Wie so oft wurde man auch hier des Naheliegenden zuerst in seiner ungewöhnlicheren Form gewahr. Der Leser kann jedoch auch bei der Lektüre eines gewöhnlichen Erzähltextes als Erzähler und Mitautor tätig werden, aus dem ganz einfachen Grunde, daß der Autor und der von ihm geschaffene Erzähler ihre Geschichte meist nur lückenhaft und unvollständig darbieten. Sie müssen nämlich der Erwartung des Lesers, von der in der Erzählung beschriebenen Wirklichkeit ein authentisches, d.h. in einer unendlichen Zahl von Punkten bestimmbares Bild zu erhalten, mit einer begrenzten Zahl von Sätzen und Wörtern entsprechen. Weite Bereiche der beschriebenen Wirklichkeit bleiben daher notwendigerweise erzählerisch unbestimmt. Es ist der Leser, der dann die unbestimmten Teile der Erzählung wenigstens teilweise ergänzt und ausfüllt, der dem Roman oder der Short Story seine Komplementärgeschichte hinzufügt.

Am leichtesten läßt sich die Bildung einer solchen Komplementärgeschichte am Erzählende nachweisen. In sehr vielen Kurzgeschichten und Romanen – ihre Zahl scheint in der neuesten Erzählliteratur ständig zuzunehmen, man denke nur an die Erzählungen von Tschechow, Joyce, Katherine Mansfield, Sherwood Anderson u.a. - wird der Schluß der Erzählung so gestaltet, daß der Leser sich veranlaßt sieht, die Lebensgeschichte der Charaktere über den Rand der Erzählung hinaus weiterzuführen, eine Situation, deren Darstellung auf ihrem Höhepunkt abbricht, ausrollen zu lassen, einem Sinnzusammenhang, der sich erst mit den letzten Sätzen der Erzählung abzuzeichnen beginnt, noch ein Stück nachzugehen. Der Leser setzt also die Erzählung über den vom Autor gesetzten Schluß hinaus fort. Das haben Theorie und Interpretationslehre der Erzählkunst zur Kenntnis genommen. Kaum beachtet wurde dagegen bisher, daß sich bei der Lektüre längerer Erzählwerke, etwa viktorianischer Romane, dieser Vorgang bereits mehrfach ereignet hat, ehe der Leser zum Schluß der Erzählung gelangt ist; am Ende eines einzelnen Buches, eines Kapitels, eines Erzählabschnittes, eines Fortsetzungsteiles, oder auch dort, wo der Leser – vielleicht durch äußere Umstände veranlaßt – die Lektüre unterbricht, ohne die der Abbruchstelle entsprechende Konstellation der Charaktere und den Stand der Handlung sogleich aus seiner Vorstellung zu verdrängen.[1] Auch hier werden sich sehr oft die Romanfiguren dank der ihnen in der Vorstellung des Lesers zugewachsenen Eigenkörperlichkeit und Schwerkraft noch ein Stück in der von ihnen eingeschlagenen Richtung weiterbewegen, ehe sie stillstehen. Es wird daher zu zeigen sein, wie solche auf den Lektüreabbruch folgenden Stellen, die vom Text her zunächst unbestimmt oder sogar leer bleiben, den Leser veranlassen oder in die Lage versetzen, die erzählte Geschichte auf Grund seiner eigenen Erfahrungen und Einsichten zu ergänzen oder gleichsam versuchsweise weiterzuführen, also eine Komplementärgeschichte zum Gelesenen zu konzipieren. Dabei werden Ausführlichkeit und Intensität des komplementär Konzipierten sehr stark von Leser zu Leser variieren, da die Bereitschaft, eine Wahrnehmung oder Erfahrung in der eigenen Vorstellung kreativ auszugestalten, individuell sehr verschieden ist. Im übrigen wurde diese Fähigkeit in der literarischen Interpretationslehre bisher auch gar nicht gefördert. Viel eher sieht man in ihr einen Störfaktor, den es im Interesse der Intentionen des Autors zu eliminieren gilt.

Welcher literaturwissenschaftlich gebildete Leser wird daher heute wagen, wie einst Wilhelm Meister die Spuren Hamlets bis nach Wittenberg und darüber hinaus in die frühe Jugendzeit auf Schloß Elsinor zurück zu verfolgen, „um zu sehen, was von dem Charakter Hamlets vor dem Tode seines Vaters sich für eine Spur zeige"?[2] Seit L.C. Knights in seinem Essay "How Many Children had Lady Macbeth?"[3] ebenso brillant wie überspitzt mit den

---

[1] Am nächsten kommt der hier darzulegenden Ansicht Wolfgang Iser, der auch schon auf die Bedeutung der Romanschlüsse und der vorläufigen Schlüsse der Lieferungsteile des Fortsetzungsromans für den Leser und dessen Neigung, leer oder unbestimmt bleibende Stellen der Erzählung aufzufüllen, hingewiesen hat. Vgl. *Die Appellstruktur der Texte*, S. 14ff.; Frank Kermodes "sense of an ending" hat zwar mit diesem Sachverhalt unmittelbar nichts zu tun, ist aber dennoch in einem allgemeineren, philosophischen Sinne für die folgenden Überlegungen relevant. Vgl. *The Sense of an Ending*, bes. S. 155ff.

[2] *Wilhelm Meisters Lehrjahre*, 4. Buch, 3. Kap.

[3] L.C. Knights, *Explorations*, London 1963, 1-39. Der zitierte Essay erschien 1933.

Auswüchsen der charakterologischen Shakespeareinterpretation ins Gericht gegangen ist, gilt ein persönlicher Umgang mit einem fiktiven Charakter als unkritisch und banal. Diese Verfemung eines in jedem unverbildeten Leser ursprünglich angelegten Interesses an der Totalität der Persönlichkeit eines Charakters trifft den Romanleser ebenso wie den Leser eines Schauspieltextes oder den Zuschauer im Theater. Denn auch die größere Länge des Textes und die eingehendere Beschreibung der Gegenständlichkeiten in einem Roman vermag diesem umfassenden Interesse des Lesers nur partiell zu entsprechen: die begrenzte Zahl der Sätze des Textes kann notwendigerweise nur einen Teil der unbegrenzten Bestimmtheit einer wirklichen Person oder eines wirklichen Gegenstandes erfassen. Dennoch kommt der Leser im allgemeinen einer fiktiven Gestalt aus einem Roman mit der Illusion entgegen, daß er dieser fiktiven Gestalt auch in seiner Erfahrungswelt begegnen könne. Es wäre auch denkbar, daß die größere Ausführlichkeit, mit der in einer längeren Erzählung eine Gestalt charakterisiert wird, dieses Interesse des Lesers sogar noch anwachsen läßt, da mit jeder dargestellten Bestimmtheit neue Unbestimmtheiten an dieser Gestalt mit ins Spiel gebracht werden. Es ist daher nicht der schlechteste Leser, dem sich z.B. nach der Lektüre von Defoes Moll Flanders die Frage aufdrängt, wie viele Kinder Moll Flanders in ihrem liebes- und abenteuerreichen Leben zur Welt gebracht hat und was aus ihnen geworden ist. Wir kennen heute die Problematik eines solchen Interpretationsverfahrens so gut, daß wir wagen können, davon überlegten Gebrauch zu machen. Es wird sich vielleicht sogar empfehlen, das vor vierzig oder fünfzig Jahren darüber gefällte Urteil noch einmal zu überprüfen[4] und zwar im Geiste der gegenwärtig sich allerorts ankündigenden Emanzipation des Lesers als des zwar nicht ebenbürtigen, aber innerhalb gewisser Grenzen mitbestimmungsberechtigten Partners des Autors. Es hängt sicher mit der stärkeren Bindung des Sprachkunstwerkes an das Kognitive zusammen, daß die Emanzipation des Lesers langsamer voranschreitet als die des „Konsumenten" anderer Kunstarten.

---

[4] Zur Frage der Relevanz von L.C. Knights Kritik am sogenannten "D.N.B. approach" (D.N.B. = Dictionary of National Biography) vgl. W.J. Harvey, *Character and the Novel*, S. 201ff.

Wo immer ein vermeintliches Axiom in Frage gestellt wird, muß mit Widerstand gerechnet werden, in unserem Falle vor allem von Seiten jener Literaturwissenschaft, die auf Grund ihres streng ontologischen Fiktionsverständnisses Umfang und Inhalt der dargestellten Wirklichkeit streng auf das explizit im Text Ausgesagte beschränkt wissen möchte:

> From the statement that it is raining in the streets, you would consider it pertinent to conclude that the pavement is wet. If you see cherries on a tree in summer, you will infer that in the spring the tree was in blossom. If a biographical account shows the subject as a child, then as an adult, you will assume that he was an adolescent in between. If I describe the face of a man without mentioning the rest of his body, you will nonetheless deem it probable that his physical being is not limited to a face.

Robert Champigny kann als Repräsentant dieser Richtung angeführt werden, wenn er ausgehend von der oben zitierten Beobachtung zu folgender Feststellung gelangt: Fiktionale Texte wären gerade darin von nichtfiktionalen oder historischen Texten zu unterscheiden, daß in ihnen der Schluß von der Aussage „Regen" auf „nasse Straßen" oder von der erzählten Mitteilung „Kirschen auf dem Baum im Sommer" auf „blühender Kirschbaum im Frühling" eigentlich nicht möglich sei. Er fährt dann fort:

> Cognitively, we have to decide whether the tree blossomed or not. Esthetically, such either-or imperatives are impertinent. To the extent that fictional events are stated explicitly, causality and probability apply to fiction as well as to history. Which amounts to saying that the words used in a novel belong to the linguistic community. *But causality and probability should not be applied to make explicit what is implicit in fiction.* (Hervorhebung vom Verf.)[5]

Spätestens hier wird bereits offenbar, daß sich der Befund der ontologischen Romantheorie und das Vorstellungserlebnis vieler Romanleser nicht mehr decken. Da die Position des Romantheoretikers als logisch abgesichert anzusehen ist und daher auch nicht grundsätzlich in Frage gestellt werden kann, muß versucht werden, die Häresie der Leser auf anderen Wegen zu rechtfertigen.

---

[5] Robert Champigny, "Implicitness in Narrative Fiction", S. 988 u. 989.

Einer Rechtfertigung bedarf sie darüber hinaus auch angesichts der heute auf breiter Front geöffneten Grenze zwischen hoher Literatur und Trivialliteratur. Über diese einst so scharf bewachte Grenze wechseln heute, und zwar nach beiden Richtungen hin, Autoren und Leser in großer Zahl. Produktions- und Konsumgewohnheiten, die bis vor kurzem auf den Bereich des Trivialromans beschränkt waren, sind auch innerhalb des Geheges der anspruchsvollen Romanliteratur hie und da bereits anzutreffen. Sicher wird dadurch die oben erwähnte Bereitschaft des Lesers, die im fiktionalen Text nur unvollständig und schematisiert dargebotene Welt nach dem Vorbild seiner Erfahrungswirklichkeit zu vervollständigen, abzurunden und auszufüllen, verstärkt. Im Trivialroman leistet nämlich die auf Affirmation der Erwartungswelt des Lesers (einschließlich seiner Wunschvorstellungen) abgestimmte Wirkungsstruktur dieser Neigung des Lesers mächtig Vorschub. Es wäre aber ein Irrtum, daraus zu schließen, daß es sich bei dieser Neigung um eine spezifische Leseerwartung des Trivialromanlesers handle. Es wird noch zu zeigen sein, daß Phänomene der Trivialliteraturlektüre auch bei der Lektüre von Romanen der hohen Literatur immer mit im Spiel sind.

Vorher sei noch kurz ein schon jetzt zu erwartender wichtiger Einwand vorweggenommen. Überläßt man den Leser ganz der Neigung, seine eigene Komplementärgeschichte zu ersinnen, dann wird das Ergebnis einer solchen Lektüre eines Romans wohl bald von der im Text gestalteten Autorenintention erheblich abweichen. Die vorläufige Antwort darauf lautet, daß selbstverständlich auch für diesen Leser die im Text sichtbar gesetzten Grenzpfähle, die seinen Freiraum eingrenzen, Geltung haben. Die folgenden Überlegungen wollen nicht zuletzt die Aufmerksamkeit der Literaturwissenschaft auf die Frage der möglichen Eingrenzung dieses Freiraumes für den Leser lenken. Es kann aber schon jetzt gesagt werden, daß auf Grund der bereits festgestellten unvollständigen Bestimmtheit einer Erzählung innerhalb dieses markierten Freiraumes auch der Leser an dem Privileg der Verfügung über die fiktionale Wirklichkeit, das bisher fast ausschließlich den Autoren vorbehalten war, teilhaben kann. Vielleicht erklärt gerade das relativ große Maß von Verfügbarkeit der fiktionalen Welt für die kreative Phantasie auch des Lesers den hohen Rang, den erzählende Literatur in unserer sonst so sachbezogenen Welt noch immer behaupten kann. Im besonderen wird gerade dann, wenn die fiktionale Welt als „Simulationsraum" für Entwürfe von zwar nicht erlebbaren, aber doch denkbaren Weltmodellen verstanden wird, dem Leser eine gewisse Fähigkeit zur Mitgestaltung dieses Simulationsaktes zuzubilligen sein.[6]

Zunächst ist zu zeigen, daß sowohl für die Verfügbarkeit der fiktionalen Welt dem Autor gegenüber als auch für den Verfügungsanspruch des Lesers über jene Bereiche der fiktionalen Welt, die in der Darstellung durch den Autor unbestimmt oder leer bleiben, eine gemeinsame Voraussetzung anzunehmen ist. Es ist der Spielraum der Imagination für Alternativen, jene für den Autor unbedingte, für Romancharaktere bedingte Freiheit, zwischen Möglichkeiten des Verhaltens zu wählen. Daß dabei der Roman seinen Charakteren einen größeren Entscheidungsspielraum anzubieten hat als das Drama, liegt in der im Vergleich zum Drama geringeren Verpflichtung des Romans zur Darstellungsökonomie begründet. Solche Alternativgeschichten können auf recht verschiedene Art und Weise in einem Roman integriert werden. Eine der geläufigsten Formen findet sich dort, wo eine Romanfigur selbst Überlegungen darüber anstellt, was hätte sein können, wenn..., wie zum Beispiel David Copperfield im 58. Kapitel seiner Lebensgeschichte:

> I had thought, much and often, of my Dora's shadowing out to me what might have happened in those years that were destined not to try us; I had considered how the things that never happen, are often as much realities to us, in their effects, as those that are accomplished...I endeavoured to convert what might have been between myself and Agnes into a means of making me more self-denying, more resolved, more conscious of myself and my defects and errors. Thus, through the reflection that it might have been, I arrived at the conviction that it could never be.[7]

Dieser Denkansatz einer Romanfigur zur Durchdringung der „shadowy penumbra of possibilities, of might-have-beens", wie J. Harvey sagt,[8] kann auch den Leser dazu anregen, von sich aus ähnliche Überlegungen anzustel-

---

[6] Vgl. dazu die Literaturhinweise bei G. Waldmann, *Theorie und Didaktik der Trivialliteratur*, S. 32.

[7] Charles Dickens, *David Copperfield*, Penguin, S. 891. In M. Frischs *Mein Name sei Gantenbein* wird die Alternativgeschichte zum eigentlichen Thema des Romans.

[8] J. Harvey, Character and the Novel, S. 147.

len und an geeigneten Stellen der Romanhandlung einige denkbare Varianten im Lebensablauf der Romancharaktere, wenn auch nur andeutungsweise oder skizzenhaft, durchzuspielen. In Lawrence Durells *Alexandria Quartet* könnten der zweite und dritte Band der Tetralogie, *Balthazar* und *Mountolive*, als Alternativgeschichten zum ersten Band *Justine* bezeichnet werden, wobei sich die Variante jeweils aus der geänderten Perspektive der Betrachtung ergibt. Es ist für unseren Zusammenhang nicht uninteressant, daß gerade in diesem, an der Relativitätstheorie orientierten Romanwerk dem Leser mehrere Male ergänzende Materialien und Paralipomena („Consequential Data" und „Workpoints") übermittelt werden, von denen der Autor schließlich (in einer Vorbemerkung zum vierten Band, *Clea*) ausdrücklich erklärt, daß es sich hierbei um „a number of possible ways of continuing to deploy these characters and situations in further instalments"[9] handle. Diese Notizen sind tatsächlich nichts anderes als knappe Anweisungen für mögliche Komplementärgeschichten zum Roman. Noch eine andere Art der Alternativgeschichte liegt vor, wenn der Autor selbst oder in Gestalt eines auktorialen Erzählers die möglichen Varianten nicht perspektivisch durchspielt, sondern sie nacheinander gestaltet und damit dem Leser zur Diskussion anbietet, etwa indem er verschiedene Möglichkeiten des Handlungsverlaufes, der Entwicklung einer Romangestalt oder der Schlußlösung erzählt. John Fowles' Angebot von drei alternativen Schlüssen für seinen ‚viktorianischen' Roman *The French Lieutenant's Woman*[10] bietet ein sehr instruktives Illustrationsbeispiel dafür. Auktoriale Alternativgeschichten dieser Art nehmen gleichsam mögliche Komplementärgeschichten des Lesers bereits in die er-

---

[9] Lawrence Durrell, *Clea*, Author's Note.
[10] Der Roman ist 1969 erschienen und wurde bald darauf in den Vereinigten Staaten zu einem Bestseller. Für die weiter unten noch zu erörternde Theorie der Unbestimmtheitsstellen einer Erzählung ist aufschlußreich, was Fowles über den Unterschied zwischen Film und Roman (zwei seiner früheren Romane wurden bereits verfilmt) zu sagen hat: „There are hundreds of things a novel can do that cinema can never do. The cinema can't describe the past very accurately, it can't digress, above all it can't exclude. This is the extraordinary thing in the cinema – you've got to have a certain chair, certain clothes, a certain decor. In a novel you can leave all that out. All you give is a bit of dialogue. It's this negative thing that cinema makers never realize. You don't have to ‚set up' the whole screen. The delight of writing novels is what you can leave out on each page, in each sentence". Daniel Halpern and John Fowles, „A Sort of Exile in Lyme Regis", *London Magazine*, March 71, S. 46f.

zählte Geschichte hinein. Sie entziehen also dem Leser einen Teil der denkbaren Spielvarianten, ermutigen ihn aber andererseits zu eigenständiger Vorstellungsleistung, indem sie die Romanwelt aus den determinierenden Zwängen historischer Einmaligkeit und Irreversibilität herauslösen und damit der imaginativen Verfügungsgewalt von Erzähler und Leser besser zugänglich machen.

Aus diesen wenigen Beispielen ist nicht nur zu ersehen, auf welch verschiedene Weise die Alternativgeschichte im Roman erscheint, sondern auch wie groß die Bereitschaft vor allem zeitgenössischer Autoren ist, den Leser am Prozess der Gestaltung von fiktiver Wirklichkeit mit teilhaben zu lassen oder ihn wenigstens dazu anzuregen, in eigener imaginativer Verantwortung da und dort einen Schritt, sei es in Richtung auf Ergänzung eines vom Autor offen gelassenen Details oder in Richtung auf eine denkbare Variation einer fiktiven Gegebenheit, zu tun.[11]

Um diese Übersicht über Möglichkeiten von alternativen und komplementären Erweiterungen fiktionaler Welten abzurunden, sei noch auf den Fall hingewiesen, daß ein Autor eine mögliche Komplementärgeschichte zum Vorwurf für ein selbständiges Werk macht. James Joyces Bildungsroman *A Portrait of the Artist as a Young Man* schränkt die Darstellung des Schauplatzes Dublin rigoros auf den ziemlich engen Wahrnehmungsausschnitt der Hauptgestalt ein. Eine bis kurz vor den Schluß sehr konsequent durchgehaltene personale Erzählsituation unterstreicht noch die scharfkantige Abgrenzung der Erlebnis- und Wahrnehmungssphäre des Helden und seiner Umwelt. Die Menschen seiner weiteren Umwelt erscheinen, von ganz wenigen Ausnahmen abgesehen, nur schemenhaft und flüchtig auf der Szene. Gerade das Schemenhafte und Flüchtige an diesen Randfiguren und die zunehmende Isolierung des Helden von seiner Umwelt regen die Phantasie des Lesers an, die Schemen körperlich zu runden, der Flucht der Vorbeiziehenden Einhalt zu gebieten und das bunte, konviviale und ungebärdige Leben

---

[11] Der hier mit den Begriffen Alternativ- und Komplementärgeschichte aufgewiesene Sachverhalt ist literaturwissenschaftlich noch genauer zu bestimmen. Ein solches Unterfangen ließe sich auch als weitere Facette der gegenwärtig viel beachteten rezeptionsästhetischen Fragestellung verstehen. (Vgl. R. Warning, Hrsg., *Rezeptionsästhetik*).Innerhalb der anglistischen Literaturwissenschaft hat sich vor allem Wolfgang Iser mit Funktion und Rolle des Lesers im Rezeptionsprozeß befaßt. (*Der implizite Leser*, *Die Appellstruktur der Texte* und Beiträge zur *Rezeptionsästhetik*).

von Dublin hereinzulassen, um den ‚cordon sanitaire' der Ungeselligkeit des Helden aufzubrechen. Wir wissen heute, seit wir die frühere Fassung dieses Romans, die unter dem Titel *Stephen Hero* veröffentlicht wurde, kennen, daß die enge Umgrenzung der dargestellten Welt des *Portrait* eine Art bewußter künstlerischer Askese war. Welchen Lockungen des Dubliner Ambiente der Jahrhundertwende Joyce sich dabei versagen mußte, können wir aus dem von ihm verworfenen Text des *Stephen Hero* und noch überzeugender aus den *Dubliners* erschließen, in denen mehr als ein Dutzend Einwohner von Dublin, die der Leser im Hintergrund des *Portrait* auf den Plätzen, Straßen und Kneipen von Dublin vermutet, fiktionale Eigenexistenz erlangt haben. Joyce hat damit dem Leser des *Portrait* und auch des *Ulysses* eine Komplementärgeschichte verfügbar gemacht, die nicht zuletzt deshalb für unseren Zusammenhang sehr wichtig erscheint, weil sie deutlich macht, wie weit die komplementäre Vorstellungsleistung selbst eines einfühlsamen oder phantasiereichen Lesers hinter jener des Autors zurückbleiben muß.

Die Komplementärgeschichte ist die Antwort des Lesers auf die in der Erzählung immer nur schematisch, das heißt unvollständig dargestellte Welt der Charaktere. In diesem Zusammenhang ist auch zu berücksichtigen, wie wichtig gerade die im allgemeinen wenig beachtete Konvention des Erzählvorganges ist, die dem Autor und seinem Erzähler eine praktisch uneingeschränkte Freiheit einräumt, die dargestellte Wirklichkeit räumlich und zeitlich nach Belieben zu verkürzen, d.h. aus dem Raumkontinuum eines Schauplatzes nur einzelne Sektoren und aus dem Zeitkontinuum einer Handlung nur einzelne Segmente herauszugreifen. Selektion des sich zur Darstellung anbietenden Materials oder Stoffes ist ein für künstlerische bzw. ästhetische Gestaltung ganz allgemein charakteristisches Verfahren. Nicolai Hartmann bezeichnet daher auch in seiner *Ästhetik* Auswahl und Begrenzung des Stoffes als wesentliche Momente in der Entstehung der ästhetischen Form. Dem „Weglassen" durch den gestaltenden Künstler entspricht aber immer auch ein „Ergänzen" im Bewußtsein des anschauenden Betrachtens oder des Lesers.[12] Die Notwendigkeit, das in Selektion Dargestellte in seinem Vorstellungsbild wieder zu ergänzen und aufzufüllen, ergibt sich für den Leser aus dem Umstand, daß, wie Roman Ingarden sagt, Raum und Zeit

---

[12] Nicolai Hartmann, *Ästhetik*, S. 224ff.

in der Erfahrung der Wirklichkeit wie auch in der Vorstellung bei der Lektüre keinen „Abbruch" dulden.[13] Der Leser ist daher ständig veranlaßt, gerade dort, wo der Autor die beschriebene Wirklichkeit selektiert, diese in seiner Vorstellung wieder soweit zu komplettieren, daß sich die Illusion der Zeit und Raumkontinua für das erzählte Geschehen wieder einstellt. Dabei ist dem Leser auch der Autor behilflich, denn in der Regel ist auch ihm daran gelegen, mit Hilfe seiner „rhetoric of dissimulation", wie W.C. Booth sie recht treffend bezeichnet,[14] immer wieder den Leser in seiner Annahme zu bestätigen, daß die im Erzählvorgang nicht zu vermeidenden Eingriffe in die Geschichte durch Selektion, etwa Raffung, Sprung, Perspektivierung des Geschehens, die Authentizität des Erzählten selbst nicht mindern. Im *Tom Jones* liefert der auktoriale Erzähler in seinen Vorreden zu den einzelnen Büchern des Romans zahlreiche Beweise einer solchen „rhetoric of dissimulation":

> The reader will be pleased to remember, that, at the beginning of the second book of this history we gave him a hint of our intention to pass over several large periods of time, in which nothing happened worthy of being recorded in a chronicle of this kind. In so doing, we do not only consult our own dignity and ease, but the good and advantage of the reader: for besides that by these means we prevent him from throwing away his time, in reading without either pleasure or emolument, we give him, at all such seasons, an opportunity of employing that wonderful sagacity, of which he is master, by filling up these vacant spaces of time with his own conjectures; for which purpose we have taken care to qualify him in the preceding pages. (III. 1)

Der hier beschriebene und illustrierte Vorgang verläuft so ‚natürlich', daß er in der Erzählforschung bisher immer nur am Rande registriert wurde. Aber gerade weil er die Voraussetzung für die Komplementärgeschichte bildet,

---

[13] Roman Ingarden, *Das literarische Kunstwerk*, S. 252.
[14] Wayne C. Booth, *The Rhetoric of Fiction*, S. 44: "whatever intensity is achieved must be an intensity of the illusion that genuine life has been presented ... And, since any sense of composition or selection falsifies life, all fiction requires an elaborate rhetoric of dissimulation". Von anderen Voraussetzungen herkommend sieht auch Roland Barthes die charakteristische Leistung der Erzählung (im Roman) darin, daß sie imstande sei, „dem Imaginären die formale Bürgschaft des Realen zu geben ..." vgl. Roland Barthes, *Am Nullpunkt der Literatur*, S. 35.

muß er etwas genauer betrachtet werden. Dabei leisten die Vorarbeiten Roman Ingardens aus den dreißiger Jahren, *Das literarische Kunstwerk* :und *Vom Erkennen des literarischen Kunstwerks*, wichtige Hilfe[15]. Auch Ingarden geht davon aus, daß Zeit und Raum in literarischer Darstellung nur als schematische, das heißt unvollständige, auf einige wesentliche Züge reduzierte Gebilde erscheinen. Die erzählte Zeit und der erzählte Raum weisen daher immer eine große Zahl von Unbestimmtheitsstellen auf, von denen der Leser im Zuge der Konkretisation der dargestellten Wirklichkeit in seiner Vorstellung einige auffüllt, andere unbestimmt oder leer läßt. In den auf Ingarden aufbauenden Untersuchungen erscheinen die Begriffe „Unbestimmtheitsstelle" und „Leerstelle" meist als Synonyma. In dieser Untersuchung werden aber die beiden Begriffe mit einer wichtigen Bedeutungsdifferenz verwendet: Leerstelle bezeichnet jene zeitliche oder räumliche Lücke in der Darstellung von Zeit bzw. Raum, für deren Konkretisation in der Vorstellung des Lesers der Erzähltext keine oder keine nennenswerten indirekten oder ausdrücklichen Hinweise enthält. Unbestimmtheitsstellen werden dagegen durch im vorangehenden oder nachfolgenden Erzähltext explizit oder implizit enthaltene Signale annähernd bestimmbar. Der Leser ist also angesichts einer Unbestimmtheitsstelle nicht wie bei einer Leerstelle ganz sich selbst überlassen, wenn er versucht, die Darstellungslücke in seiner Vorstellung aufzufüllen oder zu konkretisieren. Leerstellen, etwa längere Zeiträume im Ablauf der Handlung, die in der Erzählung übersprungen werden, weisen an ihren Rändern meistens Unbestimmtheitsstellen auf, in die aus dem vorangehenden Erzähltext noch eine partielle Bestimmtheit hinein- oder aus dem nachfolgenden Text zurückstrahlt. Kapitel-, Buch- oder Romanschlüsse münden fast immer in Unbestimmtheitsstellen, die dann je nach dem Grad ihrer Bedeutsamkeit bzw. der Intensität ihrer Spannung langsam oder schnell in Leerstellen übergehen.

Zusammenfassend ist also zunächst festzuhalten: Die Summe der Konkretisationen und Ergänzungen der Unbestimmtheits- und Leerstellen, die der Leser im Verlaufe der Lektüre einer Erzählung vornimmt, bildet die

---

[15] *Vom Erkennen des literarischen Kunstwerks* ist in polnischer Fassung bereits 1936 erschienen. Zur Theorie der Unbestimmtheitsstellen vgl. besonders *Das lit. Kunstwerk*, S. 261ff. und *Vom Erkennen*, S. 12, 49ff., 250ff., 300f., 409ff.

Komplementärgeschichte. Diese entspringt dem Wunsch des Lesers, aus dem im Erzählvorgang Selektierten und Schematisierten wieder ein möglichst allseitig Bestimmtes, Ganzes und Kontinuierliches in seiner Vorstellung entstehen zu lassen. Die Komplementärgeschichte allein ist selbstverständlich keine selbständige und zusammenhängende Geschichte, eine solche bildet sie nur zusammen mit der erzählten Geschichte. Dennoch ist ihre Bedeutung für die Interpretation nicht gering, da sie zum Teil vom Leser selbst stammt, der mit ihr nicht nur eine Ergänzung, sondern auch eine Art Folie schafft, von der sich die Konturen der erzählten Geschichte mehr oder weniger scharf profiliert abheben. Um zu verstehen, wie dies geschieht und wie der Leser mit Hilfe der Komplementärgeschichte bis zu einem gewissen Grad auch seine Distanz zum Werk und damit seine Bereitschaft, sich gemäß den Intentionen des Autors leiten zu lassen, reguliert, muß etwas weiter in die Erzähltheorie hinein ausgeholt werden.

Die neueren Theorien zur Erzählkunst lassen trotz einer verwirrenden Vielfalt von Ansätzen, Fragestellungen und Erklärungssystemen eine gewisse Übereinstimmung in der Annahme von jeweils zwei einander entgegengesetzten narrativen Darstellungsweisen erkennen. Die Termini für die beiden Positionen und die jeweilige Abgrenzung ihrer Begriffsinhalte weisen im einzelnen ziemlich große Unterschiede auf, dennoch kann jeweils für einen Kernbereich innerhalb einer der folgenden Kolonnen eine gewisse Übereinstimmung angenommen werden:

eigentliche Erzählung	– szenische Erzählung (O. Ludwig)
picture	– drama (P. Lubbock)
telling	– showing (N. Friedman)
auktoriale und Ich-Erzählsituation	– personale Erzählsituation (F.K. Stanzel)
Bericht- oder Ich-Du-Textmodell	– Erzähl- oder Er-Textmodell (J. Anderegg)
fingierte Wirklichkeitsaussage	– fiktionales Erzählen (K. Hamburger).[16]

---

[16] Vgl. dazu im einzelnen F.K. Stanzel, *Die typischen Erzählsituationen im Roman* und *Die typischen Formen des Romans*; J. Anderegg, *Fiktion und Kommunikation*; K. Hamburger, *Die Logik der Dichtung*. Weiterführende Kritik der hier angenommenen Unterscheidung von zwei Erzählmodellen u.a. bei E. Leibfried, *Kritische Wissenschaft vom Text*, S. 240ff. und bei G. v. Graevenitz, *Die Setzung des Subjekts*, S. 5ff. und 36ff.

Herrscht in einer Erzählung oder in einem Teil einer Erzählung die Darbietungsform vor, die durch die Begriffe der linken Kolonne umrissen wird, so ergeben sich daraus für die Ausbildung der Komplementärgeschichte grundlegend andere Bedingungen als bei Vorherrschen einer Darbietungsform, die durch die in der rechten Kolonne aufgeführten Begriffe umschrieben wird. Wie ist das zu erklären?

Eine auktoriale oder eine Ich-Erzählsituation ist, wie schon aus der von Anderegg dafür gewählten Bezeichnung „Ich-Du-Textmodell"[17] deutlich wird, stärker leserorientiert als eine personale, da der auktoriale Erzähler, wie auch der Ich-Erzähler, immer seinen Leser vor Augen hat und daher seine Erzählstrategie meist darauf ausrichtet, den Leser mit allen Informationen zu versorgen, die für die Vorstellung des Dargestellten erforderlich sind. Für die Komplementärgeschichte ergibt sich daraus, daß sich hier der Leser zwar mit den üblichen erzählbedingten Unbestimmtheitsstellen, für deren Konkretisation im übrigen der auktoriale oder Ich-Erzähler ausreichende Hilfe gewährt, dagegen aber mit nur relativ wenig Leerstellen, für die der Erzähler praktisch keine Anweisung zur Auffüllung gibt, konfrontiert sieht. Der auktoriale Erzähler und der Ich-Erzähler liefern mit ihren Schilderungen des Schauplatzes, mit ihren, wenn auch oft sehr stark die erzählte Zeit raffenden Handlungsberichten, mit ihren die Kausalität der Ereignisse deutenden Kommentaren dem Leser ein raum-zeitlich-kausal ziemlich kontinuierliches, dafür allerdings nicht immer sehr dichtes Bezugs- und Verweisungsnetz. Dem Leser fällt es daher hier nicht schwer, in die oft nur grob skizzierten Teile dieser Landkarte der fiktiven Wirklichkeit auch einige zartere Konturlinien einzuzeichnen.

In einem Roman mit personaler Erzählsituation stellt sich dagegen dem Leser die Möglichkeit, eine Komplementärgeschichte zur erzählten Geschichte zu bilden, auf ganz andere Weise dar als im Roman mit vorherrschend auktorialer oder Ich-Erzählsituation. Zunächst einmal bringt die scharfe Perspektivierung – die dargestellte Wirklichkeit wird hier in der Regel vom genau lokalisierten Standpunkt der Point-of-view-Figur wahrgenommen – eine Verlagerung des Hauptgewichtes der Komplementärgeschichte von der zeitlichen zur räumlichen Dimension mit sich. Die

---

[17] J. Anderegg, *Fiktion und Kommunikation*, S. 28ff.

wichtigsten Unbestimmtheits- und Leerstellen liegen hier nämlich am Rande bzw. außerhalb der durch die Wahrnehmungsperspektive der personalen Medien scharf abgegrenzten Sektoren des dargestellten Raumes. Während im auktorial erzählten Roman der persönliche Erzähler den engeren Schauplatz des Geschehens, wenn auch oft nur sehr vage, in seine weitere Umgebung einbettet und damit die Grenzen zwischen der eigentlich erzählten Welt und dem sie umgebenden Raum verwischt, um die Aufmerksamkeit des Lesers von diesen Grenzen abzuziehen, wird durch die personale Erzählsituation der Leser wiederholt nachdrücklich auf die scharfe Abgegrenztheit des wahrgenommenen Weltausschnittes hingewiesen. Darüber hinaus wird hier kein persönlicher Erzähler greifbar, der dem Leser die Gewißheit geben könnte, daß ihm tatsächlich alle für die Geschichte wichtigen Informationen verfügbar gemacht worden sind. Der Raum außerhalb des durch den Lichtkegel des Bewußtseins einer Romanfigur ausgeleuchteten Sektors ist ein Leerraum, in dem sich Vermutungen, Befürchtungen, Ängste, nicht unähnlich der Furcht vor dem absolut Unbestimmten, dem ‚horror vacui' früherer Epochen, einnisten können. Nicht von ungefähr hat Daseinsangst und Existenznot des Menschen in der modernen Welt vor allem in der personalen Form des Romans am überzeugendsten Ausdruck erlangt, wie an den Romanen Kafkas besonders deutlich wird.

In diesem Zusammenhang stellt sich auch die in der Romantheorie als allgemeines Problem noch zu wenig beachtete Frage, wie weit dem Leser klar wird, daß seine Gefühle der Anteilnahme oder Ablehnung, der Sympathie oder Antipathie gegenüber Romanfiguren durch die Wahl der Charaktere, die der Autor mit Innensicht-Darstellung privilegiert, ganz entscheidend beeinflußt werden kann. Innensicht-Darstellung hat fast zwangsläufig zur Folge, daß sie den „focus of sympathy" des Lesers in jene Romangestalt projiziert, deren Gedanken und Gefühle für ihn unmittelbar einschaubar sind. Hier geht es jedoch nicht in erster Linie um die Aufklärung des Lesers über Möglichkeiten der Sympathiewerbung, der er ausgesetzt ist, sondern um die Frage der Erweiterungen der vom Autor abgesteckten personalen Horizonte. Anspruchsvolle und kritische Leser werden nämlich versuchen, ihre Komplementärgeschichte auch auf jene Romanfiguren auszudehnen, denen der Autor das Privileg, Point-of-view-Charakter zu sein, vorenthalten hat. Fast in jeder Erzählung bietet sich wenigstens ein Charakter als Focus für ein solches kontra- oder komplementärperspektivisches Lesen an. In Aldous Huxleys bekannter Erzählung *The Gioconda Smile* werden eine Liebesaffäre und ein Mord vorwiegend vom Standpunkt des Gatten der Ermordeten, auf den auch dann der Mordverdacht fällt, dargestellt. Die Geschichte gewinnt überraschend an Beziehungsdichte, und zunächst banal erscheinende Einzelheiten nehmen Bedeutsamkeit an, wenn der Leser von sich aus den Versuch unternimmt, die Vorgänge auch vom Standpunkt der zweiten Hauptperson, die am Schluß als Mörderin entlarvt wird, zu sehen. Der Autor hat diese Perspektive als Unbestimmtheitsstelle freigelassen, es ist demnach das gute Recht des Lesers, diese im Text offen gebliebene Möglichkeit in seine Konkretisation des Erzählten einzubeziehen. Schließlich ziehen die Autoren selbst, wie wir wissen, im Konzeptions- und Abfassungsverlauf immer wieder perspektivische Alternativen in Erwägung, die sie dann aus irgendeinem Grund doch nicht verwenden. Als Beispiel sei auf das in Kafkas Manuskript zum Roman *Das Schloß* enthaltene, im Roman aber (noch?) nicht verwertete Fragment eines Protokolls des Dorfsekretärs Momus über den Landvermesser K. verwiesen, in dem gleichsam in nuce eine ziemlich feindselige Alternativgeschichte zur erzählten Geschichte des Landvermessers K. entworfen wird.[18] In Lawrence Durrells bereits erwähntem multiperspektivisch angelegten *Alexandria Quartet* wird der Leser in einem der „Workpoints", die dem letzten Band, *Clea*, beigefügt sind, gleichsam aufgefordert, eine weitere perspektivische Variante selbst zu entwerfen, nämlich „Hamid's story of Darley and Melissa".[19]

---

[18] Das Protokoll ist abgedruckt im Nachwort zur ersten Ausgabe (besorgt von Max Brod), *Das Schloß, Roman*, S. Fischer-Schocken Books, Berlin 1946, S. 486–487.

[19] *Clea*, Anhang am Schluß. Wie solche „Workpoints" zum Entwerfen einer Komplementärgeschichte anregen, wird durch folgende Stelle aus einer Interpretation des *Alexandria Quartet* deutlich:
"A workpoint at the end of *Clea*, for instance, tells us that Justine's first husband, Arnauti, dies slowly from general paralysis. The supposition that he may have infected Justine and that there may be a simple medical explanation for much of the wildness of her behaviour, and for the slight stroke which she has suffered shortly before the beginning of *Clea*, at once springs to mind. She may be ‚wounded in her sex' in a physical not a metaphysical way." G.S. Fraser, *Lawrence Durreil. A Study*, London² 1973, S. 121. Vgl. dazu auch V. Neuhaus, *Typen multiperspektivischen Er-*

Dort, wo ein persönlicher Erzähler greifbar wird, sei er ein auktorialer oder ein Ich-Erzähler, liegen also die Voraussetzungen für die raum-zeitliche Konkretisierung des Romangeschehens durch den Leser anders als in einer personalen Erzählsituation. Daraus ergeben sich, wie schon gezeigt wurde, wichtige Konsequenzen für die Komplementärgeschichte. Solange der Leser einen persönlichen Erzähler vor Augen hat, vertraut er – vorausgesetzt natürlich, daß es sich nicht um einen „unreliable narrator" im Sinne von W.C. Booth handelt – auf die Verläßlichkeit und Diskretion dieses Erzählers bei der Auswahl der wichtigsten Handlungsphasen, bei der Entscheidung darüber, was dargestellt und was unbestimmt oder leer bleiben soll. In einem Text ohne persönlich vernehmbaren Erzähler muß der Leser auf solche Hilfe verzichten, gleichzeitig schärft sich seine Aufmerksamkeit, mit der er den Text nach bedeutsamen Unbestimmtheitsstellen abhorcht, denn er weiß aus seiner Leseerfahrung mit Texten dieser Art, daß sich gerade hier oft wichtige Ansatzpunkte zur Deutung finden. Dieser Unterschied soll an einer kurzen Textstelle, die zunächst in einer Ich-Erzählsituation und dann in personaler Erzählsituation zitiert wird, demonstriert werden. Dafür bieten sich die ersten Kapitel von Kafkas *Das Schloß*, die der Autor zuerst in der Ich-Form niedergeschrieben, später aber in eine personale Erzählsituation übertragen hat, geradezu an. Dabei sollen einige Ergebnisse der Analyse dieser Transformation von Dorrit Cohn verwertet werden.

Der Landvermesser K. ist eben beim Wirtshaus des Dorfes eingelangt, auf dessen Vortreppe der Wirt ihn begrüßt. Rechts und links vom Wirt entdeckt er zwei Männer, die er auf seiner Schlittenfahrt zum Wirtshaus bereits flüchtig gesehen hat:

> „Wer seid Ihr" fragte ich und sah von einem zum anderen. „Eure Gehilfen", antworteten sie. „Es sind die Gehilfen", bestätigte leise der Wirt. „Wie?" fragte ich. „Ihr seid meine alten Gehilfen, die ich nachkommen ließ, die ich erwarte?" Sie bejahten es. „Das ist gut", sagte ich nach einem Weilchen, „es ist gut, daß ihr gekommen seid". „Übrigens", sagte ich nach

---

zählens, S. 145ff., wo allerdings die Möglichkeit einer Komplementärperspektive des Lesers nicht in Betracht gezogen wird.

einem weiteren Weilchen, „ihr habt euch sehr verspätet, ihr seid sehr nachlässig".

Dorrit Cohn hat in ihrer Interpretation dieser Stelle darauf hingewiesen, daß allem Anschein nach hier dem Leser eine wichtige Information vorenthalten wird, die er vom Ich-Erzähler dieser „Urschloß"-Fassung eigentlich zu erwarten hätte, nämlich eine Andeutung darüber, was das Ich in den beiden deutlich eingelegten Dialogpausen, die jeweils ein „Weilchen" dauern, gedacht hat. Dorrit Cohn spricht von einer " tantalizing omission considering the baffling fact that the hero welcomes and scolds as his former assistants two men he has never set eyes on before [d.h. vor der Ankunft im Dorfe]".[20] Tatsächlich liegen in den jeweils ein „Weilchen" dauernden Gesprächspausen Unbestimmtheitsstellen der Erzählung vor, da hier die Handlung gerafft erzählt, genauer, zweimal eine kurze Phase übersprungen wird. Ob der Leser aber, wie Dorrit Cohn, die Unbestimmtheitsstellen in der Ich-Fassung als "tantalizing omissions" auffaßt, scheint fraglich, und zwar aus eben demselben Grund, den Dorrit Cohn sehr zutreffend als die „Logik der Ich-Erzählung" bezeichnet, "self-justification – if not self-explication". Gerade dieses Grundprinzip der Ich-Erzählung gibt dem Leser die Gewähr, daß in den erwähnten Gesprächspausen vom Ich-Erzähler nichts Wesentliches gedacht wird, er hätte es ja sonst angedeutet; denn ein Grund, etwas vor dem Leser zu verbergen, ist nirgends ersichtlich. Der Eindruck einer „tantalizing omission" entsteht dagegen sehr wohl in der personalen Er-Fassung dieser Stelle im endgültigen Text des Romans:

> „Wer seid ihr?" fragte er und sah von einem zum anderen. „Eure Gehilfen", antworteten sie. „Es sind die Gehilfen", bestätigte leise der Wirt. „Wie?" fragte K. „Ihr seid meine alten Gehilfen, die ich nachkommen ließ, – die ich erwarte?" Sie bejahten es. „Das ist gut", sagte K. nach einem Weilchen, „es ist gut, daß ihr gekommen seid." „Übrigens", sagte K. nach einem weiteren Weilchen, "ihr habt euch sehr verspätet, ihr seid sehr nachlässig".[21]

---

[20] Dorrit Cohn, "K. enters *The Castle*. On the Change of Person in Kafka's Manuscript". Der Text der "Urschloß"-Fassung wird zitiert nach D. Cohn, S. 35.
[21] *Das Schloß*, Roman, S. 29/30.

Die einzige Veränderung, die der Autor in der Umschrift von der Ich- in die Er-Fassung vorgenommen hat, ist die Ersetzung des Pronomens der ersten Person durch „K." oder „er", und dennoch haben diese relativ geringfügigen Änderungen ganz neue Voraussetzungen für den Leser geschaffen. Nun fungiert kein persönlicher Erzähler mehr als Gewährsmann, der dem Leser eine verläßliche Wiedergabe alles Wichtigen garantieren könnte. Die Unbestimmtheitsstellen des Textes, hier die beiden ausgesparten Weilchen der Gesprächsszene, drängen sich daher der Aufmerksamkeit des Lesers geradezu auf, werden im wahrsten Sinne des Wortes eine „tantalizing omission", die den Leser zu einer Auffüllung oder Ergänzung herausfordern. Wahrscheinlich werden die meisten Leser Bezüge auf das Rätselhafte im Verhalten und in den Gedankengängen von K. in die Konkretisation dieser Unbestimmtheitsstellen einbringen. In der Ich-Fassung bleiben dagegen die beiden Weilchen im wesentlichen Teilphasen der erzählten äußeren Handlung: die Antwort an die Gehilfen kommt zweimal erst nach einer angemessenen Pause, die den beiden höchstens die gehörige Distanz zwischen ihnen und der Ich-Figur klarmachen soll. Hier wirken also die beiden „Weilchen" primär auf die Gehilfen, in der Er-Fassung unmittelbar auf den Leser. Mit anderen Worten, nur in der Er-Fassung liegen echte Unbestimmtheitsstellen vor, die an den Leser appellieren, sie aus seiner Vorstellung aufzufüllen und damit die Komplementärgeschichte ein Stück weiterzuführen.

An Hand dieses Textvergleiches sollte gezeigt werden, daß Unbestimmtheits- und Leerstellen, die Art ihrer möglichen Konkretisation und damit auch die Komplementärgeschichte des Lesers wesentlich durch den Erzählmodus bestimmt werden. Daß die hier aufgewiesenen Unterschiede nicht kategorialer Natur sind, braucht nicht weiter ausgeführt werden. Das ergibt sich unmittelbar aus dem Wesen der beiden vorgeführten typischen Erzählsituationen, zwischen denen jeweils ein Kontinuum von möglichen Leserreaktionen anzunehmen ist. Weiters ist zu berücksichtigen, daß die verwendeten Textbeispiele neben dem großen Vorteil, keine Konstruktionen, sondern Originaltexte eines Autors zu sein, auch einen großen Nachteil haben: der Leser wird in der Regel bei der Lektüre der Ich-Fassung des ‚Urschloß' die Kenntnis der personalen Erzählsituation des Romans *Das Schloß* nicht ganz verdrängen können, wodurch die Einfühlung in die Ich-

Erzählsituation etwas erschwert wird. Die hier vorgetragene Hypothese wird sich daher auch noch an anderen Textbeispielen zu bewähren haben.

Wie bei der Interpretation der Ich-Form im ‚Urschloß' bereits angemerkt wurde, hängt die Art der Komplementärgeschichte in einem Roman mit persönlichem Erzähler auch davon ab, ob es sich bei diesem persönlichen Erzähler um einen „reliable" oder „fallible or unreliable narrator", wie W.C. Booth sie unterscheidet,[22] handelt. Das Mißtrauen des Lesers gegenüber der Erzählung eines „unreliable narrator" wird sich überall in der Komplementärgeschichte niederschlagen, die dann zur enthüllenden Gegenversion der erzählten Geschichte werden kann. Das wird besonders dann eintreten, wenn Charaktere vorhanden sind, deren Verhalten der Darstellung der Handlung durch den „unreliable narrator" widerspricht, wodurch die Unverläßlichkeit des Erzählers offenbar wird.

Wiederum andere Voraussetzungen für die Komplementärgeschichte sind gegeben, wenn in einer personalen Erzählsituation das personale Medium wie ein trüber, verzerrender Spiegel ausgebildet ist. Hier wird die Komplementärgeschichte eher eine aufhellende Funktion übernehmen. Auch hier wird die Komplementärgeschichte schon einen guten Teil der Interpretation der Erzählung in sich aufnehmen. Wie kompliziert die Dinge dabei sein können, wäre an einem Vergleich der Komplementärgeschichten zu zwei Erzählungen von Henry James zu demonstrieren, *The Turn of the Screw*, erzählt von einer allem Anschein nach unverläßlichen Ich-Erzählerin, einer Gouvernante, und *The Liar*, wo die Begebenheit hauptsächlich durch den etwas trüben Spiegel des personalen Mediums, einem Portraitmaler mit einer persönlich bedingten Voreingenommenheit gegenüber den anderen Hauptpersonen der Erzählung, reflektiert erscheinen. Vielleicht ließe sich die Kontroversalität der meisten Interpretationen dieser beiden Erzählungen durch eine genaue Analyse der in ihnen enthaltenen Unbestimmtheitsstellen entschärfen?[23] Booths eigener Versuch, eine Leserversion von „The Liar" mit einer Version zu kontrastieren, die er aus der Sicht des personalen Me-

---

[22] W.C. Booth, *The Rhetoric of Fiction*, S. 158f. Es ist allerdings zu beachten, daß Booth den Begriff „narrator" sowohl für einen persönlichen Erzähler als auch für ein personales Medium verwendet.

[23] Vgl. Booth, *Rhetoric*, S. 311ff. und 347ff.

diums rekonstruiert hat, wird durch einen höchst aufschlußreichen Übertragungsfehler zweifelhaft. Booth überträgt die personale Version der Erzählung *The Liar* in eine Ich-Erzählung, wodurch die Aussagen des personalen Mediums eine auf wahr-unwahr prüfbare Intentionalität enthalten, die der personalen Erzählsituation des Textes gerade abgeht! Dieser Fehler ist deshalb für die ganze *Rhetoric of Fiction* sehr aufschlußreich, weil Booth in ihr die Ansicht vertritt, daß die Ich-Er-Opposition in der Erzählung im allgemeinen für die Valenz der Aussage unerheblich sei.[24]

Aus dem festgestellten Zusammenhang zwischen Unbestimmtheits- bzw. Leerstellen und dem jeweiligen Erzählmodus eines Romans ergibt sich auch die Möglichkeit, die von W. Iser beobachtete Zunahme der Leerstellen im modernen Roman genauer zu fassen. Unter Leerstellen versteht Iser Reizsignale, die den Leser anstoßen, ausgesparte Zuordnungen selbst zu finden, sie sind also in der Terminologie dieses Beitrages Unbestimmtheitsstellen vor allem im Bereich der syntaktischen Bezüge und der Korrelation von Erzählteilen. Daß in den Romanen von J. Joyce und S. Beckett eine starke Vermehrung solcher Leerstellen im Vergleich zu den Romanen Fieldings und Thackerays zu erkennen ist, stimmt. Die Erklärung, die Iser dafür gibt, ist jedoch zu differenzieren. Da die miteinander verglichenen Romane dem Erzählmodus nach völlig verschieden sind, bleibt in Isers Befund der vielleicht wichtigste Grund für die Differenz an Leerstellen zwischen den modernen und den älteren Romanen außer acht. Generell könnte von einer Zunahme der ‚Leerstellen' erst dann gesprochen werden, wenn auch im modernen auktorialen Roman, also in dem Typus, der Fieldings und Thackerays Romanen entspricht, eine Vermehrung der Leer- und Unbestimmtheitsstellen nachgewiesen worden ist.[25]

Unter den vielen möglichen Konkretisationen von Unbestimmtheitsstellen hat R. Ingarden auch solche unterschieden, die „mit den übrigen ästhetisch valenten Qualitäten einen Mißklang" bilden.[26] Er meint damit eine Diskrepanz zwischen dem Stil der erzählten Geschichte und dem Stil der Konkretisationen des Lesers, also auch der Komplementärgeschichte. Ingar-

---

[24] Ebd. S. 150.
[25] Vgl. W. Iser, *Die Appellstruktur*, S. 26–31.
[26] *Vom Erkennen*, S. 300.

den steht hier noch ganz im Banne einer Ästhetik, die die Einheitlichkeit des Stils zum Gebot aller Kunst erhoben hat. Dadurch wird auch der Freiraum, innerhalb dessen der Leser seinen eigenen Beitrag zur Geschichte entwerfen kann, erheblich eingeengt. Es ist fraglich, ob im Roman der moderne Leser überhaupt noch einer solchen Forderung zu entsprechen vermag, da er ja bei der Lektüre eines Werkes der einen Stilrichtung, etwa eines viktorianischen Romans, die Kenntnis von Werken einer ganz anderen Stilrichtung, etwa des modernen Romans und der damit vorgegebenen Erwartung, nicht vollständig aus seinem Bewußtsein verdrängen kann. Das hat wiederum Konsequenzen für die Konstituierung der Komplementärgeschichte, denn es sind gerade die Unbestimmtheits- und Leerstellen, wo sich die Erinnerung an die Lektüre von Werken der anderen Stilrichtung ausbreiten kann. Dieser Umstand ist von besonderer Relevanz im Roman, da sich in dieser Gattung seit dem 19. Jahrhundert der Darstellungsraster etwa für eine Lebensgeschichte grundlegend verschoben hat. Die trivialen Details der Alltagsroutine, im älteren Roman fast immer nur sparsam angedeutet oder ganz übersprungen, steigen nicht selten im modernen Bewußtseinsroman zur Prominenz der Haupthandlung auf. Ähnliches vollzieht sich mit den physischen Fakten der kreatürlichen Existenz der Charaktere, um die der viktorianische Autor einen weiten Bogen zu machen gezwungen war. Darf aber deshalb vom modernen Leser verlangt werden, auf die Kenntnis dieser Umstände zu verzichten, wenn er einen viktorianischen Roman liest, etwa einen Entwicklungsroman von der Art des *David Copperfield* oder auch *The Way of All Flesh*, unmittelbar nach der Lektüre von Joyces *Portrait of the Artist as a Young Man*, in dem die physischen und psychischen Probleme adoleszenter Erotik mit ebensolcher Konsequenz dargestellt werden, wie sie in den beiden anderen Romanen ausgespart sind? Ist überhaupt zu verhindern, daß der mit Leopold und Molly Bloom aus *Ulysses* vertraute Leser in die Konkretisation des Charakterbildes etwa von Isabel Archer in H. James *Portrait of a Lady* den Gedanken an ihren Menstruationszyklus und die sich daraus ergebenden Umstände mit einbringt oder zum Vorstellungsbild von Lambert Strethers Tagesablauf in *The Ambassadors* auch den morgendlichen Stuhlgang hinzufügt? Sicher, allein der Gedanke daran hätte Henry James erschaudern lassen, wofür der Literaturhistoriker in Würdigung der Umstände seiner Zeit und seiner Persönlichkeit durchaus Verständnis hat. Ist aber der moderne Leser auch gehalten, sich der gleichen Denkzensur zu unterwerfen, oder ist es nicht vielmehr sein Privileg als literaturkundiger Leser, zu jedem Roman gerade jene Komplementärgeschichte zu ersinnen, die der dargestellten Wirklichkeit die denkbar größte Fülle an Menschlichem und auch Allzumenschlichem zuteil werden läßt? Die Aktualität dieser Überlegung läßt sich vielleicht auch damit belegen, daß es bereits einen Versuch gibt, die Kombination einer viktorianischen Geschichte mit einer Art Komplementärgeschichte eines modernen Bewußtseins zum Gegenstand eines Romans zu machen: der bereits erwähnte Roman von John Fowles *The French Lieutenant's Woman* (1969). In diesem Roman unternimmt es ein moderner auktorialer Erzähler, zu einer viktorianischen Dreiecksgeschichte jene Informationen ausdrücklich nachzutragen, die ein viktorianischer Autor wohl oder übel unterdrückt hätte, die aber von einem modernen Leser erwartet werden. Selbst dann bleiben für den Leser noch so viele Stellen unbestimmt, daß er zur auktorialen Komplementärgeschichte noch seine eigene hinzufügen kann. So könnte sich, besonders bei einer zweiten Lektüre, diese Komplementärgeschichte auf die Gestalt Sarahs, der mysteriösen und unviktorianisch leidenschaftlichen Frau, konzentrieren, von der eigentümlicherweise immer nur ein Außensicht-Bild geboten wird, während von den beiden anderen Hauptcharakteren ein sehr eingehend gezeichnetes Außen- und Innensicht-Bild entworfen wird. Eine solche Diskriminierung des interessantesten Charakters im Roman fordert den Leser geradezu heraus zu versuchen, in sein Komplementärbild von Sarah auch eine, wenn auch nur vermutete Innensicht mit aufzunehmen und damit dem interessanten Charakterbild dieser „new woman" auch die ihm entsprechende Tiefendimension zu verleihen.

Bisher war hauptsächlich von einem relativ kritischen, zum Gegen-den-Strich-Lesen[27] fähigen Leser die Rede. Das auszeichnende Merkmal dieses Lesers ist u.a. die Neigung, die nach Erzählsituation oder nach Epochenstil verschiedenen Selektionsraster auszutauschen, etwa indem er in seiner Komplementärgeschichte den in der erzählten Geschichte des Romans verwendeten Selektionsraster quasi durch den seines Antiromans ersetzt, zum

---

[27] Der Begriff stammt von Rudolf Wenzel, „Vom ‚Gegen-den-Strich-Lesen'", in: *Projekt Deutschunterricht* 3, hrsg. Heinz Ide u.a., Stuttgart 1972, S. 84–100.

Beispiel für *Portrait of a Lady* den Selektionsraster von *Ulysses*. Von den vielen anderen Lesertypen, die nach der Art, wie sie ihre Komplementärgeschichte auslegen, unterschieden werden könnten, sei hier nur noch kurz der Mit-dem-Strich-Leser erwähnt. Natürlich kann ein Gegen-den-Strich-Leser im Laufe der Lektüre eines längeren Romans vorübergehend ein Mit-dem-Strich-Leser werden. Auch das Umgekehrte ist möglich. Man darf hier überhaupt nicht in Kategorien denken. Zutreffender scheint die Vorstellung eines Kontinuums von verschiedenen Lesehaltungen, das von einer denkbaren Extremposition bis zu seiner äußersten Gegenposition reicht.

Aus dem bisher Dargelegten, das sich hauptsächlich auf den kritischen und kreativen Gegen-den-Strich-Leser bezog, wurde vielleicht schon klar, daß erzählte Geschichte und Komplementärgeschichte sowohl einander ergänzen als auch miteinander kontrastieren können. Ist die erzählte Geschichte spannend, dramatisch, ihr Handlungsablauf stark profiliert, so wird die ihr entsprechende Komplementärgeschichte eher das Zuständliche oder langsam Werdende, die Routine des Alltags zum Inhalt haben: Moll Flanders wird zwischen den erzählten Abenteuern mit dem Ordnen und der Reparatur ihrer Garderobe, vielleicht auch mit der Versorgung ihrer Kinder beschäftigt vorzustellen sein; und ein Tom Jones wird in der Komplementärgeschichte manche Tage seiner Kindheit und Jugend unter der Aufsicht seiner Hauslehrer über Schreib- und Rechenaufgaben gebeugt zu verbringen haben. Auf diese Weise kann die Komplementärgeschichte zu einer universalmenschlichen Folie zur „complicated uniqueness"[28] der Charaktere in der erzählten Geschichte werden. Vielleicht sind Romanleser gerade deshalb immer bereit, die ihnen von den Autoren vorgestellten Unikate menschlicher Individualität bereitwilligst anzunehmen, weil diese Unikate in der Komplementärgeschichte von dem Podest ihrer Exzeptionalität heruntergeholt und auf ein breites, gemeinmenschliches Fundament gestellt werden können? Dem Zug der erzählten Geschichte zur Innovation, zur Verfremdung, aus der Betroffenheit entspringen soll, zur Negativität, zur Durch-

---

[28] Vgl. Marvin Mudrick, "Characters and Event in Fiction", S. 211: "Whether people were – or are – ever as complicatedly distinguishable from one another as the great nineteenth-century novelists would have us believe, the requirement and acceptance of such complicated uniqueness in the literary representations of human beings is almost as recent as the novel itself".

gliederung und Verdichtung der Sinnbezüge wirkt dann die Komplementärgeschichte gleichsam beruhigend, affirmierend im Sinne von Einstimmigkeit und Überschaubarkeit entgegen. In ihr gibt es, so könnte man Weinrichs Charakteristik der Paraliteratur auf die Welt der Komplementärgeschichte ummünzen, kein „Glücksverbot".[29] Während die erzählte Geschichte gerade in den großen Romanen der Weltliteratur immer daran ist, sich selbst und die Möglichkeit des Erzählens überhaupt in Frage zu ziehen, bleiben der Komplementärgeschichte solche Skrupel fremd. Der Leser als „Verfasser" einer solchen Komplementärgeschichte wird daher kaum jemals versucht sein, etwa die Rolle eines „self-conscious narrator"[30] auszuprobieren.

Im ganzen gesehen können also gewisse verwandtschaftliche Züge zwischen der Physiognomie der Komplementärgeschichte, vor allem jener des Mit-dem-Strich-Lesers und der Physiognomie der erzählten Geschichte im Trivialroman nicht verleugnet werden. Ganz allgemein gefaßt stellt sich diese physiognomische Ähnlichkeit als Resultat der ihnen beiden gemeinsamen Affirmationsstruktur dar.[31] Sie bildet den Gegenpol zur Appellstruktur der erzählten Geschichte im Roman der hohen Literatur. Allerdings basiert diese Appellstruktur – vielleicht sollte man überhaupt einen anderen Terminus dafür wählen – nicht wie bei Iser hauptsächlich auf den Leerstellen des Textes,[32] sondern im Gegenteil gerade auf dem erzählend erfüllten Teil eines Romans, auf jenem Teil der Erzählung, wo die Aufforderung an den Leser zur Preisgabe seiner vertrauten Ansichten und Erwartungen am nachdrücklichsten und in der Folge davon sein Betroffensein am stärksten wirksam werden. Die Komplementärgeschichte, mit der ein solcher Leser die Unbestimmtheits- und Leerstellen der erzählten Geschichte auffüllt, bewirkt eher

---

[29] Harald Weinrich, „Drei Thesen von der Heiterkeit der Kunst" in: *Literatur für Leser*, S. 15.
[30] Booth, *Rhetoric*, S. 155 und 430–432.
[31] Vgl. dazu Günter Waldmann, *Theorie und Didaktik der Trivialliteratur*, S. 21ff. Waldmann stellt im übrigen für den Trivialroman fest, daß in ihm einer großen Zahl von Unbestimmtheitsstellen mit oft beträchtlicher Ausdehnung ein recht begrenzter Realisationsspielraum gegenübersteht. Das ist damit zu erklären, daß die Konkretisation des Erzählten durch den Leser meist auf wenige stereotype Möglichkeiten festgelegt ist.
[32] Vgl. *Die Appellstruktur* und *Der implizite Leser*, S. 317ff.

ein „Gegensteuern",³³ mit dem er sich, vielleicht oft unbewußt, diesem Betroffensein wenigstens vorübergehend zu entziehen sucht. In seiner Komplementärgeschichte werden sich daher oft Züge jener „schematischen Geschlossenheit" finden, worunter Anderegg den Leerlauf einer klischeehaften Erzählung versteht, in der die "Konkretisierung dem Belieben des Lesers anheimgestellt wird". Anderegg fährt fort:

Während aber im geschlossenen Text die einzelnen Vorstellungen – integrative Bestandteile einer im ganzen fremden Wirklichkeit – einen Stellenwert erhalten, den sie im Bezugsfeld des Lesers gerade nicht haben, weil sie sich, einbezogen in den Deutungsprozeß, gegenseitig modifizieren, während hier also die Konkretisierung notwendig von Verfremdung begleitet wird, eröffnet die klischierte Sprache des schematischen Textes für die Konkretisierung einen derart freien Imaginationsspielraum, daß gegenseitige Modifikation von Vorstellungen ausgeschlossen wird. Die durch das Klischee nicht bestimmte, wohl aber ausgelöste Konkretisierung setzt sich aus assoziativen Vorstellungen zusammen, welche als bloße Reproduktion dessen zu begreifen sind, was innerhalb des Leserbezugfeldes Gültigkeit hat.³⁴

Was Anderegg hier am Text etwa eines Trivialromans beobachtet, ereignet sich aber, wenngleich auch nicht immer so offensichtlich wie im Trivialroman, in jedem Roman, selbst in den größten Werken der Gattung. Auch dort wird gelegentlich das Bild der dargestellten Wirklichkeit aus Vorstellungen aufgebaut, „welche unverändert aus dem Bezugsfeld des Lesers"³⁵ übernommen werden müssen, wird Wirklichkeit unverfremdet reproduziert bzw. vom Leser in die Unbestimmtheitsstellen des Textes eingebracht. Der Kommunikationsvorgang zwischen Erzähler und Leser ist also auch im großen Roman als eine Abfolge von In-Frage-Stellen bzw. Verfremden und Behauptung bzw. Bestätigung des Leserbezugsfeldes vorzustellen. Allein schon die Länge eines Romans und die daraus folgende Dauer der Lektüre läßt aus rein physiologischen Gründen nicht zu, daß sich der Leser die ganze Zeit über im Zustand des Betroffenseins über die Fragwürdigkeit oder Bana-

---

[33] Der Begriff wird in einem ähnlichen Sinne von H. Weinrich verwendet. Vgl. *Literatur für Leser*, S. 20, 21, u.ö.
[34] *Fiktion und Kommunikation*, S. 120–121.
[35] Ebd. S. 122.

lität seines eigenen Bezugsfeldes befindet. Die Rollenhandlung des Lesers impliziert neben der für ihn charakteristischen Rollenqualität, die Weinrich „Heiterkeit" nennt und mit der er einen Freiheitsraum meint, den der Leser angesichts der Negativität der Welt (aus Autorensicht) in Anspruch nimmt,[36] auch die Freiheit der Leserphantasie, die Banalität und Klischeehaftigkeit der Wirklichkeit und das Unbetroffensein des Lesers gleichsam als Interlinearversion in den Text der erzählten Geschichte nachzutragen. Die Lektüre eines Romans als Ineinander von erzählter Geschichte und Komplementärgeschichte ist ein ständiger Wechsel von Systole und Diastole, von Verfremdung und Identifikation, von Betroffenheit und Bestätigung, von Durchgliederung und Schematisierung, von Bereitschaft zur Innovation und von Neigung zur Stereotypisierung.

In einem gewissen Sinn bestätigt dieser Befund nur, was der Kritik schon lange bekannt ist, nämlich, daß sich auch das große Werk und die ihr zugehörige Konkretisation durch einen Leser aus Teilen recht verschiedener ästhetischer Normen und Höhenlagen zusammensetzen. T. Todorov hat dies wieder in Erinnerung gerufen, als er von den zwei Gattungen sprach, denen jedes Werk zuzurechnen sei, der neuen, von ihm erst geschaffenen, und der alten von ihm überwundenen Gattung.[37] Jeder bedeutende Roman wagt sich mit seiner erzählten Geschichte in Neuland möglicher oder denkbarer Erlebnisse vor; mit der dazugehörigen Komplementärgeschichte ordnet der Leser die Topographie dieser terra nova in die gut kartographierte Landkarte seiner vertrauten Erfahrung von gestern und heute ein.

Literatur

Anderegg, J.: *Fiktion und Kommunikation*, Göttingen 1973.
Barthes, R.: *Am Nullpunkt der Literatur*, Hamburg 1959.
Booth, W.C: *The Rhetoric of Fiction*, Chicago 1961.
Cohn, D.: "K. enters *The Castle*. On the Change of Person in Kafka's Manuscript", in *Euphorion*, Bd. 62 (1968), S. 28–45.

---

[36] Vgl. *Literatur für Leser*, S. 17.
[37] T. Todorov, *Poetik der Prosa*, S. 55.

Champigny, R.: "Implicitness in Narrative Fiction", in: *PMLA*, vol. 85 (1970), S. 988–991.

Forster, E.M.: *Aspects of the Novel*, New York 1927.

Graevenitz, G. v.: *Die Setzung des Subjekts*, Tübingen 1973.

Hamburger, K.: *Die Logik der Dichtung*, Stuttgart ²1968.

Hartmann, N.: *Ästhetik*, Berlin 1966.

Harvey, W.J.: *Character and the Novel*, London 1965.

Ingarden, R.: *Das literarische Kunstwerk*, Tübingen ⁴1972, und *Vom Erkennen des literarischen Kunstwerks*, Tübingen 1968.

Iser, W.: *Die Appellstruktur der Texte*, Konstanz 1970, und *Der implizite Leser*, München 1972.

Kermode, F.: *The Sense of an Ending. Studies in the Theory of Fiction*, Oxford 1966.

Leibfried, E.: *Kritische Wissenschaft vom Text*, Stuttgart ²1972.

Mudrick, M.: "Character and Event in Fiction", in: *Yale Review*, Vol. 50 (1960), S. 202–218.

Neuhaus, V.: *Typen multiperspektivischen Erzählens*, Köln – Wien 1971.

Knights, L.C.: *Explorations*, London 1963.

Stanzel, F.K.: *Die typischen Erzählsituationen im Roman*, Wien 1955.

–: *Typische Formen des Romans*, Göttingen 1976, ⁸1988.

Todorov, T.: *Poetik der Prosa*, Frankfurt/M. 1972.

Waldmann, G,: *Theorie u. Didaktik der Trivialliteratur*, München 1973.

Warning, R. (Hrsg.): *Rezeptionsästhetik*, München 1975.

Weinrich, H.: *Literatur für Leser*, Stuttgart 1971.

Aus: Erzählforschung 2. Theorien, Modelle und Methoden der Narrativik, ed. W. Haubrichs, Zeitschrift für Literaturwissenschaft und Linguistik, Beiheft, 6 (Göttingen, 1977), 240–59.

Autobiographie. Wo ein Ich erzählt, ist immer Fiktion[*]

Es war ein kluger Kopf, der ausprach, was sich manche aufmerksame Leser von Literatur vermutlich nach der Lektüre eines anspruchsvollen Textes und einer anschließenden Äußerung seines Autors dazu gedacht haben mögen, nämlich, dass das Werk oft klüger ist als sein Autor. Dafür aber einen literaturwissenschaftlich schlüssigen Beweis zu liefern, wäre ein schwieriges Unterfangen. Es wäre anhand eines umfangreichen Textes, wie etwa eines Romans, in der Kürze, die hier geboten ist, kaum zu schaffen. Wie dabei vorgegangen werden könnte, sei daher an einem poetischen Kurztext zu veranschaulichen versucht, an einem „found poem", einem vorgefundenen Gedicht, wie die sinngemäße deutsche Übersetzung lauten müsste. Die Gattung ist uns aus der Blütezeit der Konkreten Poesie bekannt, als etwa auch Handke, allerdings nicht sehr überzeugend, sich in dieser Gattung versuchte (›Die Aufstellung des 1. F.C. Nürnberg vom 27. Januar 1968‹ in ›Die Innenwelt der Außenwelt der Innenwelt‹). Ein erfolgreicheres und in seiner treffsicheren Prägnanz überzeugenderes Beispiel stammt von dem Kanadier Eli Mandel. Er fand in einer Tageszeitung folgende Kurznotiz über einen wenig beachteten Zwischenfall vor dem Parlament in Ottawa: „Man throws himself onto Ottawa's eternal flame, suffers superficial burns". Entsprechend den strengen Regeln für „found poems" änderte er kein Jota an dem Text, arrangierte aber sein Druckbild in der Art gebundener Dichtung in Strophenform mit Linksbündigkeit und markantem Verssprung:

> NEWS ITEM
> man throws himself onto
> Ottawa's eternal flame
> Suffers
> superficial burns
> (Toronto Star, Oct. 23, 1970)

Sicher hat der Verfasser der Schlagzeile nicht bedacht, was eventuell ein nicht-kanadischer Leser denken mag, der mit diesen Zeilen im Kopf von Ottawas wuchtig-monumentalem Mahnmal an die drei Kriege, an denen

---

[*] Vortragspublikation aus der Gesamtsitzung der Österreichischen Akademie der Wissenschaften, am 19. Januar 2007.

Kanadier im vergangenen Jahrhundert teilgenommen haben (Erster und Zweiter Weltkrieg und Koreakrieg), dann zu dem sehr bescheidenen Monument der kanadischen Einheit, der „Eternal Flame" vor dem Parlamentsgebäude, kommt. Die riesige Erstreckung Kanadas über einen ganzen Kontinent und die daraus erwachsende stete Bedrohung seiner Einheit auf Grund der ethnischen, geographischen und klimatischen Diversität lässt ein Gebilde erwarten, das die Monumentalität des Kriegsmahnmals noch übertrifft. Doch die Ausmaße des kleinen Rundbrunnens, eingerahmt von den Wappen der Staatsprovinzen des Landes, aus dessen Mitte eine kleine Flamme züngelt, enttäuschen solche Erwartungen schwer. Mit dem Bild der Mikrofontäne vor Augen wird in Eli Mandels „found poem" der übermarkierte Verssprung zwischen der Ein-Wort-Strophe „Suffers" und der Schlusszeile mit der Benennung der minimalen Folgen des Selbstmord(?)-Versuchs zu einem sarkastischen Kommentar über die Diskrepanz zwischen dem hohen national-symbolischen Anspruch des Monuments und der politischen Realität des Staates Kanada. Es scheint daher die Frage berechtigt, welcher Anteil an dieser poetischen Aussage von politischer Aktualität der Intention des Verfassers, wie viel der Leistung der poetischen Form zuzuschreiben ist?[1]

Eine weitere Vorüberlegung bringt uns unmittelbarer zur zentralen Frage dieses Beitrages, der (textgenerierten) Fiktionalität in der Gattung Autobiographie. Hier wirft nämlich die in Hinblick auf eine selbsterzählte Lebensgeschichte gesteigerte Lesererwartung, diese verspreche historische Authentizität, die Frage auf, wieweit die Narrativität eines solchen Textes diese Erwartung überhaupt zu erfüllen vermag. Eine grundsätzliche Überlegung zur Sinnbildung in literarischen Texten könnte man nämlich in Anlehnung an Heinrich von Kleists klassische Formulierung so ausdrücken: Schreiben wir immer, was wir denken, oder denken wir nicht oft, was wir schreiben?

Seit einigen Jahren hat sich das Interesse der Erzählforschung sehr stark der Gattung Autobiographie zugewandt. Dabei bildet der Unterschied zwi-

---

[1] Vgl. meine ausführlichere Interpretation: ›Texts Recycled: 'Found' Poems Found in Canada‹, in: Gaining Ground. European Critics on Canadian Literature, hrsg. von R. Kroetsch and R.M. Nischik, Edmonton 1985, S. 91–106.

schen faktualem und fiktionalem Erzählen einen Hauptansatzpunkt.[2] Es ist bemerkenswert, dass dieser Fragestellung sowohl von literarischer wie auch von historiographischer Seite nachgegangen wurde. Es sind vor allem die Arbeiten von A.C. Danto, Hayden White, Reinhart Koselleck u.a.[3] Es mag ein Zufall sein, dass wenig später ein Autobiographie-Boom zu verzeichnen ist, zu dem bisher auffälligerweise viele (auch angehende) Octogenarier die meistdiskutierten Beiträge lieferten: Sebastian Haffner, M. Reich-Ranicki, Günter Grass, Joachim Fest, Peter Wapnewski, Ralph Dahrendorf, Imre Kertész u.a. Was diese Lebensberichte in ihrer zeitgeschichtlichen Bedeutung über die Masse anderer Biographien hinaushebt, ist die Tatsache, dass ihre Verfasser alle einer Generation angehören, die mehr Umbrüche in politischer, sozialer und ideologischer Hinsicht zu bewältigen hatte als die ihr unmittelbar vorangehende und nachfolgende. Für sie scheint daher die Bezeichnung „Generation der Davongekommenen" zuzutreffen. So verbrachten die meisten von ihnen Jahre in einer Formation der Hitlerjugend, wurden später als Schülersoldaten Flakhelfer, rückten freiwillig oder gezogen zum Wehrdienst ein oder aber überlebten die Zeit des NS-Regimes und des Krieges als rassisch oder politisch Verfolgte.

Rekapituliert man einmal die Daten eines etwa um 1925 in Österreich Geborenen, so wird das vielleicht noch deutlicher erkennbar als an der Lebensgeschichte eines Gleichaltrigen in Deutschland. Ein junger Österreicher in Wien, Linz oder Steyr wurde bereits als Volksschüler Zeuge von zwei Putschversuchen, jenes des sozialistischen Schutzbundes im Februar 1934 und im Juli desselben Jahres des nicht minder blutigen Bürgerkrieges zwischen den Nationalsozialisten (SS in Wien, SA in Steiermark) und dem Bundesheer,

---

[2] Eine der neuesten Arbeiten über dieses Thema, die auch eine ausführliche Bibliographie der umfangreichen Sekundärliteratur darüber enthält, ist Martin Löschniggs ›Die englische fiktionale Autobiographie. Erzähltheoretische Grundlagen und historische Prägnanzformen von den Anfängen bis zur Mitte des neunzehnten Jahrhunderts‹ (= ELK 21), Trier 2006.

[3] Vgl. dazu Dorrit Cohn, ›Historisches und literarisches Erzählen‹, und F.K. Stanzel, ›Historie, historischer Roman, historiographische Metafiktion‹, in: Sprachkunst XXVI (1995), S. 105–112 und 113–123.

Programm der Ostmärkischen Sturmscharen

Was wir sind:

Wir sind Katholiken.

Wir erwarten kein Licht aus dem Osten durch den Kommunebolschewismus, aber auch kein Licht aus dem Norden durch den Nationalsozialismus. Rettung aus den Wirrnissen dieser Zeit kann einzig und allein nur durch das Christentum gebracht werden. Auf diese Frohbotschaft muß die Welt wieder hören und sie annehmen. Unsere höchste Aufgabe ist es daher, die Lehre und die Grundsätze des Christentums ins Volk zu tragen und durch diese die Erneuerung zu vollbringen.

Wir sind Deutsche

und sehen die herrliche Aufgabe des deutschen Volkes darin, daß es mitten unter den Völkern Europas der Hort des Friedens, des Rechtes, der Ordnung und der Kultur sei. Daher sind wir stolz, Deutsche zu sein.

Wir sind Österreicher.

Seit einem halben Jahrtausend hat Österreich in besonderer Weise Hab und Gut, Blut und Leben in die Schanze geschlagen, um deutsches Wesen und christlich-abendländische Kultur vor den Instinkten Asiens und des Balkans zu schützen. Diese Aufgabe hat Österreich heute noch, daher lieben wir unser österreichisches Vaterland und wollen als Österreicher Schutzwall und Kulturträger nach dem Osten sein.

Wir sind Gegner der „Friedens"-Verträge

und fordern ihre Aufhebung,

weil wir den Krieg nicht verschuldet und daher diesen Schmachfrieden nicht verdient haben,

weil diese „Friedens"-Verträge den wahren Frieden nicht gebracht haben,

weil durch diese „Friedens"-Verträge deutsche Stammesbrüder gewaltsam aus dem deutschen Staatenverband herausgenommen wurden.

Wir sind als Ostmärkische Sturmscharen eine katholische und politische Erneuerungsbewegung.

Unser Ziel ist die Erneuerung des gesellschaftlichen, wirtschaftlichen und politischen Lebens.

Nicht die Zersetzung oder Zersplitterung der christlichen Organisationen wollen wir Ostmärkischen Sturmscharen, sondern die Festigung und Entfaltung derselben ist unser Ziel.

Daher sollen **ausübende** und **mitwirkende Mitglieder** der Sturmscharen nur Jungmänner sein, die zugleich Mitglieder christlicher Organisationen sind und auch solche bleiben.

Als **unterstützende Mitglieder** sind uns **Männer**, **Frauen** und **Mädchen** aus allen Kreisen des christlichen Volkes willkommen.

Unsere Losung:

Ganz katholisch. Wahrhaft sozial und richtig national.

Was wir wollen:

Wir wollen ein christliches Volk.

„Daher kämpfen wir: gegen Verwüstung und Entchristlichung unseres Volkes und Kulturlebens; gegen den jüdisch-liberal-sozialistischen Geist des Materialismus; gegen die Verhöhnung von Glauben, Kirche, Ehe und Treue, Redlichkeit und Wahrhaftigkeit, in denen die Hauptkräfte zum Aufbau einer neuen Ordnung erblickt werden müssen; gegen allen Schmutz und Schund in Kunst und Literatur, in Unterhaltung und Vergnügen, den man als schlimmstes Produkt einer faulenden Gesellschaft gegen Bezahlung in der Seele des Volkes ablagern möchte."

Wir fordern daher: die christliche Familie, denn sie ist die Wurzel und Grundlage des christlichen Volkes. Wir fordern daher die Unauflöslichkeit der Ehe im Sinne der katholischen Glaubens- und Sittenlehre. Wir fordern den wirtschaftlichen Schutz der Familie (Sonderbehandlung in der Steuergesetzgebung, Ausgleichskassen für kinderreiche Familien, Bevorzugung in der Arbeitsbeschaffung für Familienerhalter). Wir fordern den Familienlohn als Mindestlohn.

Wir fordern eine religiös-sittliche Erziehung der Jugend. Das erste Recht auf die Erziehung hat die Familie. Der Staat darf dieses Recht nicht verletzen, sondern hat es zu schützen. Wir fordern die **konfessionelle Schule** als Grundlage (Volksschule). Die religiöse Erziehung ist ausschließlich Sache der Kirche. Als eine Erziehungs- und Bildungseinrichtung führt der Staat die Oberaufsicht über die Schule.

Wir fordern den christlichen Staat. Gesetzgebung, Verwaltung und Rechtsprechung dürfen nicht auf willkürlicher Macht (Abstimmungsergebnis) aufgebaut sein, sondern haben unter allen Umständen mit den Geboten Gottes und der Kirche in Einklang zu stehen. Religion geht vor Staat und ist nicht Privatsache. Daher muß die Kirche dem Staat gegenüber ihre Freiheit und Entwicklungsmöglichkeit haben. Wo die Rechte des Staates und der Kirche sich berühren (zum Beispiel in der Ehe und in der Schule), sind die Rechte beider verfassungsmäßig zu regeln.

Wir wollen eine neue Gesellschaftsordnung,

die auf den wahren Berufskörperschaften, den Ständen, aufgebaut ist.

Daher verwerfen wir den **Klassenkampf**; denn er widerspricht der Lehre des Christentums;

er zerstört das Volkstum;

er ist nicht Aufbau, sondern gesellschaftliche Zersetzung;

er ist nicht Ausgleich, sondern Kampf der entgegengesetzten Interessen und eine Folge des liberalen Wirtschaftssystems.

„Wir fordern daher größtmöglichste Vermehrung der freien Selbstverwaltung der Berufskörperschaften auf wirtschaftlichem, sozialpolitischem, kreditpolitischem und rechtspflegerischem Gebiet;

Freiheit und Eigenrecht aller Gliedgemeinschaften des Gesellschaftskörpers, als da sind:

die Blutsgemeinschaft der Familie;

die Siedlungsgemeinschaft der Gemeinde und des Landes;

die Wertsgemeinschaft der Berufskörperschaften;

die religiöse Gemeinschaft der Kirche.

Heraus also aus dem Gefängnis der allstaatlichen Hoheitsverwaltung in die Freiheit des sozialen Eigenlebens! Das ist die wahre Demokratie! In ihr überwinden wir den Parteistaat mit seiner Parteien-'Demotratie'.

Insbesondere fordern wir die gesellschaftliche **Entproletarisierung der Arbeiterschaft** durch ihren Aufstieg zum vollwertigen Stande in der Lebensgemeinschaft des Gesamtvolkes, daher **Christliche Arbeiterkultur!**"

Wir fordern die dem Bauernstande in seiner Bedeutung für das Volksganze entsprechende gesellschaftliche, wirtschaftliche und politische Stellung im öffentlichen Leben. Nicht Bauernknechtung, sondern Bauernehrung!

Flugblatt mit Programm der Ostmärkischen Sturmscharen, 1937, im Jahr vor der Annexion Österreichs durch Hitler unterstützt von Starhembergs Heimwehr. Je nach politischer Orientierung seiner Eltern konnten sich daraus für den knapp Zehnjährigen mehr oder weniger gravierende Folgen für seine spätere politische Entwicklung ergeben.

Vermutlich hat bei manchen, vielleicht auch vielen Jugendlichen, diese Erfahrung zu einer gewissen Relativierung des Wertes einer parteipolitischen Identifikation geführt, die es ihnen dann erleichterte, 1938, also nach der NS-Machtergreifung in Österreich, einer Organisation der Hitler-Jugend oder der NSDAP beizutreten. Alle diese Verbände hatten Angebote für Jugendliche zu machen, von denen ein junger Österreicher aus bescheidenen Verhältnissen nur träumen konnte: Motorradfahren, Reiten, Segeln, Abenteuerlager usw. Die politische Ideologisierung, die damit einherging, hatte daneben wohl nur geringes Gewicht. Aus dieser Sicht gelang vielen damals auch ein fast fugenloser Übergang zum Dienst in der Wehrmacht, als Freiwilliger oder auch als Wehrpflichtiger. Der Krieg erschien dem dann Siebzehnjährigen nach den kurzen und so erfolgreichen Feldzügen in Polen und Frankreich eine zwar aufregende, aber rasch vorübergehende Episode, enthielt aber zuvorderst das Versprechen für eine Fortsetzung der motorisierten Abenteuer zu Wasser und zu Lande. Als es dann anders kam, war es zu spät für „second thoughts"! Wer überlebte, erfuhr neben dem Verlust von Angehörigen und Freunden Kriegsgefangenschaft und nachher die Herausforderung eines schulischen (Nachmatura) und beruflichen Neubeginns bei Null unter äußerst erschwerten Umständen.

Ich nenne diese Jahrgangskohorte die Generation der ‚Davongekommenen', weil sie buchstäblich zweifach davongekommen ist: Wegen ihrer Jugend bekamen sie weder in der Partei noch in der Wehrmacht höhere Funktionen übertragen, was sie in der Regel davor bewahrte, in die Untaten dieses Regimes aktiv involviert zu werden. Aber in erster Linie waren sie Davongekommene im wörtlichen Sinne, sie hatten das Gemetzel, dem so viele ihrer Gleichaltrigen zum Opfer gefallen waren, überlebt.

Wenn die wenigen noch lebenden Zeugen dieser Epoche jetzt ihre Lebensgeschichten veröffentlichen, so haben diese Autobiographien eine für die Zeitgeschichte nicht zu überschätzende Bedeutung. Die Literaturwissenschaft stellen sie aber vor die Aufgabe, bei der Interpretation dieser Zeitzeugnisse Hilfe bei der Klärung der Frage zu leisten, welche historische

Authentizität diese Texte angesichts ihrer Narrativität als literarische Texte in Anspruch nehmen können. Die Diskussion über letztere Frage hat erst kürzlich viele Seiten des anspruchsvollen Feuilletons in deutschsprachigen Tageszeitungen gefüllt. Letzten Anstoß dazu gab 2006 das Erscheinen von ›Beim Häuten der Zwiebel‹ des Nobelpreisträgers Günter Grass. Die kritische Rezeption dieses Buches konzentrierte sich zunächst fast ausschließlich auf die Schilderung seiner Jugendjahre in Danzig, dann als Flakhelfer und schließlich als Panzergrenadier in einer – sich bereits in Auflösung befindlichen – Division der Waffen-SS an der Ostfront. Der von Grass' Buch ausgelöste publizistische Wirbel verstellt den Blick auf die kurz davor oder danach erschienenen Autobiographien anderer Octogenarier, sodass sie nicht immer die ihnen als zeitgeschichtliche oder auch literarische Dokumente gebührende Aufmerksamkeit erfuhren. Dazu gehören etwa, um nur die bedeutendsten zu nennen, Sebastian Haffners ›Geschichte eines Deutschen‹ (2002), Ralf Dahrendorfs ›Über Grenzen. Lebenserinnerungen‹ (2002), Marcel Reich-Ranicki, ›Mein Leben‹ (2003), Peter Wapnewskis ›Mit dem anderen Auge. Erinnerungen 1922–1959‹ (2005) und Joachim Fests ›Ich Nicht‹ (2006).

Die Widersprüchlichkeit des Urteils der Tageskritik über ›Beim Häuten der Zwiebel‹, der auch wichtige Hinweise für unsere Thematik zu entnehmen sind, berechtigt zu einer hervorgehobenen Betrachtung dieses Buches. Auf einige der anderen Werke wird vergleichend hingewiesen werden.

›Beim Häuten der Zwiebel‹ wurde im August 2006 mit außerordentlichem publizistischen Getöse, dessen Lautstärke nicht mehr mit dem Nobelrang seines Autors zu erklären ist, präsentiert. Öffentliche Aufmerksamkeit zog fast ausschließlich das späte Eingeständnis von Grass auf sich, im letzten Kriegsjahr in einem Panzergrenadierregiment der Waffen-SS gedient zu haben. Als Freiwilliger auf der Suche nach einer Eliteeinheit war er vorher, wie er behauptet, von der U-Bootwaffe abgewiesen worden. Der Publikation dieses mit dem Ausdruck der tiefen Scham vorgebrachten Geständnisses, ging eine mehrmonatige redaktionelle Vorbereitung durch seinen Verlag, Steidl in Göttingen, und die Feuilletonredaktion der FAZ voraus. Die Rückschlüsse, die daraus eventuell bezüglich der Spontaneität der großen Konfession gezogen werden könnten, sollen uns hier nicht weiter beschäftigen.[4] Aufschlussreich bleibt allerdings, dass man mit der Mitteilung eines zeitgeschichtlich so trivialen Faktums, wie die kurze und recht zufällige Zugehörigkeit zu einer Einheit der Waffen-SS an der im Herbst 1944 bereits in Auflösung befindlichen Ostfront, überhaupt so viel Aufmerksamkeit erregen konnte.

Hier soll die bisher wenig beachtete Frage besprochen werden, welche Darstellung diese Episoden im Zusammenhang der Danziger Trilogie von Grass, ›Die Blechtrommel‹, ›Katz und Maus‹ und ›Hundejahre‹, also in einem fiktionalen Kontext, bereits erfahren hatten, und welche Folgen die literarische Erstaufbereitung dieser Episoden auf ihre Wiederaufnahme in ›Beim Häuten der Zwiebel‹ nach sich zog.

Von der Tageskritik wurde ›Beim Häuten der Zwiebel‹ zunächst als Autobiographie pur und simpel gelesen und diskutiert. Zumindest die ersten Kapitel des Buches könnten aber ebenso gut als Fortsetzung der Handlung aus der Danziger Trilogie gelesen werden, nur dass jetzt die Kriegserfahrung nicht mehr verschiedenen, recht unterschiedlich reagierenden fiktionalen Charakteren, sondern ausschließlich einer Person, auf die der Autor mit ‚Ich‘, gelegentlich aber immer wieder auch mit ‚Er‘ Bezug nimmt, zugeordnet werden. Der Wechsel des Personalpronomens ist übrigens Teil einer bewährten Erzählstrategie, mit der ein Autor zu bestimmten Episoden seiner Erlebnisse Distanz zu gewinnen sucht. Es ist das augenscheinlichste der Fiktionssignale, die Grass vor seinem Text aufpflanzt, andere sind nicht so schnell auszumachen.

Die inhaltliche Verschmelzung von „facta" und „ficta" im narrativen Vortrag wird aber von Grass selbst öfter thematisiert, stets aber in metaphorischer Einkleidung. Als Generalmetapher dafür steht die Erinnerung, deren

---

[4] Laut Mitteilung der Redaktion der FAZ begannen schon im April 2006 Vorbesprechungen mit dem Autor und dem Verlag über einen Vorabdruck jener Teile des Buches, die später die große Diskussion auslösen sollten. Der Vorabdruck erschien dann in einer Sonderbeilage der FAZ am 19. August 2006. Ohne die interessierte Reaktion auf diesen Vorabdruck hätte der Verlag sich nicht veranlasst gesehen, die Erstauflage schon im voraus zu verdoppeln. Die ausgesandten Rezensionsexemplare hatten dagegen praktisch kein Echo bewirkt. Offensichtlich mussten die Rezensenten erst auf die SS-Doppelrune am Rockkragen, die Grass hier vorzeigt, aufmerksam gemacht werden.

oft willkürliche Selegierung der Daten und Umfärbung der Wertungen ein Hauptthema der Erzählung bildet. Immer wieder führt Grass neue Bilder ein, die diesen Prozess anschaulich machen sollen. Es ist wiederholt die Rede vom Abspulen eines Films, der plötzlich reißt, oder von einem in Bernstein eingeschlossenen Insekt, das von jeder Seite eine andere Gestalt zu erkennen gibt. Und dann wird schließlich die Darstellung verschattet durch die andere Generalmetapher des Werkes, das Schälen der Zwiebel, eine tränentreibende Mühe, bei der sich der klare Blick auf die Dinge manchmal trübt.

Wie schon erwähnt, hat Grass in den Romanen der Danziger Trilogie die Erfahrung seiner jungen Jahre bereits ausgiebig auf fiktional brauchbares Material geplündert. Durch die Zuordnung einzelner Erlebnisse an recht unterschiedliche fiktionale Charaktere erhalten die Begebenheiten eine jeweils individuelle Einfärbung, so etwa mit Oskar Mazerath, dem blechtrommelnden Gnom, oder dem Außenseiter Mahlke in ›Katz und Maus‹ und, besonders ausführlich, mit Harry Liebenau, der als Panzergrenadier – das SS hat Grass (warum eigentlich, wenn es sich um eine fiktionale Figur handelt?) vorsorglich wegretouschiert – manches von der Kriegserfahrung des Autors vorwegnimmt. Für seine ‚Autobiographie' plündert Grass nun wiederum seine frühen Romane gleichsam nach wiederverwertbarem Stoff. Die Dinge haben sich aber durch die imaginative Umgestaltung in den Romanen oft stark verändert. Was also Grass in seine ‚Autobiographie' transportiert, ist daher oft nicht mehr das ursprünglich Erlebte, sondern eine fiktionalisierte Version davon. Hier wird eine für unser Thema aufschlussreiche wechselweise Interaktion in der Autobiographie zwischen Wirklichkeitserfahrung und imaginativer Verarbeitung erkennbar. Gelegentlich vorgebrachte Einwände von Zeitgenossen und Weggefährten, wie etwa: „So war es gar nicht", wehrt Grass mit dem Unverlässlichkeitstopos der Erinnerung ab oder bemerkt etwa zum Einspruch eines ehemaligen Jazz-Bandmitglieds, Louis Armstrong habe nie, wie Grass berichtet, in ihrer studentischen Jazzband mittrompetet, definitiv: „In meiner Erinnerung ist diese Episode bis ins Detail *vorstellbar*"[5] (von mir hervorgehoben).

---

[5] Vgl. dazu FAZ vom 8. Sept. 2006, S. 33, und das ausführliche FAZ-Interview mit Grass: ›Warum ich nach sechzig Jahren mein Schweigen breche‹, in: FAZ vom 12. Aug. 2006, S. 33 und 35.

Das „Vorstellbare" ist aber die ureigenste Domäne der Fiktion.

Es gelangen also manche Begebenheiten in die Autobiographie nicht mehr in der erlebnisnahen ‚Urfassung', sondern in einer durch die literarische Imagination des Autors angereicherten Form. Diese ‚Wiederverwertung' einzelner Episoden lässt sich an einem Vergleich der Romane auch im Text nachweisen. So z.B. an der Erzählung von dem Kameraden, der neben ihm (Grass?) im Gefecht eine schwere Unterleibsverletzung erleidet und ihn dann auffordert, in seine Hose zu greifen, um festzustellen, ob sein Gemächt noch vorhanden sei (›Beim Häuten‹, S. 172). Die Fiktionstauglichkeit dieser Episode hat sich bereits bewährt, so in der ›Blechtrommel‹. Dazu merkt Grass recht beiläufig Folgendes an:

> Diesen Griff in die Hose erlaubte ich zwölf Jahre später, als es schriftlich um die Verteidigung der Polnischen Post ging, Jan Bronski, der so, mit seinen fünf Fingern dem zögerlich sterbenden Hausmeister Kobyella die unbeschädigte Manneskraft bestätigen konnte. (Beim Häuten, S. 172)

Noch auffälliger tritt dieser Prozess der Fiktionalisierung in der Schilderung der Situation zutage, in der Panzergrenadier Grass nachts zwischen den Fronten versprengt allein in einem Wald hockt und, um seine Angst abzureagieren, „Hänschenklein…" zu singen beginnt. In den ›Hundejahren‹ begnügt der Held sich noch damit, diese Melodie zu pfeifen, ein Verhalten, das real noch um eine Spur vorstellbarer ist als die Gesangsversion, mit der er sich ja gegenüber einem russischen Soldaten im Dunkel der Nacht sogleich als Deutscher zu erkennen gegeben hätte. Aus gutem Grund hat diese Szene daher auch die Aufmerksamkeit der Karikaturisten auf sich gezogen.[6]

Nicht nur, wenn wir ›Beim Häuten der Zwiebel‹ als Supplement zur Danziger Romantrilogie lesen, sondern auch bei genauerer historischer Einordnung reduziert sich die Zugehörigkeit des Protagonisten zur Waffen-SS als relativ nachgeordnetes Detail in der Lebensgeschichte eines ‚Davongekommenen'. Aufmerksamkeit verdient dagegen der Umstand, dass dieses

---

[6] Cartoon von Achim Greser und Heribert Lenz (Aschaffenburg), in: FAZ vom 15. September 2006, S. 39. Der Abdruck erfolgt mit der freundlichen Genehmigung von Greser&Lenz.

© F.A.Z.-Greser&Lenz

Detail noch 2006 einen veritablen Eklat in der veröffentlichten Meinung verursachen konnte. Die Erklärung dafür liefert ein Blick auf Grass' Doppelrolle als Autor und als politischer Moralist, von manchen Kritikern sogar als moralischer „praeceptor Germaniae" apostrophiert. Diese Doppelrolle hat Grass seit den achtziger Jahren mit großem Beifall, meist allerdings nur aus einem Lager der politischen Szene, gespielt.

Grass hat die Perspektivierung seiner Romane durch jeweils stark individualisierte Ich-Erzähler mit Souveränität zu handhaben gewusst. Darüber hinaus müssen alle diese Erzähler als ausgeprägte „unreliable narrators" im Sinne von Wayne C. Booth[7] betrachtet werden. Dennoch hatte Grass Mühe, die Neigung mehrerer Kritiker, seine historische Persönlichkeit mit jeweils einem dieser Ich-Erzähler gleichzusetzen, abzuwehren.[8] Erstaunlicherweise zeigt sich Grass viel weniger einsichtig und selbstkritisch bei der Frage, wie sich seine Rolle als außerliterarischer Zeitkommentator mit der des Romanautors vereinbaren lässt. Diese Rolle, die sein Schaffen als literarischer Autor stets begleitete, geriet nach dem Erscheinen von ›Beim Häuten der Zwiebel‹ ins Kreuzfeuer der Kritik. Grass musste hinnehmen, als „Moralapostel",

---

[7] Wayne C. Booth, The Rhetoric of Fiction, Chicago 1961.
[8] Vgl. dazu Volker Neuhaus, Günter Grass, Stuttgart 1979, S. 10 u.ö.

„Cheerleader der Gutmenschen"[9] u.ä. apostrophiert zu werden. Tatsächlich tut sich zwischen dem schamerfüllten ‚Geständnis' seiner frühen Begeisterung für Partei und Krieg und seiner auch gegen Kriegsende noch ungebrochenen Bereitschaft, bis zum – längst aussichtslos gewordenen – Endsieg zu kämpfen, und der Rigidität, mit der er später seine Zeitgenossen verurteilte, wenn sie nicht sein eigenes radikales Demokratieverständnis in jeder Hinsicht und seine unerbittliche Forderung nach schonungsloser ‚Vergangenheitsbewältigung' zu akzeptieren bereit waren, eine Kluft auf. Es muss genügen, aus der Fülle der sich anbietenden Beispiele zwei herauszugreifen: seine Kritik an Kohls und Reagans Besuch des Soldatenfriedhofes von Bitburg 1985, und seine Ermahnung des damaligen Finanzministers Schiller zur Offenlegung seiner NSDAP-Zugehörigkeit.

Beginnen wir mit dem Trivialen. Kürzlich hat ein gut recherchierender Dissertant Briefe von Grass an den damaligen Finanzminister der Schmidt-Regierung, Schiller, zu Tage gefördert, in denen Grass Schiller mehrfach aufforderte, seine ehemalige NSDAP-Zugehörigkeit auch öffentlich einzugestehen. Gegen den Abdruck dieser Briefe ist Grass jetzt gerichtlich vorgegangen: Er sei ein Eingriff in seine Privatsphäre!

Schwerer wiegt im Hinblick auf die persönliche Integrität des Autors seine militante Polemik gegen Kohl und Reagan anlässlich ihres gemeinsamen Besuches 1985 auf dem Soldatenfriedhof von Bitburg, auf dem (ursprünglich) einige tausend amerikanische und deutsche Soldaten, darunter ein paar Dutzend Waffen-SS-Angehörige, lagen. Die Mehrzahl dieser Waffen-SS-Männer war, wie Grass bei seinem kurzen Zwischenspiel in der Waffen-SS, zwischen siebzehn und zwanzig Jahre alt. Zur offensichtlich von amerikanischer wie auch von deutscher Seite inszenierten Erregung der veröffentlichten Meinung (ostentatives Schmücken gerade der Waffen-SS-Gräber vor dem Besuch Reagans vermutlich durch amerikanische Journalisten) über diesen, wie Grass meinte, am falschen Ort unternommenen Versuch einer übernationalen Versöhnungsgeste der beiden Staatsmänner, hat nicht zuletzt Grass' maßlose Kritik an Kohl und Reagan beigetragen.[10] Hatte

---

[9] Vgl. Stern Nr. 34 vom 17. August 2006, S. 39.
[10] Die Erregung in den Medien vor allem jenseits des Atlantiks über Reagans Gang durch den Soldatenfriedhof Bitburg, dem übrigens ein ausführlicherer Besuch der

Grass damals vollkommen verdrängt, dass auch er einer dieser jungen Waffen-SS-Männer hätte sein können, die dort beerdigt sind? Dem widerspricht jedoch in der ‚Autobiographie' sein Insistieren auf das ihn über die Jahre hinweg peinigende schlechte Gewissen, seine Zugehörigkeit zu einer Waffen-SS-Einheit verschwiegen zu haben. Hätte er zu Bitburg geschwiegen, brauchte er sich heute nicht von Ulrich Greiner in ›Die Zeit‹[11] „Moraltrompeter" nennen zu lassen. Im auffälligen Gegensatz zu dem Autor Grass verschließen sich einige seiner wortführenden Romanfiguren, wie etwa Pilenz in ›Katz und Maus‹ oder Harry Liebenau in ›Hundejahre‹, durchaus nicht einem humanistischen Sentiment, wie ihm etwa der französische Dichter René Arcos schon im Ersten Weltkrieg den treffend prägnanten Ausdruck verliehen hat: „Les morts sont tous d'un seul côté" (Die Toten sind alle auf einer Seite).[12] Ist hier vielleicht das Werk wieder einmal klüger als sein Autor, als Grass, der außerhalb des geschützten Raumes der Fiktion, gleichsam „in propria persona" eine ganz andere Meinung äußert?

Für den Literarhistoriker sind die Unterschiede zwischen den Reaktionen einiger führender Kritiker und Zeithistoriker auf Grass' Geständnis einer Jugendtorheit, zu der tausende Gleichaltrige offensichtlich in der Vor-Untergangshysterie der Kriegspropaganda von 1944 verführt wurden, interessanter als das überraschend verspätete Geständnis selbst. Vom ersten Tag an lassen sich zwei Lager erkennen. In einem wird Grass hart ob seiner Doppelzüngigkeit verurteilt, im anderen begegnet man ihm mit unerwartet verständnisvoller Nachsicht. Hier springt geradezu ins Auge, dass die meisten der nachsichtigen Kritiker sich früher schon durch ein recht unnachgiebiges Urteil über jene Zeitgenossen hervorgetan hatten, die in der Aufarbeitung ihrer NS- und Kriegsvergangenheit säumig geworden wären. Besonders beunruhigt einen Literaturwissenschafter, wenn er unter diesen den Namen

---

KZ-Gedenkstätte in Bergen-Belsen vorausging, war überbordend: vgl. Newsweek, 29. April, 6. und 13. Mai 1985; – US News and World Report, 20. Mai; – Time, 29. April, 6. und 13. Mai. – Zu Grass und Bitburg vgl. Timothy Garton Ash, Germany After Bitburg, in: The New Republic, Mai 1985, S. 15–22, und Juli 1985, S. 15ff.

[11] Ulrich Greiner, Es ist nun wirklich genug, in: Die Zeit, Nr. 35 vom 24. August 2006.

[12] Ohne Haß und Fahne, Kriegsgedichte des 20. Jahrhunderts, Hamburg 1959, S. 123f.

von Walter Jens, dem angesehenen Philologen und Ehrenpräsidenten der Akademie der Künste zu Berlin, antrifft. Als dessen NSDAP-Mitgliedskarte vor zwei Jahren gefunden wurde, von deren Existenz er, wie Jens erklärt, keine Kenntnis hatte, fand das in den Medien großes Interesse.[13] Es hätte sicherlich sehr viel zu einem differenzierteren Bild der Versuchungen wie auch der Gewissensnöte der Generation der ‚Davongekommenen' im „Dritten Reich", zu der auch Walter Jens, selbst wenn er nie in der Wehrmacht war, zu zählen ist, beigetragen, wenn sich vor allem jene Angehörigen dieser Generation, die in der Nachkriegszeit zu verdienter öffentlicher Prominenz gelangten, von Anfang an offener zu ihrer meist unvermeidlichen Verstrickung mit Partei und Regime bekannt hätten. Dennoch ist auch hier Verständnis für die politischen und sozialen Zwänge zu fordern, unter denen die ‚Davongekommenen' eine Nachkriegsexistenz aufzubauen hatten, wobei eine offene Ansprache der eigenen Vergangenheit sehr oft höchst inopportun war, wie z.B. der prominente Germanist Peter Wapnewski offen eingesteht.[14]

Am folgenschwersten hat sich die Retizenz so manches dieser Prominenten unter den Davongekommenen auf das Bild vom Leben unter dem NS-Regime auf die Jüngeren ausgewirkt. So gerät ihr Urteil über ihre Vätergeneration oft schief. Kommen dann noch Selbstgerechtigkeit und moralische Arroganz dazu, wozu nicht wenige der ‚Nachgeborenen' neigen, dann kann es zu schwerwiegenden Missverständnissen zwischen den Generationen kommen. In dieser prekären Stimmung haben Günter Grass, Walter Jens und andere den sich daraus ergebenden Generationenkonflikt noch verschärft, indem sie, anstatt für mehr Empathie und Nachsicht mit dem Verhalten des Normalbürgers in einer totalitären Diktatur zu plädieren, sich zu Stimmführern eines rigoros unnachsichtigen Urteils über ihre Zeitgenossen machten. Hier wäre jetzt eigentlich eine eingehendere Diskussion über die fast unüberwindliche Schwierigkeit abzuwickeln, die die Nachkriegsge-

---

[13] Peter Wapnewski versucht im Kapitel „Auch ich war ein nicht wissender PG" seiner Autobiographie für sich und Walter Jens um Verständnis zu werben, u.a. mit dem Argument: „Hätte ich mich [im Fragebogen der britischen Militärregierung 1945] als PG [Parteigenosse] bezeichnet, wäre ich nicht zugelassen worden zum Studium […], Peter Wapnewski, Mit dem anderen Auge. Erinnerungen 1922–1959, Berlin 2005, S. 198.

[14] Siehe Anm. 11.

neration hat, sich in die Situation der Menschen zu versetzen, die das NS-Regime und seine noch nicht absehbaren schrecklichen Folgen aus einer Vor-Oradour, Vor-Stalingrad und Vor-Auschwitz Perspektive erlebten. Dafür ist aber hier nicht der Platz. Hier geht es um einen literatursoziologischen Aspekt der hier angeschnittenen Frage. Es lässt sich nämlich eine Art Kompetenzübertragung beobachten, die bisher wenig Aufmerksamkeit fand. Autoren, die sich auf Grund ihrer anerkannten literarischen Leistung Ansehen in der öffentlichen Meinung erworben haben, nützen dieses Ansehen, um auch in außerliterarischen Dingen Urteile zu fällen, für die sie ihre literarisch erworbene Autorität glauben in Anspruch nehmen zu können. Gerade in manchen Aussagen über das politische Verhalten ihrer Väter- und Großväter während des Krieges wirkt sich diese Kompetenzanmaßung, wie man sie auch bezeichnen könnte, oft auf höchst bedenkliche Art und Weise aus.

Es mag in meinem Standort in Österreich und in meinem dadurch bedingten literarischen Horizont begründet sein, dass ich gerade bei jüngeren österreichischen Autoren auf Belege für eine solche Haltung stoße, z.B. in den politischen oder zeitkritischen Essays von Robert Menasse oder der Nova am Bestseller-Himmel, Daniel Kehlmann. Hier, glaube ich, wirken sich die verhängnisvollen Vorbilder von Günter Grass und Walter Jens besonders nachteilig aus. Robert Menasse wurde unlängst, wohl aus diesem Grund, von G. Burkert Dottolo als „Österreichs publizistische Bonsai-Moralkeule" bezeichnet.[15] Es gibt also zumindestens einen Kritiker, der in diesem Falle die Dinge ähnlich sieht wie ich. Der Fall Daniel Kehlmann ist noch aufschlussreicher. An einem von ihm in der ›New York Times‹ zur Grass-Debatte veröffentlichten Artikel, der sich im Grundtenor um eine Entlastung Grass' gegenüber der Schwere des Vorwurfs des Verschweigens seiner SS-Vergangenheit bemüht, kommt er schließlich zu einer wahrlich bestürzenden Schlussfolgerung: „When even the most outspoken German moralist wore the uniform of murderers, one might ask whether there is a single guiltless German in this generation".[16] Diese Generalverdächtigung einer ganzen Generation wird zwar durch die Frageform des zweiten Satzteiles etwas modifiziert, der erste Satzteil wird jedoch davon nicht erfasst.

---

[15] Die Presse vom 23. August 2006, S. 29.
[16] The New York Times, 20. August 2006.

Im einem Roman könnte eine solche Aussage kraft der Narrativität des Kontextes einfach nicht bestehen, sie würde sich letztlich einer gewissen Relativierung nicht entziehen können. Sie soll dennoch hier diskutiert werden, weil an ihr eines unserer Grundpostulate exemplifiziert werden kann: Das (literarische!) Werk ist meist klüger als sein Autor. Man kann sich nämlich gut vorstellen, wie dieser Satz in einem narrativen Kontext sogleich seiner Generalisierung entkleidet werden würde. Wird er etwa von einer Romanfigur gesprochen, so finden sich im Werk sicherlich andere Stimmen, die einem solchen Verdacht widersprechen würden. Sollte der Satz als Teil eines auktorialen Kommentars auftauchen, so würde sich damit dieser Erzähler sogleich dem Verdacht aussetzen, nicht ein verlässliches Sprachrohr des Autors zu sein, dessen Aussagen vom Leser mit Vorbehalt aufzunehmen sind. Und selbst wenn dieser Satz im ganzen Text unwidersprochen bliebe, etwa als Teil einer durchgehend personalen Erzählsituation[17], würde diese hinter alle Aussagen des Romans gleichsam ein großes Fragezeichen setzen.

Kehlmann selbst liefert dafür in seinem zu Recht lange auf vordersten Positionen der Bestsellerlisten genannten Roman ›Die Vermessung der Welt‹ ein treffliches Beispiel. Die Lebensgeschichten seiner beiden Protagonisten, des Forschungsreisenden Alexander von Humboldt und des Mathematikers und Astronomen Friedrich Wilhelm Gauss, beide besessen von der Idee, die Erde, den Kosmos wissenschaftlich zu erfassen, konterkarieren sich gleichsam gegenseitig von Kapitel zu Kapitel in der Art, wie sie sich an die Lösung ihrer wissenschaftlichen Probleme machen. Dem quixotischen Humboldt, für den jeder Berg, jeder Fluss eine Herausforderung ist, sie durch Messung oder Kartographierung zu bezwingen, wird ein Sancho Panza in Gestalt eines Dienerbegleiters beigegeben, dessen praktischer Menschenverstand an der Sinnhaftigkeit des Forschungseifers seines Herrn oft zweifelt. Der Leser des Romans kann diese, alle Urteile und Erkenntnisse der beiden Forscher, relativierenden Signale kaum übersehen. Im Übrigen versteht es Kehlmann sehr geschickt, mittels der durchgehend verwendeten Wiedergabe der Gespräche der Charaktere in indirekter Rede, durch die

---

[17] Die Begriffe personale Erzählsituation bzw. Reflektormodus wurden vom Verfasser eingeführt. Vgl. F.K. Stanzel, Theorie des Erzählens, 7. Aufl., Göttingen 2001, S. 68ff. und 190ff.

nicht zuletzt auch ein konjunktivischer Aussagemodus die Erzählung zu dominieren scheint, jeden Anspruch auf historische Validität der Geschichte zu unterlaufen.

Mit der Affäre Günter Grass haben unsere Überlegungen zur Frage der historischen Authentizität von Autobiographien eine neue Wendung erfahren. Im Hintergrund der Frage der Fiktionalität autobiographischer Berichte – wo ein Ich erzählt, ereignet sich immer Fiktion – tauchte die Frage auf, was man von der Urteilsfähigkeit der literarischen Prominenz „in politicis" ganz allgemein zu halten habe. Das Problem ist seit Thomas Manns ›Betrachtungen eines Unpolitischen‹, verfasst während des Ersten Weltkriegs, virulent.[18] In neuerer Zeit hat Peter Handke mit seinem einseitig informierten Serbien-Bericht viel berechtigte Kritik auf sich gezogen. Versucht man dieser schwerwiegenden Frage weiter nachzugehen, stößt man früher oder später wieder auf das hier weiter oben schon thematisierte große Geheimnis der Literatur: Die Worte unter der Feder des literarischen Autors sind oft klüger als der Schreibende selbst. Aldous Huxley legt in einem seiner Romane einer Gestalt folgendes Diktum in den Mund: „The trouble with fiction […] is that it makes too much sense. Reality never makes sense."[19] Trotz der offensichtlich apodiktischen Zuspitzung dieses Aphorismus scheint er den Kern unserer These zu erfassen. Diese überhöhte Sinnhaftigkeit eines fiktionalen Textes wächst aber, und das ist bisher kaum beachtet worden, einer diskursiven Meinungsäußerung desselben Autors, etwa zu einem tagespolitischen Sachverhalt, in der Regel nicht zu. Darüber haben bisher nur wenige neuere Autoren versucht, sich Rechenschaft zu geben.

Die klassische Stelle zu diesem Thema ist Heinrich von Kleists nicht nur auf das Reden, sondern wohl auch auf das Schreiben zu beziehende Beobachtung ›Über die allmähliche Verfertigung der Gedanken beim Reden‹ (1805/06). Etwas verkappt taucht der Gedanke auch schon vor Kleist auf, so z.B. bei dem Aphoristiker Georg Christoph Lichtenberg: „Wenn ich über etwas schreibe, so kommt mir das Beste immer so zu, dass ich nicht sagen

---

[18] Vgl. dazu Manfred Görtemaker, Thomas Mann und die Politik, Frankfurt 2005. Thomas Mann sieht 1914 den Krieg noch ganz als Stilisierung der Auseinandersetzung zwischen deutscher Kultur und französischer Zivilisation. Später hat er selbst diese Meinung mehrmals korrigiert.
[19] Aldous Huxley, The Genius and the Goddess, London 1955, S. 7.

kann woher.[20] Meist versteckt sich der Befund hinter Begriffen wie Inspiration oder Intuition. 1929 versuchte der Dichter Anton Wildgans in einem Akademievortrag darzulegen, wie ein Gedicht entsteht. In seiner Erklärung werden die kreativen poetischen Impulse sowohl auf Intuition/Inspiration wie auch auf die intensive Arbeit mit und an der Sprache zurückgeführt.[21] Indem er Sprache gewissermaßen gleichberechtigt mit Intuition in der Genesis eines Gedichtes gelten lässt, scheint er der Erklärung Kleists nahe zu kommen.

Bezogen auf die weiter oben erwähnte Diskrepanz in der Validität einer fiktionalen und einer außerliterarischen Aussage eines Autors würde man vermutlich beim Begriff der Narrativität, den die neuere Erzählforschung eingeführt hat, eine Erklärungshilfe finden.[22] Erzählsituation, die Mehrdimensionalität von Perspektive und Plot, Metaphorik und Bildsprache, sie alle tragen etwas zu der gesteigerten ‚Sinnvollheit' eines narrativen Textes bei, das einem rein diskursiven, nicht fiktionalen Text abgeht. Hier ist noch viel Raum für weiterführende Analysen dieses Phänomens. Moderne Autoren liefern in ihrer oft recht unbekümmerten Bereitschaft, Zeitgeschichte und Gegenwart außerliterarisch zu kommentieren, reiches Material für eine solche Untersuchung.

Nach diesem quasi-poetologischen Exkurs möchte ich das Privileg des Essayisten in Anspruch nehmen und „in propria persona" zum Thema Fiktionalität der Autobiographie Stellung beziehen. Mich beunruhigt zutiefst der Umstand, dass die nachdrücklichsten Entlastungsversuche für das höchst fragwürdige Verhalten von Günter Grass als politischer Zeitkommentator von Personen stammen, die, wie Walter Jens, aber auch der Philosoph Jürgen Habermas (beide hatten übrigens das Glück, aus gesundheitlichen Gründen vom Dienst in der Wehrmacht freigestellt zu werden), höchstes gesellschaftliches und intellektuelles Ansehen genießen, oder genauer, genossen haben, bis auch sie von ihrer eigenen, genau besehen allerdings nicht weniger trivialen NS-Vergangenheit als jene von Grass eingeholt

---

[20] Vermischte Schriften. Erster Band, Göttingen 1844, S. 288.
[21] Vortrag, gehalten vor der Akademie der Wissenschaften in Wien anlässlich des Tags des Buches im Jahr 1929. Vgl. Akademie-Almanach für das Jahr 1929.
[22] Vgl. dazu den Eintrag sub „Narrativität" im Metzler Lexikon Literatur- und Kulturtheorie, hrsg. von Ansgar Nünning, Stuttgart 1998, S. 391. Dort finden sich auch weiterführende Literaturhinweise.

wurden. Sie haben es, ebenso wie Grass, mit der Unnachsichtigkeit ihres Urteils über den Umgang mancher Zeitgenossen mit ihrer NS-Vergangenheit der jüngeren Generation sehr schwer gemacht, einen differenzierten Zugang zum Verhalten der Generation der ‚Davongekommenen' zu finden.

Im Vergleich zur zum Teil spontanen, zum Teil aber inszenierten und andauernden Erregung über das späte Geständnis von Grass im deutschsprachigen und auch ausländischen Feuilleton, verebbte das Interesse an der Lebensgeschichte anderer, verlässlicherer Zeitzeugen, wie etwa des Hitlerbiographen und langjährigen Chefredakteurs der FAZ, Joachim Fest oder von Ralf Dahrendorf, dem prominenten Politologen der London School of Economics, sehr rasch, obgleich sie mindestens ebenso viel Aufmerksamkeit verdienten wie ›Beim Schälen der Zwiebel‹. Dagegen drängte sich eine Bagatell-Nachricht, wie etwa die Meldung, dass Jürgen Habermas bei Gericht eine einstweilige Verfügung gegen den weiteren Verkauf von Fests Autobiographie ›Ich Nicht‹ erwirkt hat – offensichtlich ein letzter Nachhall der Animositäten aus dem Historikerstreit der 80er-Jahre – sofort wieder in die Schlagzeilen der Presse.[23] Ähnliches wiederholte sich kurz darauf, als Günter Grass gegen die Veröffentlichung seiner Briefe an den ehemaligen Finanzminister Schiller bei Gericht Einspruch erhob.

Es wäre für ein einfühlsames Verständnis des Lebens unter dem NS-Regime ertragreicher, würde man sich anstatt mit diesen Quisquilien mit einem ernsthaften Vergleich der Lebensberichte von Grass mit jenen etwa von Joachim Fest oder Ralf Dahrendorf befassen, aber auch Sebastian Haffner und nicht zuletzt auch Marcel Reich-Ranicki wären dabei von Interesse. Wir müssen uns hier mit ein paar Hinweisen auf Fests ›Ich Nicht‹ begnügen. Gerade weil die im Ganzen doch sehr elitäre Sicht des Bildungsbürgers Joachim Fest eine vielsagende Kontrastfolie zum oft pikaresken Weltbild eines Grass bildet, sind Parallelen zwischen beiden besonders aufschlussreich. Nur einige der auffälligsten Unterschiede bzw. Parallelen seien hier herausgegriffen. Beide haben sich, noch nicht achtzehnjährig, im letzten

---

[23] Joachim Fest, *Ich Nicht. Erinnerungen an eine Kindheit*, Hamburg 2006, S. 342f. Fest erzählt dort – ohne Nennung eines Namens – eine skurrile Anekdote betreffend die Leugnung der Zugehörigkeit zur Hitlerjugend durch einen Prominenten, die Habermas offenbar auf ihn bezogen aufgefasst hat.

Kriegsjahr freiwillig zum Dienst in der Wehrmacht gemeldet, nachdem sie noch während der Schulzeit als Flakhelfer eingesetzt worden waren: Während Grass aus einem Elternhaus kam, das sich ohne Vorbehalte der NS-Ideologie öffnete, ließ sich Fests Vater selbst durch schwere persönliche Benachteiligung – er wurde bald nach 1933 als Schuldirektor frühpensioniert – nicht von seiner an der katholischen Zentrumspartei orientierten kritischen Haltung zum Nationalsozialismus abbringen. Nimmt man den geraden Weg, der Grass aus dem Elternhaus zur Hitlerjugend und dann zum Wehrdienst führte, als den für die Zeit ‚unproblematischen' Regelfall an, so stellt Fests jugendlicher Lebenslauf den zeitgeschichtlich interessanteren Fall dar: Trotz des väterlichen Widerstandes – die oberste politische Maxime des Vaters war das „Etiam si omnes – ego non" der Ölbergszene aus dem Matthäus-Evangelium,[24] trat Fest-Sohn der Hitlerjugend bei und meldete sich freiwillig zur Wehrmacht. Fest glaubte den Widerstand seines Vaters gegen seine freiwillige Meldung nur mit der Behauptung überwinden zu können, sein freiwilliger Eintritt in die Luftwaffe würde ihn davor bewahren, zur Waffen-SS eingezogen zu werden. Grass erklärt, sein Wunsch in eine Elite-Einheit der Wehrmacht aufgenommen zu werden, führte ihn erst dann zur Waffen-SS, nachdem er von der U-Bootwaffe abgelehnt worden war. Beide Erklärungen sind nicht ganz schlüssig und haben den Beigeschmack eines späteren Rechtfertigungsversuchs. In der Art jedoch, wie Fest und Grass mit ihrer jugendlichen Bereitschaft, die für sie damals recht verlockenden Angebote anzunehmen, in ihren Autobiographien umgehen, unterscheiden sich die beiden Autoren wiederum grundlegend. Von Grass' fortgesetzter Beteuerung seiner „Scham" über seine selektive Vergangenheitsbewältigung war bereits die Rede. Bei dem Bildungsbürger Fest begegnet uns eine ganz andere Erinnerungskultur. Sie wird von Jens Bisky sehr zutreffend so beschrieben: Fest beteilige sich im Gegensatz zu Grass u. a. nicht am „Zerknirschungsspiel auf der Suche nach einem gut sichtbaren Platz auf der Selbstanklagebank".[25]

In dieser Haltung fand Fest einen prominenten Vorgänger in Ralf Dahrendorf, dessen ›Über Grenzen. Lebenserinnerungen‹ (2002) in der veröffentlichten Meinung viel zu wenig beachtet wurde. Dahrendorf, deutscher

---

[24] Ebenda, S. 75.
[25] Literaturen. Das Journal für Bücher und Themen 10/2006, S. 25.

‚Vorzeigeprofessor' an der London School of Economics, später in Anerkennung seiner Verdienste als Mittler zwischen den einstigen Kriegsgegnern von der englischen Königin nobilitiert und heute Peer im House of Lords, fand als 1929 Geborener problemlos seinen Weg in die Hitlerjugend, obwohl er, ähnlich wie Fest, aus einem Elternhaus kam, das dem NS-Regime inneren Widerstand entgegensetzte. Vater Dahrendorf war vor Hitler SPD-Abgeordneter im Reichstag. Dessen ungeachtet avancierte Ralf mit kaum dreizehn Jahren zum „Hordenführer" im Jungvolk, der Organisation der Zehn- bis Vierzehnjährigen in der Hitlerjugend. Eine gewünschte oder von oben angeordnete Versetzung in eine Napola, ideologische Pflanzschule der Partei, konnte sein Vater gerade noch verhindern. Ralf überlebte das Kriegsende in Berlin. An seiner durch diesen Standort privilegierten Zeitzeugenschaft wird sichtbar, wie skrupellos die damaligen Machthaber die politische Unmündigkeit von Jugendlichen zu nützen wussten. Mehrfach gesteht Dahrendorf ein, dass es Momente gab, in denen er als Jugendlicher ernsthaft erwogen habe, sich mit dem NS-Regime auch innerlich einzulassen. Schließlich wurde er aber gegen diese Versuchung durch eine mehrwöchige Polizeihaft, die ihm ein paar unbedachte Äußerungen und der Umgang mit einem widerständlerischen Freund eingebracht hatten, gleichsam in letzter Minute ein für alle mal immunisiert. Seine autobiographischen Aufzeichnungen enden zwar mit dem 28. Lebensjahr, dem Beginn seiner erfolgreichen akademischen Laufbahn, doch sein Hauptinteresse gilt den Jahren des Krieges und der unmittelbaren Nachkriegszeit. So charakterisiert er einmal recht aufschlussreich seinen politischen Horizont als Berliner Zeitgenosse der Wannsee-Konferenz und der letzten Kriegsjahre mit dem Begriff „unwissendes Wissen"[26]. Er konkretisiert diesen Begriff dann, indem er berichtet, wie seine zweite Ehefrau, eine Amerikanerin jüdischer Abkunft, immer wieder von ihm wissen wollte, wie viel er und die Menschen seiner Umgebung über das auf der Wannseekonferenz beschlossene Programm zur Vernichtung der Juden wussten. Er konnte diese Fragen nie befriedigend beantworten. Schließlich erinnert er sich daran, später einmal gehört zu haben, dass ein Sekretär des World Jewish Congress im August 1942 den amerikanischen

---

[26] Ralf Dahrendorf, Über Grenzen. Lebenserinnerungen, Frankfurt/M. [2002], 2004, S. 57.

Konsul in Genf von der Stichhaltigkeit durchgesickerter Erzählungen über die Errichtung von Vernichtungslagern im Osten zu überzeugen versucht hatte. Man glaubte ihm nicht.[27]

Es ist Zeit, aus dem Voranstehenden Schlussfolgerungen zu ziehen, die über das hier aus ein paar Texten Gefolgerte hinausgehen, und eventuell von allgemeinerem literaturwissenschaftlichen Interesse sein könnten. Durch die Lebensberichte einiger prominenter Repräsentanten der Generation der ‚Davongekommenen' hat die Diskussion über die Fiktionalität der literarischen Darstellung des Faktischen, die in der Erzählforschung schon seit einigen Jahrzehnten geführt wird, jetzt auch Interesse bei einer breiteren medialen Öffentlichkeit gefunden. Im anspruchsvollen Feuilleton finden sich, seit Grass' Aufreger im Sommer 2006 erschien, immer wieder Seiten, auf denen die Frage der Relation zwischen „facta" und „ficta" in der autobiographischen Literatur besprochen wird. Auf gehobenerem akademischen Niveau spiegelt sich diese Präferenz z.B. in der Wahl des Themas der Poetikvorlesung an der Universität Heidelberg im Wintersemester 2006. Sie wurde von dem erfolgreichen Verfasser quasi-autobiographischer Romane Louis Begley (›Lügen in Zeiten des Krieges‹ 1991, und neuerdings auch ›Ehrensachen‹, Originaltitel ›Matters of Honor‹) gehalten. Dass im Avantgardefilm das Thema bereits in einer ironischen Inversion erscheint, zeigt wieder einmal, wie das Medium Film zunehmend sich anschickt, dem Roman den Rang, die Speerspitze der Innovation zu bilden, abzulaufen. In Marc Fosters Film ›Stranger than Fiction‹ wird das Verhältnis von Wirklichkeit und Fiktion einfach auf den Kopf gestellt: Ein Mensch aus unserem Alltag erkennt sich plötzlich als Hauptfigur in einem im Abfassungsstadium befindlichen Roman. Hier entstehen „facta" aus „ficta"! Sehr amüsant ist auch, wie dann ein renommierter Literaturprofessor mit seinen etwas trivialen Begriffen versucht, dem Helden aus seinem Dilemma – würde es ein guter Roman sein, in dem er die Rolle des Protagonisten zu spielen hat, dann müsste er am Ende sterben – zu helfen. Der Held entgeht aber knapp seinem Unfalltod und so wird, nach dem Urteil des Literaturprofessors, nur ein mittelmäßiger Roman aus dieser Lebensgeschichte.

---

[27] Ebenda, S. 56.

Mit Blick auf diesen Sachverhalt scheint es geraten, die hier besprochenen Autoren noch einmal vergleichend auf ihre Haltung zu der zentralen Frage der Fiktionalität des Faktischen in der Autobiographie zu befragen. Grass' Einstellung dazu ist, wie bereits sichtbar wurde, höchst ambivalent. Einmal fordert er unbedingte Glaubwürdigkeit für sein großes Geständnis ein, dann aber lässt er den Leser wissen, dass nicht historische Authentizität, sondern auch die bloße Cogitabilität, das Vorstellbare, Kriterium für die Aufnahme in seinen Lebensbericht sein kann. Dass er das alles dann mittels der Erinnerungsfalle noch einmal relativiert, lässt allerdings seine diesbezüglichen Ansichten nicht transparenter werden.

Fests Autobiographie zeigt sich weithin von dieser Problematik unbelastet. Doch in seinem Epilog „Nachbemerkung" gesteht er ein, wie auch ihm, rückblickend, die historische Fragwürdigkeit seiner Geschichte bewusst geworden ist:

> Denn was das Gedächtnis bewahrt, ist strenggenommen nie, was sich einmal ereignet hat […] Im ganzen hält man weniger fest, wie es eigentlich gewesen, sondern wie man wurde, wer man ist. Das ist nicht nur die Schwäche, sondern auch die Rechtfertigung von Erinnerungsbüchern. (366f.)

Der Soziologe Dahrendorf nimmt in dieser Frage eine recht nüchterne Position ein, sie wird von ihm erst gar nicht thematisiert. In seinem Epilog präsentiert er, gleichsam als Entschädigung für dieses Defizit, eine sehr sinnige Gegenüberstellung jener zwei Haltungen zu der politischen und weltanschaulichen Turbulenz der Epoche seiner Jugend. Auf der einen Seite Goethes anpassungsbereites „Weltkind in der Mitten", auf der anderen die „Erasmusmenschen": „Damit meine ich diejenigen, die die großen geistig-politischen Auseinandersetzungen der Zeit verstehen, ja sich aktiv an ihnen beteiligen, aber dennoch nicht der Versuchung erliegen, sich einem Lager hinzugeben". (189)

Der Autor, der in der Frage der Fiktionalität des Faktischen die radikalste Position bezogen hat, ist bisher überhaupt noch nicht genannt worden: der Ungar Imre Kertész. Der Geschichte seiner Erfahrung als Fünfzehnjähriger im KZ Auschwitz und später Buchenwald gab er bewusst den

Titel ›Roman eines Schicksallosen‹ (1975, deutsch 1996). In ihm wird der Erlebnisbericht vorwiegend durch die enge Perspektivierung des Erzählten fiktionalisiert. Der Erzähler sieht alles, auch die Schrecken und die Grausamkeit der Lagerexistenz, mit den Augen eines Jungen, der in seiner optimistischen Naivität noch kein Sinnesorgan für die Wahrnehmung des absolut Bösen besitzt. Es ist verständlich, wenn manche Leser diese Sicht als anstößig empfanden. In diesem Fall war aber das Stockholmer Komitee gut beraten, dem Autor für dieses Werk den Nobelpreis für Literatur zuzuerkennen. Die nur in einem Roman mögliche prekäre Perspektivierung der KZ-Erfahrung kann jenen Verfremdungseffekt der ‚Defamiliarisierung' überzeugend auslösen, welche ein durch Serien von Kriegs- und KZ-Horror-Darstellungen in den Massenmedien abgestumpftes Publikum überhaupt noch echte Empathie in eine so außerordentliche Erfahrung ermöglichen. Dem auf dem Buch basierenden Film ist das nicht gelungen.

Es ist verständlich, dass Imre Kertész, wohl auch veranlasst durch manche missverstandene Rezeption seines ›Roman eines Schicksallosen‹, sich veranlasst sah, diesem Werk eine Art Kommentar folgen zu lassen. ›Dossier K. Eine Ermittlung‹ (2006) ist eine Art dialogischer Selbstbefragung zum Roman. Gleich zu Beginn wird dabei die Etikettierung des Textes als „autobiographischer Roman" zurückgewiesen:

> Die Welt der Fiktion ist eine souveräne Welt, die im Kopf des Autors geboren wird und den Gesetzen der Kunst, der Literatur gehorcht. […] Ich mußte im Roman Auschwitz für mich neu erfinden und zum Leben bringen. Dabei konnte ich mich nicht an den äußeren, den sogenannten historischen Tatsachen außerhalb des Romans festhalten. Alles mußte auf hermetische Weise, durch die Zauberkraft von Sprache und Komposition in Erscheinung treten.[28]

Dieses Zitat resümiert besser als ein weiterer Kommentar, was in diesem Beitrag dargelegt werden sollte.

Aus: *Sprachkunst* 37 (2006). 325–340.

---

[28] Imre Kertész, *Dossier K. Eine Ermittlung*. Aus dem Ungarischen von Kristin Schwamm, Hamburg 2006, S. 13f.

John Lennon – J.D. Salinger, The Catcher in the Rye: *Facta kollidieren mit Ficta*

Heute ist der 8. Dezember 2020, in Österreich ein schulfreier Marienfeiertag, den die Wirtschaft schon mehrfach versucht hat, zum ersten Einkaufstag vor Weihnachten umzufunktionieren. Doch heute hat der verordnete zweite Lockdown zur Bekämpfung der grassierenden Corona-Epidemie diesem Wunsch jede Aktualität genommen. Vielleicht hängt damit auch sogar zusammen, dass *Die Presse* Platz findet, um ausführlich an ein Ereignis des 8. Dezember 1980 zu erinnern, die Ermordung John Lennons durch einen von der Lektüre des Romans *The Catcher in the Rye* fanatisierten Leser. Der Täter, M.D. Chapman, war ein bis dahin unauffälliger Jugendbetreuer des YMCA. Seine Begründung für den Mord: John Lennon „was famous", außerdem sei die in seinen Songs thematisierte Zeitkritik „phony", ein Begriff, der fast alles bedeutet, was im Sinne der damaligen Jugendkultur als unecht, falsch, nicht jugendgemäß abgelehnt wurde. Chapman wurde noch am Tatort vor Lennons Hotel in Manhattan festgenommen, während er in seinem Exemplar dieses Romans blätterte. Auch vor Gericht zitierte er mehrmals daraus.

Was hat das alles mit meiner Geschichte als Anglist zu tun. Nachträglich betrachtet eigentlich viel, nichts allerdings genau genommen zur Zeit, als ich diesen Roman mehrfach ausführlich in Vorlesungen über den modernen Roman besprach und daraufhin mit Seminarteilnehmern auch darüber diskutierte. Ich kann mich allerdings nicht mehr daran erinnern, wie ich auf die aktuelle Nachricht von der Art, wie es zum Mord an J. Lennon kam, reagiert habe. Vermutlich standen gerade zu diesem Zeitpunkt andere literarische Themen auf meinem Programm, so dass ich keinen aktuellen Anlass hatte, darauf einzugehen. Rückblickend drängen sich heute allerdings solche Gedanken auf, etwa betreffend die Verantwortung, die man als akademischer Lehrer in einem gewissen Sinne auf sich lädt, wenn man ein Werk wie *The Catcher in the Rye* aus rein literarischer Sicht als ein besonders bemerkenswertes Werk bezeichnet, weil es die labile psychische Verfassung eines Jugendlichen so treffend schildert, und gleichsam um Verständnis dafür wirbt. Dass es ein millionenfacher globaler Bestseller geworden ist, gibt einer solchen Frage zusätzlich Aktualität. Kann man sicher sein, dass diese Lektüre nicht anderswo einen Jugendlichen, der etwa in terroristisch-affine Gesellschaft geraten ist, eventuell verführbarer für die Ausführung eines Gewaltakts machen könnte. Das müsste eigentlich Gegenstand von Überlegungen sein, die weit über die Kompetenz eines Literaturwissenschafters hinausführen und daher hier auch nicht weiter verfolgt werden sollen.

Found Poems – Vorgefunden in Rezensionen der Typischen Erzählsituationen

Vorbemerkung zu Found Poems

Dadaismus und Surrealismus haben Gegenstände des alltäglichen Gebrauchs mit offensichtlich provokanter Absicht – der traditionelle Kunstbegriff des breiten Publikums sollte in Frage gestellt werden – in den Rang museumswürdiger Objekte erhoben. Besonders berühmt und berüchtigt – diese schmückenden Beiwörter zieren auch meinen Typenkreis – wurden Marcel Duchamps „Fontäne", ein Urinal, und Pablo Picassos „La Vénus du Gaz", ein auf den Kopf gestellter Gasofen. Auf ein Podest gehoben, wurden diese profanen Objekte als Kunstobjekte zur Schau gestellt. In der Diskussion darüber tauchen dann Begriffe wie „Objets trouvés", „Ready mades", eingedeutscht „vorgefundene Gegenstände" auf. Das Pendant in der Literatur heißt dann „Found Poem", deutsch etwas umständlich „Vorgefundenes Gedicht" benannt, passender wäre vielleicht der analog zum Englischen gebildete Ausdruck „Fundgedicht", wörtlich noch zutreffender „Gedichtfund". Es handelt sich in der Tat um einen poetischen Schatzfund im Gerümpel der Alltagssprache, wie sie uns täglich in Zeitungsberichten, Gebrauchsanweisungen, Geschäftsbriefen, Rezensionen usw. begegnet.

Was haben vorgefundene Gegenstände und vorgefundene Gedichte gemeinsam? Zu allererst die Verfremdung einer vertrauten Vorstellung, die sich manchmal, wie bei Duchamps, zur Provokation des guten Geschmacks, oder unserer Vorstellung von Würde und Schönheit eines Kunstwerks steigert. Im vorgefundenen Gedicht wird darüber hinaus die Vieldeutigkeit der Sprache in einer ganz bestimmten Richtung, nämlich von der Bedeutung eines Wortes, einer Wortfügung, eines Satzteils im Alltagsgebrauch, in Richtung auf die gehobene Sinnebene eines poetischen Textes aktiviert. Die Wiedergabe eines Satzes oder Satzteils aus der Alltagsprosa, ohne Veränderung seiner Wörter und der Wortfolge in Form eines Gedichts, gekennzeichnet durch Linksbündigkeit des Druckes und Verssprung, das ist der willkürliche Abbruch einer Phrase am Versende und Fortsetzung erst – nach einem Denkpause-Moment – in der nächsten Verszeile. Damit wird dem Leser signalisiert: Achtung Gedicht! Dieses Signal ist eine Aufforderung an den Leser, dem Text erhöhte Aufmerksamkeit zu schenken und zwar nicht nur seiner Aussage, sondern auch seiner neuen Gestalt im Druckbild eines Gedichts. Unter Umständen wird dies durch eine gewisse Rhythmisierung, die in der ursprünglichen Prosaform zwar vorgegeben war, dort aber nicht wahrgenommen wurde, gestützt. Es ist vor allem der Verssprung, der einen solchen im Urtext vorgegebenen Rhythmus wahrnehmbar macht. Gleichzeitig vollzieht sich bei der Lektüre eines Fundgedichtes dieser Art etwas Entscheidendes auf der Sinnebene: Da die ursprüngliche Bedeutung des Prosatextes nicht völlig gelöscht wird, sondern im Hintergrund wahrnehmbar bleibt, bildet sich eine eigentümliche Spannung zwischen den beiden Aussageweisen, der profanen des Prosatexts und der poetischen, in der Imagination des Lesers durch das Signal ‚Dichtung' aufgerufenen. Der Vorgang lässt sich am besten an Hand eines konkreten Textbeispiels verdeutlichen. Dafür wählte ich vor Jahren in einem Seminar zu experimenteller Dichtung, wie ich glaube mit Erfolg, ein Found Poem von Ronald Gross, das den Beipacktext einer Hämorrhoidensalbe in die Form eines klassischen Sonetts zwingt:

> All too often, humans who sit and stand
> Pay the price of vertical posture. Sitting
> And standing combine with the force of gravity,
> Exerting extra pressure on veins and tissues
> In and around the rectal area.
> Painful, burning hemorrhoids result.
> The first thought of many sufferers
> Is to relieve their pain and their discomfort.
> Usw. usw.

Der für das traditionelle Sonett geforderte Rhythmus aus regelmäßiger Abfolge von fünfhebigen Versfüßen lässt sich, wie man sieht, dem Beipacktext problemlos abgewinnen. Die eingefügten Verssprünge funktionieren auch hier wie in einem Gedicht, indem sie die Erwartung, wie es weitergehen wird, für einen Atemzug lang kunstvoll anhalten oder hinauszögern. Für den Kenner der englischen Dichtung kommt dann noch etwas ganz Entscheidendes hinzu, das der Aussage des Gedichts gleichsam die Weihe eines Klagegedichts über die Mühsal und Beschwerden des Lebens verleiht. Es ist der Anklang der ersten Verszeile an eines der berühmtesten Klagegedichte der englischen Literatur, John Miltons gottergebene Klage über seine Blindheit: „They also serve who only stand and wait", ein Sonett, das mit den Worten beginnt „When I consider how my light is spent…". Hier wird die Wirkung des Textes als Found Poem besonders sinnfällig. Es ist die Kollision zweier in unserem Bewusstsein bis dahin getrennt gespeicherter Vorstellungswelten, einer alltäglich-profanen und einer ästhetisch-poetischen. Oder, wie Ronald Gross es etwas anspruchsvoller formuliert: „Found poetry turns the continuous verbal undertones of mass culture up full volume for a moment, offering a chance to see and hear it with a shock of recognition". Diese Metaphorik enthüllt Ronald Gross als Autor des Radiozeitalters, das von der Erfahrung der visuellen Überflutung des Alltags durch Television und Cyberwelt noch verschont war. (Vgl. F.K. Stanzel, „Zur poetischen Wiederverwertung von Texten" in *Literatur im Kontext*, Hg. R. Haas & Ch. Klein-Braley, 1985, 39ff.)

Two Found Poems

Nachfolgend sollen Satzteile, Phrasen, Wortfügungen aus Rezensionen meiner Arbeiten über die Typischen Erzählsituationen und den Typenkreis als Gedichtfunde nach Art von Found Poems dargeboten werden. Aus Rezensionen in englischer Sprache wird jeweils ein Gedichtfund mit vorwiegend negativem Tenor einem Gedichtfund mit vorwiegend positivem Tenor gegenübergestellt. Das ist, wie wohl nicht betont werden muss, keine korrekte Wiedergabe des Inhalts der zitierten Rezensionen, zeigt aber vielleicht doch, mit welcher Münze auf diesem Markt manchmal gezahlt wird.

Found Poem I

Frank Karl Stanzel pontificates
At Karl-Franzens University Fiction studies
Along many fronts of the human dimension
More abstruse or more technical concerns
The German-ness
Good pedagogy but
Dull theory.
Stanzel's typological fallacies
Get so mishandled
The most overworked distinction
His entire typological Circle
Lost in the mishmash on and between
The silent flanks.
Never mind
Consistency
All demonstrably wrong
In reasons and in fact alike.

The Novel. A Forum on Fiction, 1973, 1978;
Times Literary Supplement, 4265, 1984 *Rhetoric of Fiction*, 1967;
1975; *A Companion to Narrative Theory*, 2005

Found Poem II

Franz Stanzel has unquestionably
Found the greatest resonance on an
International level
One of the earliest and most
Outstanding narratologists
Literary cross-fertilization
Goethean morphological method
Symptomatic of new departure in
German literary studies
Revised twice
Expanding the scope of investigation
The ingenuity of Stanzel
This most comprehensive and
Elegant theory of narration
Covers every imaginable aspect
Mediacy from Plato to Stanzel
Wonderfully effective on borderlinks
Clear, systematic and flexible theory
Seminal in
Anglo-American narratology.

T. Leech, *Approaches to Narrative*, 1985;
Ch. Bode, *LWU* 1988;
Living Handbook. of Narratology 2013;
Susan Onega/Garcia Landa, *Narratology*, 1996

Ein seltenes Jubiläum für eine wissenschaftliches Buch:
Theorie des Erzählens erlebt eine 8. Auflage.

Kapitel 6:
Erlebte Rede hat schon viel erlebt

„Morgen war Weihnachten".
Erlebte Rede als Irritation von Grammatik und Erzähltheorie

>Tomorrow was Christmas.
>„That's simply bad English!"

Es ist ein wenig gewürdigtes Verdienst Käte Hamburgers, „Morgen war Weihnachten" zum meistdiskutierten Satz der neueren Erzähltheorie und Textlinguistik gemacht zu haben. K. Hamburger ging es zunächst gar nicht um die Erlebte Rede, wie eine solche Konstruktion aus Praeteritum und Zukunftsadverb genannt wird, sondern um den Nachweis ihrer provokanten These, daß im fiktionalen Erzählen (d.h. in der Er-Erzählung) das Praeteritum seine Vergangenheitsbedeutung verliere. Dieser Beispielsatz wurde dann aber auch zum Demonstrationssatz schlechthin für das seit seiner „Entdeckung" um ungefähr 1900 umstrittene Phänomen der Erlebten Rede. Für die erste Konzeption meiner typischen Erzählsituationen und ihre spätere Weiterentwicklung erwies sich die Erlebte Rede als ein Denkanstoß von großer Wirksamkeit, wie den diversen wieder abgedruckten Einzelabhandlungen darüber ebenso zu entnehmen ist wie den diesem Phänomen gewidmeten Kapiteln in den *Typischen Erzählsituationen* und in der *Theorie des Erzählens*.

Wie sehr ich von Anfang an K. Hamburgers Erklärung der Erlebten Rede verpflichtet war, wird am deutlichsten dort, wo ich mit ihr irre, nämlich in der Ansicht, daß es Erlebte Rede in der Ich-Erzählung nicht gäbe. Für K. Hamburger war dies ein Grundpfeiler ihrer Unterscheidung zwischen fiktionalem Erzählen (Er-Erzählung) und fingierter Wirklichkeitsaussage (Ich-Erzählung). Im Rahmen meiner *Typischen Erzählsituationen* spielte diese Fehlmeinung nur eine untergeordnete Rolle. Ich konnte mich daher später ohne größeren Gesichtsverlust der korrekten Ansicht, von der uns D. Cohn (*GRM* 1969, 303–313) überzeugt hat, anschließen, nämlich daß es Erlebte Rede auch in der Ich-Erzählung gibt. Das Eingeständnis meines Irrtums fiel mir auch deshalb nicht sehr schwer, da ich auch gleich eine Art Entschuldigung für meinen (und Hamburgers) Irrtum parat hatte. Erlebte Rede war in der Ich-Erzählung nicht nur seltener, sondern auch viel weniger auffällig, weil dort das wesentliche Merkmal der Erlebten Rede, ihr „Dual Voice"-Charakter (Roy Pascal) vom Leser meistens nicht wahrgenommen wird, da die Stimme des „erzählenden Ich" sehr oft nur bei genauerem Hinhören von jener des „erlebenden Ich" unterscheidbar wird. In der Er-Erzählung verteilen sich dagegen die beiden Stimmen auf zwei Sprecher (oder Denker), den (auktorialen) Erzähler und eine Romanfigur.

Im Gegensatz zu den von W. Rasch, W. Kayser, H. Weinrich u.a. vorgebrachten, meist dichtungstheoretisch begründeten Einwänden gegen K. Hamburgers Erklärung des „epischen Präteritums" (bei ihr immer mit Umlaut, bei mir ‚ae') und der Erlebten Rede, ging es mir im wesentlichen um die Frage der Abgrenzung der Gültigkeit von K. Hamburgers These vom Vergangenheitsverlust des epischen Praeteritums. Diese war nicht, wie sie behauptete, für alle Er-Erzählungen, sondern nur für solche mit vorherrschend personaler Erzählsituation zutreffend. Dieser Einwand wurde von mir zwar schon 1955 formuliert, erhielt aber erst 1959 in meinem *DVjs*-Beitrag eine ausführliche Begründung. K. Hamburger hatte auf meinen Einwand in der Erstauflage der *Logik der Dichtung* (1957) schon in einer Fußnote, in der „stark veränderten Auflage 1968" etwas ausführlicher und schließlich in ihrer „Endabrechnung" mit ihren Kritikern, „Noch einmal vom Erzählen. Versuch einer Klärung und Antwort" (*Euphorion*, 1965, 59), auch auf meine Einwände eingehender reagiert. So gibt sie mir explizit zwar nur vereinzelt, implizit aber im wesentlichen recht, allerdings mit der aufschlußreichen Einschränkung, daß meine Erklärung nur auf stilistischer Ebene, die primär den Leser interessiert, Gültigkeit beanspruchen könne, nicht aber auf dichtungslogischer Ebene, auf welcher ihre These basiere. K. Hamburger trifft mit dieser Unterscheidung in der Tat einen zentralen Punkt der erzähltheoretischen Diskussion, der später von den Narratologen noch schärfer zugespitzt problematisiert werden wird. Konkret geht es hier wieder um die weiter oben bereits erörterte Frage, wer überhaupt in einem Roman erzählt? Daß es nicht der Autor in propria persona ist, hat W. Kayser schon mit Nachdruck klargestellt. Ob es aber einen fiktionalen (auktorialen) Erzähler gibt, also eine vom Autor geschaffene fiktionale Person, die sich als solche auch der Interpretation stellt, oder ob das Erzählte das Produkt einer unpersönlichen Erzählfunktion sei, darüber scheiden sich noch heute die Geister. K. Hamburger hat eindeutig auf letzterer Seite dieser Meinungskluft Stellung bezogen: „Denn einen fiktiven Erzähler […] ‚eine vom Autor geschaffene Gestalt' (Stanzel) gibt es nicht […] Es gibt nur den erzählenden Dichter und sein Erzählen" (*Euphorion* 1965, 66). Ich befinde mich zusammen wohl mit den meisten Erzähltheoretikern auf der entgegengesetzten Seite. K. Hamburgers Lager hat allerdings in neuester Zeit Verstärkung erhalten. Selbst wenn hier noch vieles offen zu sein scheint, kann schon festgehalten werden, daß, wie so oft in literaturwissenschaftlichen Kontroversen, auch hier wiederum die Entscheidung für eine der beiden Meinungen weniger, wenn überhaupt, davon abhängt, wer recht hat und wer irrt, als vielmehr von der Einsicht in die Voraussetzungen einer Theorie und die Frage, für welchen Bereich eine Theorie Gültigkeit beanspruchen kann. Unter diesem Aspekt können nicht selten recht kontrovers vorgebrachte Positionen in nuce sich auch oft nebeneinander behaupten. Kontrovers werden die verschiedenen Meinungen erst durch wertende Beiwörter, wenn etwa bestimmte Erklärungen als bloß stilistische [!] Eigenheiten bezeichnet werden, oder, umgekehrt, dichtungslogisch begründete Ansichten damit abgetan werden, daß sie für den Leser irrelevant, weil zu abstrakt oder spitzfindig seien. Die Heftigkeit und das Ausmaß der von K. Hamburger ausgelösten Diskussion über das epische Praeteritum etc. sollte auch unter diesem Gesichtspunkt gesehen werden. Widerspruch ist offensichtlich eine Quintessenz des Fortschrittes auch in unserer Wissenschaft, doch darf dabei sein heuristischer Charakter nicht aus den Augen verloren werden, da, wie einleitend schon festgestellt wurde, das Prinzip der schlüssigen Falsifikation bei uns nicht die gleiche Trennschärfe beanspruchen kann wie in naturwissenschaftlichen Disziplinen.

Noch eine Anmerkung zu dem Kuriosum „Morgen war Weihnachten". Der Eifer, mit dem über diesen Satz diskutiert und gestritten wurde, hat auch eine sehr menschliche Seite. So ging es eine Zeit lang um die geistige Urheberschaft dieses Beispiels für diese Satzkonstruktion. K. Hamburger hat diese Konstruktion mit kontroversieller Sprengkraft – W. Kayser spricht einmal von seiner „Ungeheuerlichkeit" (siehe Hillebrand, Hg., 199) – ursprünglich in der Form „Herr X war in Amerika. Morgen ging sein Flugzeug" in die Diskussion eingeführt. Ich habe den Satz 1955 in dieser Form übernommen. In der *Logik der Dichtung* hat K. Hamburger aus einem ihr selbst nicht mehr erinnerlichen Grund (*Euphorion* 1965, 53) die Reiseplanung unseres problematischen Reisenden nicht mehr auf der Basis einer Flug- sondern einer Schiffsreise erstellt. Sollte dadurch die Dringlichkeit des imperativen „Morgen" erhöht oder vermindert werden? Die Sache ist nicht ganz so unerheblich, wie es auf den ersten Blick scheinen mag, denn W. Kayser, der K. Hamburgers These kritisch bespricht, substituiert seinerseits „Zug" für Schiff und Flugzeug. Die relative Geschwindigkeit, bzw. die relative Verbindlichkeit der Buchung für das eine oder andere Verkehrsmittel, aus der sich möglicherweise Rückschlüsse auf die Dringlichkeit der zukunftweisenden Zeitdeixis „morgen" ableiten ließen, ist aber offenbar nicht der eigentliche Grund für diesen neuerlichen Wechsel des Verkehrsmittels gewesen. K. Hamburger unterstellt nämlich Kayser, er habe dem Zug den Vorzug vor Schiff und Flugzeug nur gegeben, um ihre Urheberschaft des Problemsatzes zu verschleiern (*Euphorion* 1965, 53). Kurioserweise ist der „ungeheuerliche" Satz dann überhaupt in einer anderen Form, die er wiederum von K. Hamburger in Anlehnung an ein Zitat von Alice Berend erhielt (*Logik*, 2. Aufl., 65), gleichsam klassisch geworden: „Morgen war Weihnachten". Gibt es dafür eine plausiblere Erklärung, als daß mit Weihnachten (vor der Tür) eine so eindeutige und allgemein nachvollziehbare Erfahrungssituation gegeben war, die die Wahl des Transportmittels für unseren exemplarischen Reisenden endgültig als irrelevant erscheinen läßt? Unser Bewußtseinszustand im Weihnachtsstress ist der ideale Kontext für diesen folgenschweren paradigmatischen Satz. Daß der Satz selbst in seiner klassischen Form noch als ungrammatikalisch empfunden werden konnte, wie ich in meinem Beitrag „Erlebte Rede. Prolegomena zu einer Wirkungsgeschichte des Begriffs" erwähne, sagt wohl mehr über die sprachliche Kompetenz solcher Kritiker als über das Problem Erlebte Rede.

Am Rande sei hier noch vermerkt, daß sich unlängst der japanische Germanist Yasushi Suzuki mit der grammatischen Problematik der japanischen Übersetzung des Satzes „Morgen war Weihnachten" auseinandergesetzt hat („Morgen war Weihnachten = Asu-wa Kurisumasu datta", *Studien zur deutschen Literatur und* Sprache, Nagoya 2001). Das große Interesse japanischer Grammatiker an der Erlebten Rede ist darin begründet, daß im Japanischen neben direkter und indirekter Rede eine dritte Form der Rede- und Gedankendarstellung, ähnlich unserer Erlebten Rede, existiert. Im Vergleich zur Erlebten Rede in den europäischen Sprachen ergeben sich auf Grund der Eigenart der Grammatik des Japanischen (Fehlen des Personalpronomens, andere Tempuskennzeichnung etc.) recht interessante Aufschlüsse (vgl. dazu den Bericht von Muneshige Hosaka und Yasushi Suzuki mit einem Vorwort von M. Fludernik, „Die erlebte Rede im Japanischen", *Klagenfurter Beiträge zur Sprachwissenschaft* 25, 1999, 31–27). Wie mir Yasushi Suzuki in einer Reaktion auf meinen Hinweis zur recht unterschiedlichen Rezeption des Begriffs Erlebte Rede in der kontinentaleuropäischen und in der angloamerikanischen Diskussion mitteilt, ist die fernöstliche Situation geographisch gerade umgekehrt: Auf der Insel (Japan) wird die Erlebte Rede seit einiger Zeit sehr eingehend diskutiert, auf dem Kontinent (Korea und China) scheint man dafür wenig Interesse zu haben (Brief vom 1. August 2001).

Ich muß dieses Kapitel, in dem auch von meinem Beitrag zu dieser aktuellen Diskussion die Rede war, mit dem Eingeständnis einer Sünde beschließen, die hoffentlich nur als läßliche beurteilt werden wird, die aber dennoch auf meinem Gewissen lastet und daher nach einer Beichte verlangt. Im Zuge der Debatte über die für K. Hamburgers Beweisführung so wichtige Verbindung eines Verbums im Praeteritum mit einem zukunftsweisendem Verbum glaubte ich im ersten Eifer ein schlagendes Beispiel schon aus Laurence Sternes Antiroman *Tristram Shandy* beibringen zu können. Dort berichtet der Ich-Erzähler Tristram einmal eine tragikomische Begebenheit: „[...] a cow broke in (to-morrow morning) to my uncle Toby's fortification." Ich betrachtete diesen Satz als einen frühen und mir daher sehr willkommenen Beleg für die Verbindung eines Zukunftsadverbs mit einem Verbum im Praeteritum. Da dieser Satz in einer Ich-Erzählung mit ausgeprägtem Erzählermodus steht, war er eigentlich nicht als Beleg für den Verlust der Vergangenheitsbedeutung des Verbums nach K. Hamburger geeignet. Ich deutete ihn daher im Sinne einer sprachlichen Verfremdung, die den Erzählakt als solchen irgendwie ironisieren sollte (vgl. *DVjs* 1959, 6f.). Jahre später kamen mir Zweifel, und eine neuerliche Durchsicht aller Einträge sub „to-morrow" im großen *Oxford English Dictionary* förderte schließlich einen Beleg zutage, demzufolge auch die (veraltete) Bedeutung von „to-morrow" als „this morning", analog zu „today", möglich ist. Damit stürzte meine auf dieser Phrase errichtete These wie ein Kartenhaus in sich zusammen. Einige Kollegen haben allerdings inzwischen das Beispiel in dem von mir irrtümlich vermuteten Sinn in ihre Argumentation übernommen. Sofern sie den Beleg als eigenen Fund ausgeben, brauchte ich mich eigentlich gar nicht für die Irreführung zu entschuldigen.

Aus: *Unterwegs. Erzähltheorie für Leser.* Göttingen: Vandenhoeck & Ruprecht, 2002. 62–67.

Zwei erzähltechnische Termini in komparatistischer Sicht: Erlebte Rede *und* Erzähler *im Deutschen und Englischen*

> „It is all very well for Blake to say that to generalize is to be an idiot, but when we find ourselves in the cultural situation of savages who have words for ash and willow and no word for tree, we wonder if there is not such a thing as being too deficient in the capacity to generalize."[1]

Dieser Satz aus Northrop Fryes ‚Polemical Introduction' zu seiner vielbeachteten Typologie der Grundmodi der Literatur hat insofern Bezug auf unser Thema, als auch literaturwissenschaftliche Begriffe durch Verallgemeinerung gebildet werden: Partikuläre Erscheinungen in individuellen Texten werden aufgrund bestimmter Ähnlichkeiten oder Verwandtschaften zusammengefaßt und einer definitorisch präzise bestimmten Kategorie zugeordnet. Diese Verbegrifflichung unserer Erfahrung am Text bildet die Voraussetzung sowohl für die Kommunizierbarkeit individueller Beobachtungen an einem literarischen Text als auch für die Formulierung literaturwissenschaftlicher „Gesetze", rekurrenter Eigenheiten einer Gruppe von literarischen Texten. Nun besteht, wie zu erwarten, zwischen den Literaturwissenschaften der verschiedenen Sprachen (zumindest der westlichen Länder) ein weitgehender Konsensus darüber, welche Aspekte der Literatur vor allem einer begrifflichen Verallgemeinerung zu unterwerfen sind. Beschränken wir uns auf Beispiele aus der Erzähltheorie, so zeigt sich, daß die meistverwendeten Begriffe in allen westlichen Sprachen, häufig sogar in sprachlich verwandter Form verfügbar sind: Ich-Erzählung, first-person narration, récit à la première personne, narración en primera persona etc.; innerer Monolog, interior monologue, monologue intérieur, monologo interior etc.; Erzählstandpunkt, point of view, point de vue, punto de vista etc. Vielleicht ist es diese weitgehende Übereinstimmung der Termini, die die Aufmerksamkeit davon abgelenkt hat, daß in einigen Fällen eine solche Übereinstimmung

---

[1] NORTHROP FRYE, Anatomy of Criticism, Princeton 1957 S. 13.

fehlt.² Es gibt einige Begriffe, die im literaturwissenschaftlichen Vokabular einer Sprache allgemein verwendet werden, im literaturwissenschaftlichen Vokabular der anderen Sprachen aber ganz fehlen, zum Beispiel russisch *skaz*.³ Als Paradigma dieses Falls soll im folgenden der Begriff *erlebte Rede* etwas näher betrachtet werden, der zwar eine vollinhaltliche Entsprechung im französischen *style indirect libre*, im Englischen jedoch bis vor kurzem überhaupt kein Äquivalent hatte. Warum hat die englischsprachige Literaturwissenschaft so lange gezögert, den mit *erlebte Rede* bzw. *style indirect libre* bezeichneten Sachverhalt einer begrifflichen Verallgemeinerung zuzuführen? Diese Frage erfährt eine weitere Pointierung, wenn man berücksichtigt, daß gerade im englischen Roman diese Erscheinung am frühesten massiv zu beobachten ist, nämlich in den Romanen von Jane Austen (1775–1817), und daß auch später englische und amerikanische Autoren besondere Vorliebe dafür zeigen, wie etwa H. James, James Joyce, Virginia Woolf, Hemingway u.a. Das war selbstverständlich auch der englisch-amerikanischen Romankritik nicht verborgen geblieben,⁴ doch hat sie das Phänomen fast immer nur als Partikularität des Individualstils der einzelnen Autoren aufgefaßt. Ist das damit zu erklären, daß in der englischen Terminologie der entsprechende Begriff nicht verfügbar war, oder ist der Grund dafür in der gerade entgegengesetzten Richtung zu suchen, nämlich in einer Abneigung gegen Verallgemeinerung und Verbegrifflichung des literarischen Erlebnisses an sich?

Hier noch einmal in Kürze die wichtigsten Daten zur Begriffsgeschichte der *erlebten Rede*. Das grammatisch-stilistische Phänomen der *erlebten Rede* wurde zuerst von deutschen und schweizerischen Romanisten und Germa-

---

[2] The York Dictionary of English-French-German-Spanish Literary Terms and their Origin von SAAD ELKHADEM, Fredericton, N. B., 1976, führt fast nur die in den vier Sprachen übereinstimmenden Termini an.

[3] IRWIN. TITUNIK, Das Problem des „skaz". Kritik und Theorie, in: Erzählforschung 2, Li-Li-Beiheft 6, hrsg, v. W. HAUBRICHS, Göttingen 1977, S. 114–140.

[4] So kommt z.B. PERCY LUBBOCK mit Blickrichtung auf die späten Romane von H. James auf diesen Sachverhalt sehr eingehend zu sprechen. Vgl. The Craft of Fiction, New York 1921, Kap. 17. – In neuerer Zeit ist GRAHAM HOUGH offensichtlich ohne Kenntnis der deutschsprachigen Untersuchungen zur *erlebten Rede* bei J. Austen auf dieses Phänomen aufmerksam geworden, für das er unter anderem den Begriff *coloured narration* vorschlägt. Vgl. Narrative and Dialogue in Jane Austen in: Critical Quarterly 12 (1970), S. 204.

nisten erkannt und beschrieben: A. Tobler (1894), T. Kalepky (1899), Ch. Bally, nach dessen Artikel ‚Le style indirect libre' in der ‚GRM' (1912) die Diskussion darüber auf dem Kontinent nicht mehr aufgehört hat. Die ersten Untersuchungen zur erlebten Rede in der englischen und amerikanischen Literatur wurden bis ungefähr 1960 ausschließlich von deutschsprachigen Anglisten vorgelegt.[5] Für die Einstellung englischer und amerikanischer Romankritiker und Erzähltheoretiker, soweit sie bis 1960 überhaupt von der Diskussion um den Begriff der *erlebten Rede* Kenntnis erhalten hatten, ist die Äußerung des heute wohl bekanntesten Romantheoretikers, Wayne C. Booth, wahrscheinlich nicht ganz unrepräsentativ. Booth hat in einem 1961 veröffentlichten Artikel Untersuchungen zur *erlebten Rede* kurzerhand zu jenen literaturwissenschaftlichen Bemühungen gestellt, die er für höchst überflüssig, wenn nicht sogar für absurd hält.[6] Seit ungefähr 1960 hat sich aber das Bild in der englischsprachigen Erzählforschung in diesem Punkt ganz entscheidend geändert. Wahrscheinlich unter dem Eindruck, den die begrifflich rigorosen Verfahrensweisen der Linguistik, des „Linguistic Criticism" und der „New Stylistics", auch auf die englischsprachige Literaturkritik gemacht haben ist es einigen engagierten englischen und amerikanischen Komparatisten und Germanisten gelungen, dem Begriff *erlebte Rede* auch in der englisch-amerikanischen Erzählforschung einen Platz zu sichern. Noch besteht zwar keine terminologische Einheitlichkeit – es hat im übrigen auch im deutschen Gebrauch sehr lange gedauert, bis sich nolens volens *erlebte Rede* durchsetzen konnte –, doch der Sachverhalt kann heute als den meisten englischen und amerikanischen Kritikern und Erzähltheoretikern bekannt angenommen werden. Von dem Komparatisten P. Hernadi wurde, dem Beispiel von John Orr, Bernhard Fehr und H. Hatzfeld folgend, für *erlebte Rede* der Begriff „substitutionary narration" vorgeschlagen.[7] Die amerikanische

---

[5] Vgl. die bibliographischen Angaben bei ALBRECT NEUBERT, Die Stilformen der „Erlebten Rede" im neueren englischen Roman, Halle/Saale 1957, S. 7–10; DORRIT COHN, Narrated Monologue: Definition of a Fictional Style, in: Comparative Literature 18 (1966), S. 100f. – GÜNTER STEINBERG, Erlebte Rede. Ihre Eigenart und ihre Formen in neuerer deutscher, französischer und englischer Erzählliteratur, Göppingen 1971.

[6] W.C. BOOTH, Distance and Point-of-View. An Essay in Classification, in: Criticism 11 (1961), S. 60; wieder abgedruckt in: The Theory of the Novel, hrsg. PHILIP STEVICK, New York 1967, S. 88.

[7] PAUL HERNADI, Beyond Genre, Ithaca u. London 1972, S. 191.

Germanistin D. Cohn, die sich in mehreren Aufsätzen sehr eingehend auch mit der Theorie der *erlebten Rede* auseinandergesetzt hat, schlägt „narrated monologue" und „narrated discourse" vor.[8] Dagegen möchte der englische Germanist Roy Pascal dem Terminus „free indirect speech" den Vorzug geben.[9] Im übrigen ist Pascals Monographie die erste englische Abhandlung in Buchform über erlebte Rede, der mit Dorrit Cohns ‚Transparent Minds' jetzt auch eine amerikanische Arbeit folgte.[10] Somit sind innerhalb von knapp zwei Jahren gleich zwei Monographien in englischer Sprache über erlebte Rede erschienen! Die englisch-amerikanische Erzählforschung hat also, wie auch aus den Literaturhinweisen bei Pascal und D. Cohn sehr deutlich hervorgeht, dieses Phänomen voll akzeptiert. Warum das mit der Verzögerung eines halben Jahrhunderts geschehen ist, wäre einer eingehenden komparatistischen Untersuchung wert.

Die hier versuchte Skizze einer vergleichenden Begriffsgeschichte von *erlebter Rede* wurde von der Frage angeregt, warum es im Englischen lange nicht zur allgemeinen Konzeptualisierung dieses Sachverhaltes gekommen ist. In unserem zweiten Beispiel soll nun kurz demonstriert werden, wie in einem in zwei Sprachen verfügbaren Begriff wesentliche Bedeutungsdifferenzen verborgen sein können. Wir vergleichen zu diesem Zweck die Termini *Erzähler* und *narrator*. Auf den ersten Blick scheint der erzähltheoretische Begriff *narrator* ohne weiteres durch den Begriff *Erzähler* übersetzbar zu sein. Tatsächlich hat *narrator* einen viel größeren Bedeutungsumfang als *Erzähler*, und diese Bedeutungsdifferenz ist erzähltheoretisch äußerst relevant. Der Begriff *Erzähler* hat im Englischen eine, wie es scheint, bedeutungsmäßig völlig deckungsgleiche Entsprechung in dem Wort *narrator*. Es wurde daher bisher das Problem gar nicht aufgefaßt, daß englisch *narrator* bei vielen englisch-amerikanischen Kritikern mit einem weiteren Bedeutungsumfang verwendet wird. Der Begriff *narrator* kann nämlich nicht nur auf *Erzähler* im üblichen Sinne (den Erzähler der ‚Canterbury Tales' oder

---

[8] D. COHN, Narrated Monologue: Definition of a Fictional Style (zit. Anm. 5), S. 104; und Erlebte Rede im Ich-Roman in: GRM, N.F. 19 (1969), S. 305–313.

[9] ROY PASCAL, The Dual Voice: Free Indirect Speech and its Function in the Nineteenth-Century European Novel, Manchester 1977.

[10] D. COHN, Transparent Minds: Narrative Modes for Presenting Consciousness in Fiction, Princeton Univ. Press, Princeton 1978.

der ‚Buddenbrooks'), sondern auch auf Romanfiguren angewendet werden, die nicht erzählen, sondern die als Bewußtseinsträger fungieren (K. in Kafkas ‚Das Schloß', Stephen in Joyces ‚A Portrait of the Artist as a Young Man' der Ehegatte in Robbe-Grillets ‚La Jalousie'). Für Charaktere mit einer solchen Funktion hat sich in der deutschen Terminologie der von mir 1955 vorgeschlagene Terminus *personales Medium* weithin eingebürgert, nie aber wird dafür, wie in der englisch-amerikanischen Kritik, der Ausdruck Erzähler verwendet. Der Begriff personales Medium bezeichnet Bewußtseinsträger, auf die in der dritten Person Bezug genommen wird. Da auch Ich-Figuren in dieser Funktion erscheinen, so etwa Else in Schnitzlers innerem Monolog ‚Fräulein Else', Molly Bloom im Schlußmonolog des ‚Ulysses' und Meursault in Camus' ‚L'Etranger', scheint es angebracht, einen Terminus einzuführen, der auf Bewußtseinsträger sowohl in der Ich- wie auch in der Er-Form anzuwenden ist. Ich habe dafür den Begriff *Reflektor* bzw. *Reflektorfigur* vorgeschlagen und diesen Begriff in seiner strukturellen Opposition zum Begriff *Erzähler* bzw. *Erzählerfigur* aufgewiesen.[11]

Der englischsprachigen Erzähltheorie ist zwar die Bedeutung dieser Opposition nicht unbekannt geblieben, doch wird sie durch die Bedeutungserweiterung, die der Begriff *narrator* erfahren hat – er wird meist unterschiedslos für Erzählerfiguren und Reflektorfiguren verwendet –, immer wieder verdeckt. So wird zum Beispiel in Edmund Wilsons bahnbrechender und daher auch immer wieder abgedruckter H.-James-Interpretation ‚The Ambiguity of H. James' der Maler Oliver Lyon in H. James' Erzählung ‚The Liar' – eine exemplarische Reflektorfigur, die nie erzählt, sondern in deren Bewußtsein sich das Geschehen spiegelt – gleichgesetzt mit der Governess, die als Ich-Erzählerin von ‚The Turn of the Screw' eine exemplarische Erzählerfigur darstellt:

> 'The Liar', which I had not reread in years, really misses the point of the title, which, as has been noted by Mr. Marius Bewley, is that the liar is not the harmless romancer who is adored and protected by his wife, but the painter who is telling the story. This narrator has been in love with the wife and is still unable to forgive her for having married someone else, so,

---

[11] Vgl. F.K. STANZEL, Towards a „Grammar of Fiction", in: Novel II (1978), S. 260 bis 263, und Theorie des Erzählens, Göttingen 1979, Kap.6.

in painting a portrait of the husband, he falsifies the latter's personality by representing him as more false than he is. The parallel with the governess is thus complete. In both cases, the mind of the narrator is warped, and the story he tells untrue.[12]

Ein solcher Gebrauch des Begriffes *narrator* und des dazugehörigen Verbums „to tell" oder „to narrate" wird auch in Lee T. Lemons ‚Glossary for the Study of English' definitorisch kodifiziert, wenn es dort heißt: "The narrator is the person or persons-who tell the story *or from whose vantage point the events are viewed.*"[13] Diese Verwendung des Begriffs *narrator* findet sich auch in Wayne C. Booths ‚Rhetoric of Fiction', einem Werk, das für unsere Fragestellung von besonderem Interesse ist, weil es, wie schon erwähnt, die heute in Amerika und England am meisten gelesene Erzähltheorie darstellt und weil es auch im deutschen Sprachraum sowohl in der englischen als auch in der deutschen Fassung viel Beachtung gefunden hat.

Im ersten Teil der ‚Rhetoric' wird im Zusammenhang einer Erörterung von H. James' Kritik an Flauberts Wahl von Emma Bovary und Frédéric (in ‚L'Education sentimentale') als zentrale Bewußtseinsträger der Begriff *reflector* mit der Bedeutung unseres Begriffes Reflektorfigur verwendet.[14] W.C. Booth übernimmt den Begriff *reflector* also aus H. James' romantheoretischen Schriften, wo er sehr häufig als Bezeichnung für jene Charaktere erscheint, deren Bewußtsein H. James als „centers of consciousness", in denen die Darstellung des Geschehens fokalisiert, verwendet. Gleich zu Beginn von Booths wichtigem Kapitel ‚Types of Narration' werden aber dann der Ich-Erzähler Tristram Shandy, der auktoriale Erzähler von ‚Middlemarch' – also zwei ausgeprägte Erzählerfiguren – und Strether, die Reflektorfigur des Romans ‚The Ambassadors' unter dem Begriff *narrator* subsumiert.[15] Dazu gibt Booth folgende Erklärung:

---

[12] In: A Casebook on Henry James 'The Turn of the Screw', hrsg. v. GERALD WILLEN, New York 1969, 2. Aufl., S. 153.
[13] LEE. T. LEMON, A Glossary for the Study of English, New York u. London 1971, S. 45. Hervorhebung von mir.
[14] Vgl. W.C. BOOTH, The Rhetoric of Fiction, Chicago 1961, S. 43.
[15] Vgl. ebenda, S. 149f.

> We should remind ourselves that many dramatized narrators are never explicitly labeled as narrators at all. In a sense, every speech, every gesture, narrates; most works contain disguised narrators who are used to tell the audience what it needs to know, while seeming merely to act out their roles.[16]

Neben dem Begriff des *disguised narrator* erscheint dann auch jener des *unacknowledged narrator*;[17] beide bezeichnen Reflektorfiguren:

> The most important unacknowledged narrators in modern fiction are the third-person 'centers of consciousness' through whom authors have filtered their narratives. Whether such 'reflectors', as James sometimes called them, are highly polished mirrors reflecting complex mental experience, or the rather turbid, sense-bound 'camera eyes' of much fiction since James, they fill precisely the function of avowed narrators – though they can add intensities of their own.[18]

Hier wird die Mittlerfunktion der Reflektorfiguren ausdrücklich mit jener der Erzählerfiguren gleichgesetzt, das sie differenzierende Merkmal („intensities of their own") wird nicht weiter definiert, wohl aber folgt sogleich die für die ganze ‚Rhetoric' so kennzeichnende Warnung vor einer Überschätzung der Bedeutung der Reflektorfiguren: „The third-person reflector is only one mode among many, suitable for some effects but cumbersome and even harmful when other effects are desired."[19] Obgleich in dieser Warnung impliziert ist, daß eine Reflektorfigur eine ganz spezifische Darstellungsfunktion haben kann, werden im folgenden wieder Erzählerfiguren und Reflektorfiguren unterschiedslos als *narrators* zusammengefaßt: Paul Morel aus ‚Sons and Lovers' zusammen mit Tristram Shandy und Moll Flanders,[20] Meursault aus Camus' ‚L'Etranger' zusammen mit Pip aus ‚Great Expectations' und Huckleberry Finn und der auktoriale Erzähler von ‚Barchester Towers' zusammen mit dem personalen Medium Gregor Samsa aus Kafkas ‚Die Verwandlung'. Es ist daher für den Leser der ‚Rhetoric' etwas verwirrend,

---

[16] Ebenda, S. 152.
[17] Ebenda, S. 153.
[18] Ebenda.
[19] Ebenda.
[20] Ebenda, S.154.

wenn bald darauf von einer anderen als *narrator* bezeichneten Reflektorfigur, nämlich Stephen Dedalus aus ‚A Portrait of the Artist', erklärt wird:

> The report we are given of what goes on in Stephen's mind is an infallible report [...]. We accept, by convention, the claim that what is reported as going on in Stephen's mind really goes on there [...] it does not lead us to suspect that the thoughts have been in any way aimed at an effect.[21]

Hier stößt Booth auf zwei sehr wichtige Momente in unserer Unterscheidung zwischen Erzähler- und Reflektorfiguren. Erstens, daß das personale Medium Stephen nicht der Erzähler des ‚Portrait of the Artist' ist. Nicht er, sondern jemand anderer erzählt („the report we are given of what goes on in Stephen's mind"). Zweitens, weil Stephen gar kein Erzähler ist, kann auf die Darstellung seines Bewußtseinsinhaltes das Kriterium der „reliability" gar nicht angewendet werden, denn der Ausdruck von Stephens Gedanken und Empfindungen richtet sich ja gar nicht auf einen Leser oder Zuhörer, sie sind daher auch frei von jeder intentionalen oder rhetorischen Modifikation oder Verzerrung. Dies ist ein Befund von prinzipieller Bedeutung. Das Kriterium der Verläßlichkeit, der Vertrauenswürdigkeit und Wahrhaftigkeit („reliability") kann – wie anderswo ausführlich dargelegt wurde –[22] grundsätzlich nur an Erzählerfiguren angewendet werden, nicht aber an Reflektorfiguren. Für diese ist dagegen eine Unterscheidung nach ihrer Intelligenz, Wahrnehmungsfähigkeit, Schärfe der Beobachtungsgabe usw. zutreffend. Zwischen diesen beiden Kriteriengruppen bestehen aber ganz wesentliche Unterschiede, die vor allem bei der Interpretation eine entsprechende Beachtung erfordern. Es wäre eine schwerwiegende Verwechslung zwischen den ästhetischen und moralischen Fakultäten, würde man die Darstellung des Bewußtseins eines personalen Mediums nicht nach der Überzeugungskraft des hier sichtbar werdenden imaginativen oder mimetischen Aktes, sondern nach der Vertrauenswürdigkeit des Bewußtseinsinhaltes als Aussage über die Wirklichkeit des personalen Mediums beurteilen. Genau das scheint jedoch Booth zu fordern, wenn er im folgenden noch einmal, und dieses Mal

---

[21] Ebenda, S. 163.
[22] Vgl. F.K. STANZEL, Theorie des Erzählens (zit. Anm. 11), Kap. 6. 1.1.

besonders nachdrücklich, Reflektorfiguren als *narrators* bezeichnet und an sie das Kriterium der „reliability" angewendet haben möchte:

> We should remind ourselves that any sustained inside view, of whatever depth, temporarily turns the character whose mind is shown into a narrator; inside views are thus subject to variations [...] in the degree of unreliability.[23]

Booths Verwendung der Bezeichnung *narrator* für Erzählerfiguren und Reflektorfiguren stiftet auch im weiteren Verlauf seiner Argumentation, wie vor allem an seinem im übrigen sehr interessanten Kapitel ‚Control of Distance' in Jane Austens ‚Emma'[24] nachgewiesen werden könnte, viel Verwirrung. Der deutsche Übersetzer der ‚Rhetoric of Fiction' stand somit vor einer ohne terminologische Revision des Originaltextes fast unlösbaren Aufgabe.[25] So wird zum Beispiel der deutsche Leser der ‚Rhetorik der Erzählkunst' bei folgender Stelle „Der *Erzähler* kann eine mehr oder weniger große Distanz zu des *Lesers* eigenen Normen halten; zum Beispiel physisch und gefühlsmäßig (Kafkas ‚Die Verwandlung')",[26] kaum an Gregor Samsa, die Hauptgestalt dieser Erzählung, die Booth meint, sondern an den auktorialen Erzähler, der vor allem gegen Schluß recht deutlich in Erscheinung tritt, denken. Von der Übernahme des englischen Gebrauchs ins Deutsche ist daher im Interesse einer möglichst präzisen Terminologie abzuraten.[27] Darüber hinaus macht die begriffliche Unterscheidung zwischen Erzählerfigur und Reflektorfigur eine erzähltheoretisch sehr wichtige Distinktion für die Interpretation verfügbar.

---

[23] W.C. BOOTH, Rhetoric (zit. Anm. 14), S. 164.
[24] Ebenda S. 243–266.
[25] Vgl. Die Rhetorik der Erzählkunst, übersetzt von ALEXANDER POLZIN (UTB 384/5), Heidelberg 1974.
[26] Ebenda Bd. 1, S. 16l.
[27] Ansätze zu einer Verwendung des Begriffes Erzähler auch für Reflektorfiguren tauchen hie und da bereits auf. Vgl. CHRISTOPH KUNZE, Die Erzählperspektive in den Romanen Alain Robbe-Grillets, Diss. Regensburg 1975, S. 161. Auch ANDEREGGS Bezeichnung „Erzählmodell" für den eigentlich erzählerlosen Darstellungsmodus deutet in diese Richtung: Fiktion und Kommunikation, Göttingen 1977, 2. Aufl, S. 43ff. u. 170, Anm. 2.

Abschließend sei noch kurz versucht zu erklären, wie es zu dieser Bedeutungserweiterung von *narrator* gekommen ist. Wie schon angedeutet, weisen die ersten Ansätze auf H. James zurück, der nicht nur einer der ersten Autoren war, die Reflektorfiguren konsequent in ihren Romanen und Erzählungen eingesetzt haben, sondern der sich auch über ihre Darstellungsfunktion mehrfach geäußert hat. In den ‚Prefaces' zur New-York-Edition seiner Romane und Erzählungen wird auch bereits der Begriff *reflector* verwendet,[28] doch noch häufiger finden sich als Bezeichnungen für seine Reflektorfiguren „observer", „center of consciousness", „central intelligence", „register"[29] u.a. Da der Jamessche Erzähler sich meist ganz unpersönlich im Hintergrund hält, wenn im Vordergrund ein, wie es scheint, vom Leser unmittelbar zu beobachtender Reflektor agiert, entsteht die Illusion, als wäre der Reflektor und nicht der Erzähler der eigentliche Vermittler der Geschichte. Percy Lubbock, der als einer der ersten auf diese Besonderheit der Jamesschen Erzählweise, es handelt sich um eine personale Erzählsituation,[30] aufmerksam gemacht hat, läßt sich daher auch in seiner Bewunderung für diese Innovation zu einer gewissen metaphorischen Unbestimmtheit seiner Termini verleiten. So spricht er von der Reflektorfigur einmal als „some narrator, somebody who *knows*" oder auch „the narrator *as an object*", manchmal nennt er ihn aber auch einfach „the seer".[31] Lubbock ist sich jedoch immer völlig im klaren darüber daß hinter oder neben diesem „seer" ein Erzähler steht: „there are [...] two brains behind eye"[32], genauso wie H. James in seinen ‚Prefaces' die Funktion des *reflector* oder der „central intelligence" wieder von jener des *narrator* oder „teller" abgegrenzt hat, auch dort, wo er seine Erzählerfigur ganz bewußt nahe an Reflektorfigur heranführt, daß die

---

[28] Vgl. H. JAMES, The Art of the Novel, hrsg. v. R.P. BLACKMUHR, New York 1962, S. 263, 299, 300 und 305.

[29] VOLKER NEUHAUS bietet eine nahezu vollständige Liste dieser Bezeichnungen dar. Vgl. Typen multiperspektivischen Erzählens, Köln-Wien 1971, S. 125. Auch Neuhaus sieht sich versucht, einen Jamesschen „observer" als „stummen Ich-Erzähler'" zu bezeichnen, bleibt sich aber der Paradoxie eines solchen Verfahrens, wie er selbst zum Ausdruck bringt, völlig bewußt. Vgl. ebenda.

[30] Vgl. F.K STANZEL, Die typischen Erzählsituationen im Roman, Wien u. Stuttgart 1955, S. 97–121.

[31] PERCY LUBBOCK, The Craft of Fiction (zit. Anm. 4), S. 255, 259 u. 260f.

[32] Ebenda, S. 258.

beiden Funktionsrollen für den Leser oft fast ununterscheidbar werden. So heißt es im ‚Preface' zum Roman ‚The Golden Bowl':

> It's not that the muffled majesty of authorship doesn't here ostensibly reign; but I catch myself again shaking it off and disavowing the pretence of it while I get down into the arena and do my best to live and breathe and rub shoulders and converse with the persons engaged in the struggle that provides for the others in the circling tiers the entertainment of the great game. There is no other participant, of course, than each of the real, the deeply involved and immersed and more or less bleeding participants; but I nevertheless affect myself as having held my system fast and fondly, with one hand at least, by the manner in which the whole thing remains subject to the register, ever so closely kept, of the consciousness of but two of the characters. The Prince, in the first half of the book, virtually sees and knows and makes out, virtually represents to himself everything that concerns us – very nearly (though he doesn't speak in the first person) after the fashion of other reporters and critics of other situations. Having a consciousness highly susceptible of registration, he thus makes us see the things that may most interest us reflected in it as in the clean glass held up to so many of the 'short stories' of our long list; and yet after all never a whit to the prejudice of his being just as consistently a foredoomed, entangled, embarrassed agent in the general imbroglio, actor in the offered play. The function of the Princess, in the remainder, matches exactly with his; the register of her consciousness is as closely kept […].[33]

In den 'Notebooks' findet sich sogar einmal der Ausdruck ‚non-narrator' für eine geplante Reflektorfigur.[34]

Spätere Erzähltheoretiker, wie zum Beispiel W.C. Booth, haben die Verwendung des Begriffes *narrator* dann für eine Reflektorfigur ganz allgemein und auch für Romane anderer Autoren sanktioniert. Es wird sich emp-

---

[33] H. JAMES, The Art of the Novel (zit. Anm. 28), S. 328f.
[34] H. JAMES, The Notebooks of Henry James, hrsg. v. F.O. MATHIESSON u. K.B. MURDOCK, New York 1961, S. 308. Es ist wohl auf den im Vergleich zu ‚Prefaces' viel legereren Stil dieser Notizbücher zurückzuführen, wenn es dort von der Erzählweise einer geplanten Erzählung heißt: „related by the 3rd person" (Notebooks, S. 231). Immerhin ist daraus vielleicht zu schließen, daß es schon damals – wenn auch nur umgangssprachlich – möglich war, von einer Reflektorfigur zu sagen, sie *erzähle* die Geschichte.

fehlen, diese terminologische Gleichschaltung jetzt, da die Erzähltheorie auf die wichtigen Unterschiede, die zwischen den durch eine Erzählerfigur und einer Reflektorfigur bestimmten Darstellungsmodi bestehen, aufmerksam geworden ist, wieder rückgängig zu machen bzw. ihr Übergreifen in den deutschen Sprachgebrauch zu verhindern.

Aus: *Sprachkunst. Beiträge zur Literaturwissenschaft* X (1979), Jahressonderband: Komparatistik in Österreich, S. 192–200.

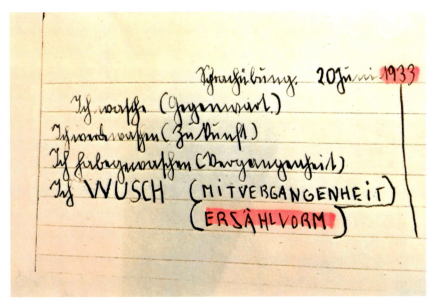

Volksschulheft des Verf. in 4. Klasse, 1933. Schon damals irritierte offensichtlich die ‚Erzählform' des Verbums den Verf. Er revanchierte sich Jahre später, indem er ihr gleichsam den narratologischen Adelstitel ‚Episches Präteritum' (in Anlehnung an Käte Hamburger) verlieh und mehrere Arbeiten über sie verfasste.

Episches Praeteritum, erlebte Rede, historisches Praesens[1]

Die Poetik der Erzählkunst ist in den letzten Jahren durch eine Diskussion sehr gefördert worden, die ihren Ausgang von Aufsätzen in der *DVjs*-Zeitschrift genommen hat. Wolfgang Kayser hat die Gestalt des »persönlichen Erzählers« als eine Vorbedingung der Entwicklung des modernen Romans erkannt und so die Voraussetzungen für eine Geschichte des Romans aus neuer Sicht geschaffen. Käte Hamburger hat die atemporale Bedeutung des epischen Praeteritums als wesentliches Gattungsmerkmal der fiktionalen Formen der epischen Dichtung beschrieben und damit die Aufmerksamkeit auf einen Weg zur Lösung des Gattungsproblems gerichtet, der bisher kaum beachtet worden war.

Diese und ähnliche Ansätze[2], die völlig unabhängig voneinander unternommen wurden, mit dem Ziel, den Roman dichtungswissenschaftlich ge-

---

[1] Dieser Aufsatz gibt mit einigen Abänderungen einen Vortrag wieder, den der Verf. am 11. Mai 1957 an der Universität Göttingen gehalten hat.

nauer zu bestimmen, weisen, wie es zunächst den Anschein hat, in ganz verschiedene Richtungen. Dort, wo sie sich trotzdem begegnen, widersprechen sich ihre Ergebnisse häufiger, als daß sie übereinstimmen. Gerade dieser Gegensatz der Auffassungen kann weiteren Erkenntnissen sehr förderlich sein, wenn stets im Auge behalten wird, daß sowohl Fragestellung als auch Methode der Untersuchung in den einzelnen Ansätzen so weit voneinander abweichen, daß sich die Gültigkeitsbereiche der vorgeschlagenen Lösungen nicht mehr völlig decken können. Im wesentlichen lassen sich zwei Richtungen unterscheiden: eine nach logischer Systematik strebende Dichtungstheorie und eine deskriptive, werkimmanente Betrachtung, deren Absicht vornehmlich darin liegt, aus der Wahrnehmung und Erfahrung des Lesers am einzelnen Werk das Typische oder Gattungsmäßige herauszuheben und zu erklären. Die den beiden Richtungen entsprechenden Untersuchungen erfassen daher den Roman als sprachliches Kunstwerk auf ganz verschiedenen Ebenen seiner literarischen Seinsweise.

Es soll nun an der Frage der Bedeutung und der Funktion des epischen Praeteritums, die in dieser Diskussion eine zentrale Stellung einnimmt, der Versuch gemacht werden zu zeigen, wie die verschiedenen Betrachtungsweisen sich in diesem Punkt gegenseitig erhellen und wie weit dem dichtungslogischen Befund Gültigkeit auch außerhalb seines Methodenbereiches zukommt.

Es scheint geraten, auf den Ausgangspunkt der Diskussion, auf K. Hamburgers Theorie des epischen Praeteritums, zurückzugreifen. In ihrem

---

2   Wolfgang Kayser, Die Anfänge des modernen Romans im 18. Jahrhundert und seine heutige Krise, DVjs XXVIII (1954), S. 417ff. Jetzt auch als Sonderdruck, Entstehung und Krise des modernen Romans, Stuttgart, 2. Aufl. 1955. Ders., Das Problem des Erzählers im Roman, *The German Quarterly*, Vol. 19 (1956), S. 225ff.; Käte Hamburger, Zum Strukturproblem der epischen und dramatischen Dichtung, DVjs XXV (1951), S. 1ff.; Das epische Präteritum, DVjs XXVII (1953), S. 329ff.; H. Seidler, Dichterische Welt und epische Zeitgestaltung, DVjs XXIX (1955), S. 390ff.; K. Hamburger, Die Zeitlosigkeit der Dichtung, ebd. S. 413ff.; F. Stanzel, Die typischen Erzählsituationen im Roman, Wien-Stuttgart, 1955, Kap. 1; H. Koziol, Episches Praeteritum und historisches Praesens, GRM XXXVII (1956), S. 398ff.
Nach Einsendung des vorliegenden Aufsatzes ist K. Hamburgers Entwurf eines umfassenden dichtungstheoretischen Systems, Die Logik der Dichtung, Stuttgart 1957 erschienen. Auf die unsere Frage betreffenden Abschnitte dieses Buches wird in Fußnoten und in einem Anhang hingewiesen.

ersten Aufsatz ‚Zum Strukturproblem der epischen und dramatischen Dichtung' heißt es: »Die in den Romanen mitgeteilten Tatsachen sind nicht als vergangene, sondern als gegenwärtige erzählt – als gegenwärtige für den sich vorstellend in sie versenkenden Erzähler und Leser, und der Vergangenheitsmodus hat hier nur die Funktion, diese Tatsachen, die ‚Welt' der Erzählung als eine nichtwirkliche, fiktive und damit ausschließlich im Modus der Vorstellung existierende kenntlich zu machen«[3]. Von diesem Befund ausgenommen wird dann die Icherzählung, die »im strengen dichtungstheoretischen Sinne keine Fiktion ist« und in welcher daher nach K. Hamburger das epische Praeteritum »seine echte Vergangenheitsfunktion bewahrt«[4]. Diese zunächst noch sehr allgemein gehaltene Deutung der Funktion des epischen Praeteritums im Roman, gegen die Einwendungen gemacht wurden[5], konnte K. Hamburger weiter präzisieren[6]. Sie verwies dabei vor allem auf die Bedeutung der Verben, die innere Vorgänge, Gedanken, Stimmungen von Romanfiguren darstellen, ebenso auf die erlebte Rede und schließlich auf die im Er-Roman mögliche Verbindung der praeteritalen Form eines Verbums mit einem Adverb wie »heute«, »morgen« u.a. Diese für den Er-Roman, den K. Hamburger als eine fiktionale Gattung betrachtet, charakteristischen sprachlichen Phänomene ließen erkennen, daß hier das epische Praeteritum keine Vergangenheitsaussage bedeuten könne. Im Ich-Roman, der keine fiktionale Form des Romans sei, sondern der sich als »fingierter Wirklichkeitsbericht« gebe, bleibe die Vergangenheitsbedeutung des epischen Praeteritums erhalten. Diese Unterscheidung ist Teil einer Beweisführung, die anstelle der herkömmlichen Dreiteilung der Gattungen Lyrik, Epik, Dramatik zwei in ihrer literarischen Seinsweise verschiedene Dichtungsbezirke, die fiktionale oder mimetische (Epik ohne Ich-Roman, Dramatik) und eine existentielle (Lyrik, Ich-Roman) setzen will.

Wir befinden uns hier im Bereich der logischen Systematik der Dichtung, und es erhebt sich die Frage, ob die gedanklich überzeugend vorgetragene dichtungslogische Unterscheidung zwischen zwei seinsverschiedenen

---

[3] A.a.O. S. 4.
[4] Das epische Präteritum, a.a.O. S. 355.
[5] H. Seidler, a.a.O., S. 390ff. und F. Stanzel, a.a.O. S. 35ff.
[6] Die Zeitlosigkeit der Dichtung, a.a.O. S. 149ff.

Formen des Romans und den ihnen entsprechenden Funktionsunterschieden im epischen Praeteritum auch mit der Wahrnehmung des Lesers und der an ihr gebildeten Kategorien in Einklang gebracht werden kann.

Es braucht nicht erst bewiesen zu werden, daß das Praeteritum des Verbums im Roman mehr leistet als dort, wo es, wie z.B. im historischen Bericht, einfach das Vergangensein eines Ereignisses in bezug auf den Sprecher ausdrückt. Im Roman kann das epische Praeteritum Ereignisse zeitlich charakterisieren, die in der Vergangenheit oder aber auch in der Gegenwart der Romangestalten liegen. Dazu kommt die Vergangenheit etwa eines sich persönlich kundgebenden Erzählers, die im zeitlichen Bezugsfeld der Romangestalten keineswegs eine Vergangenheit zu sein braucht. Die Zahl der mit dem epischen Praeteritum charakterisierten Zeitebenen kann sich noch vervielfachen, wenn in einem Roman eine Schachtelung der Handlung, wie etwa in einer Rahmenerzählung, oder eine Schichtung des Zeitaufbaus, wie zum Beispiel in Laurence Sternes ‚Tristram Shandy‘, durchgeführt wird. Trotzdem werden im allgemeinen auch in Romanen mit vielschichtigem Zeitaufbau die Zeitbezüge dem Leser mühelos klar. Der Grund dafür liegt offenbar in der Tatsache, daß die zeitliche Orientierung des Lesers in der dargestellten Welt nur zum Teil durch das Tempus des Verbums, in einem viel größeren Ausmaß aber durch den Zusammenhang der Handlung, durch ausgeführte Zeitangaben, durch deiktische Wörter sowie durch die Art, wie der Erzählungsvorgang selbst motiviert erscheint, d.h. durch die »Erzählsituation«[7] vollbracht wird.

Die Bestimmung der Erzählsituation in einem Roman oder einer Romanpartie ist daher auch geeignet, Aufschluß darüber zu geben, ob der Leser das Erzählte als vergangen oder als gegenwärtig in seine Vorstellung einordnen wird. Untersucht man die Erzählsituation und ihren Wechsel in einem Roman in Hinblick besonders auf ihre die Vorstellung des Lesers zeitlich orientierende Kraft, so zeigt sich, daß der Roman nicht eine so einheitliche Gattung ist wie das Drama. Gerade hinsichtlich der zeitlichen Orientierung der Leservorstellung werden deutlich Gruppen oder Typen unterscheidbar. Diese Gliederung deckt sich, wie noch zu zeigen sein wird, nicht mit K.

---

[7] Zum Begriff der »Erzählsituation« vgl. Verf., Die typischen Erzählsituationen im Roman, bes. S. 22ff.

Hamburgers dichtungslogischer Trennung des wirklichkeitsfingierenden Ich-Romans von dem fiktionalen Er-Roman. Die Bestimmung der Erzählsituation und ihrer Durchführung wird darüber hinaus deutlich werden lassen, daß die zeitliche Orientierung der Vorstellungsbilder des Lesers sehr oft nicht einmal im einzelnen Er- oder Ich-Roman konstant ist, sondern von Partie zu Partie wechselt, so daß das epische Praeteritum einmal die ihm ursprünglich zugehörige Vergangenheitsbedeutung bewahrt, dann aber wieder diese temporale Bedeutung so weit neutralisiert, daß dem Leser eine vollkommene Vergegenwärtigung des Erzählten gelingt.

In einem Roman mit vernehmbar sich kundgebendem »persönlichen Erzähler« (Kayser), der im Er-Roman genauso wie im Ich-Roman eine fiktive Gestalt und nicht einfach ein Substitut für den Autor ist, geht die Erzähldistanz, der erzählte fiktive zeitliche Abstand zwischen Erzählakt – d.h. der Gegenwart des fiktiven Erzählers – und der Zeit der Handlung auch in die Vorstellung des Lesers ein, so daß das epische Praeteritum in Verben, die sich auf die vom Erzähler aus gesehen vergangene Handlung beziehen, hier seine Vergangenheitsbedeutung in vollem Umfang bewahrt. Dagegen läßt sich bei szenischer Darstellung oder bei »personaler Erzählsituation«[8], d.h. bei Zurücktreten des Erzählers im Roman und bei Spiegelung der dargestellten Welt im Bewußtsein einer Romangestalt, eine Neigung zur Vergegenwärtigung des Dargestellten in der Vorstellung des Lesers beobachten. Denn bei solcher Motivierung des Erzählvorganges werden die Erzähldistanz und alle anderen sowohl auf den Erzählakt als auch auf die Zeitebene des Erzählens deutenden Elemente, die das Erzählte als Vergangenes charakterisieren, im allgemeinen in der Vorstellung des Lesers nicht mehr aufgerufen. Es steht dann auch das epische Praeteritum einer gegenwärtigen Vorstellung des Erzählten nicht mehr im Wege.

Der beweisführende Gedankengang zu der hier aufgestellten Behauptung, daß die Bedeutung des epischen Praeteritums, soweit sie die Vorstellung des Lesers bestimmt, von der jeweils in einem Roman oder in einer Romanstelle vorherrschenden Erzählsituation abhängt, wird in meinen ‚Typischen Erzählsituationen' bereits skizziert[9]. Diese Beweisführung soll hier

---

[8] Vgl. Die typischen Erzählsituationen, S. 23ff. und 93ff.
[9] Vgl. ebenda Kap. I, Die Erzählsituation und das epische Praeteritum.

an demselben Beispiel wiederholt werden, das K. Hamburger neben anderen vorgelegt hat, um den Verlust der Vergangenheitsbedeutung des epischen Praeteritums generell für die fiktionale Gattung des Romans zu belegen. Es besteht aus Sätzen, die eine Aussage im Praeteritum mit einem in die Zukunft weisenden Adverb, wie »heute abend«, »morgen« verbinden.

> Herr X war in Amerika ... Morgen ging sein Flugzeug, das ihn nach Canada bringen sollte.[10]

Aus der Tatsache, daß solche Verbindungen von Zukunftsadverbien mit Verben im Praeteritum außerhalb des Romans nicht vorkommen, schließt K. Hamburger richtig auf eine Aufhebung der temporalen Bedeutung des epischen Praeteritums in einem derartigen Kontext. Nun ist es aber nicht schwer zu zeigen, daß solche Satze keineswegs überall in jedem Er-Roman, wie K. Hamburger meint, möglich sind, sondern nur dort erscheinen, wo die Erzählsituation eine Vergegenwärtigung des Erzählten zuläßt. Eine solche Verbindung eines zukunftweisenden Adverbs mit einem Praeteritum kann nämlich nur dort eintreten, wo die sprachliche Formulierung, die Darstellung vom Standpunkt des Erlebenden, Betroffenen oder einer am Geschehen aktiv oder als Zuschauer teilnehmenden Gestalt aus erfolgt; das ist aber keineswegs in jedem Er-Roman oder in allen seinen Partien der Fall. Es ist für uns gleichgültig, ob diese Form der Darstellung, die den Nullpunkt der zeitlichen Orientierung des Lesers in die Handlungsgegenwart verlegt, erlebte Rede, *substitutionary narration*[11]) oder personale Erzählsituation genannt wird. Obwohl der Bedeutungsumfang dieser drei Begriffe sich nicht vollkommen deckt, schließen sie alle drei den hier vorliegenden Sachverhalt mit ein. Ich habe den letzten Begriff eingeführt, um die Erscheinung der erlebten Rede in jenen größeren Zusammenhang einzuordnen, in welchem sie im modernen Roman ihre größte Verbreitung und eigentliche Wirkung erreicht. Für die personale Erzählsituation ist nämlich charakteristisch, daß sie darauf abzielt, die Vorstellung des Lesers vom Vermittlungs- oder Erzählvorgang selbst, der im Roman im Gegensatz zum Drama ein wesentlicher Teil der Handlung sein kann, abzulenken und die Handlung der Romanfigu-

---

[10] DVjs XXVII, S. 333 und XXIX, S. 423.
[11] B. Fehr, Von Englands geistigen Beständen, Frauenfeld 1944, S. 264ff.

ren unmittelbar und wie gegenwärtig ablaufend sichtbar werden zu lassen. Dazu tragen bei das Zurücktreten des persönlichen Erzählers, die Verlegung des Betrachtungsstandpunktes auf den Handlungsschauplatz oder in eine Romangestalt, sowie die vorwiegend szenische Darstellung oder die Illusion der unmittelbaren Wiedergabe (Spiegelung) des Bewußtseinsinhaltes einer Gestalt des Romans. Stellen sich in einem Roman mehrere oder alle diese Darstellungselemente ein, dann fällt es dem Leser leicht, das zeitliche Orientierungssystem der Romanfiguren zu übernehmen oder sich der Illusion zu überlassen, als Beobachter auf dem Schauplatz der Handlung anwesend zu sein, so daß die Erlebnisgegenwart der Romangestalten auch zur vorgestellten Gegenwart seines Mit- und Nacherlebnisses der erzählten Handlung wird. Die Aussage »Morgen ging sein Flugzeug« im Kontext einer personalen Erzählsituation wird daher vom »heute«, der Erlebnisgegenwart der betreffenden Romangestalt aus erlebt bzw. vorgestellt. Der Quasi-Berichtcharakter alles Erzählten, der hier in der Form des epischen Praeteritums sozusagen latent erhalten geblieben ist, wird im allgemeinen vom Leser in einem solchen Zusammenhang nicht realisiert werden. Man könnte auch sagen, das epische Praeteritum habe hier seine Vergangenheitsaussage durch die dem Leser suggestiv aufgezwungene zeitliche Orientierung im Roman neutralisieren lassen. Daß dieser Vorgang aber nicht überall in jedem Er-Roman denkbar ist, soll nun an K. Hamburgers Beispiel demonstriert werden. Man braucht es zu diesem Zweck nur in einen Erzählzusammenhang einzukleiden, der die Erzählsituation des Romans oder der betreffenden Romanpartie deutlich werden läßt. Zuerst soll der Beispielsatz in eine »auktoriale Erzählsituation«[12] eingekleidet werden, in eine Form der Erzählung also, in welcher der Leser die Stimme eines persönlichen Erzählers vernehmen kann:

> Herr X war damals in Amerika. Es war also viel zu weit vom Schauplatz des Geschehens entfernt, um an diesem entscheidenden Tag, von welchem eben die Rede war, in den Ablauf der Dinge eingreifen zu können. Nur durch einen Zufall wurde Jahre nachher einmal bekannt, daß das Flugzeug, das ihn nach Europa bringen sollte, schon am nächsten Tag ging.

---

[12] Vgl. Die typischen Erzählsituationen, S. 23ff und 38ff.

In diesem Zusammenhang ist es nicht möglich, anstatt der objektiven Zeitrelation »am nächsten Tag«, das subjektiv erlebte »morgen« zu setzen, ohne die Einheit der zeitlichen Orientierung in diesem Erzählzusammenhang und damit den Stil der Erzählung zu stören, da der zeitliche Nullpunkt, das »heute«, auf Grund der vorherrschenden auktorialen Erzählsituation im Erzählakt, d.h. beim vernehmbar sich kundgebenden Erzähler, nicht aber in der Handlungszeit liegt. In einer personalen Erzählsituation würde dagegen der Sachverhalt etwa so dargestellt werden:

> Es mußte ihm gelingen, diesen Plan zu vereiteln. In zwei Tagen würde die Entscheidung in Paris fallen. Solange er aber noch in Amerika war, konnte er einfach nichts tun, um sie aufzuhalten. Diese Lage schien ihm ganz unerträglich, obwohl er wußte, daß sie nur mehr Stunden dauern würde, denn morgen ging sein Flugzeug, das ihn nach Europa bringen sollte. Aber war es dann nicht schon zu spät?

Hier wird der Leser das Mitgeteilte wahrscheinlich vom Standpunkt der Romangestalt aufnehmen. Das »heute« der zeitlichen Orientierung der Romangestaltung ist, da kein persönlicher Erzähler sich dazwischen schaltet, auch das »heute« der Leservorstellung, so daß auf den in der Handlung folgenden Tag mit der subjektiven Zeitrelation »morgen« Bezug genommen werden kann.

Aus der Einkleidung der Sätze in einen Erzählzusammenhang, dessen Erzählsituation eindeutig ist, geht also hervor, daß der diskutierte Fall »Morgen ging sein Flugzeug« nur unter ganz bestimmten Voraussetzungen, nämlich nur in einer Erzählsituation, in der sich kein persönlicher Erzähler vernehmen läßt, und das Erzählte vom Standpunkt der Romanfigur dargestellt wird, in einem Roman erscheinen kann. Vielleicht ist damit der Beweis gelungen, daß für die Bedeutung und Funktion des epischen Praeteritums in der Vorstellung des Lesers nicht der dichtungslogische Ort des Er-Romans überhaupt, sondern die Erzählsituation der einzelnen Stelle bzw. des einzelnen Romans ausschlaggebend ist. Das im epischen Praeteritum enthaltene epische Gattungsmerkmal ist demnach nicht seine praesentische oder atemporale Bedeutung, wie K. Hamburger auf dichtungslogischem Weg feststellt, sondern seine eigentümliche Fähigkeit, einmal gegenwärtig Vorgestelltes, dann aber auch wieder Vergangenes zu bezeichnen. Die Bedingungen, unter welchen sich die eine oder die andere Funktion behauptet, werden durch die jeweils vorherrschende Erzählsituation geschaffen. Es liegt aber, das sei mit allem Nachdruck vermerkt, in letzter Instanz beim individuellen Leser, ob er sich dem Zug einer personalen Erzählsituation oder einer szenischen Darstellung zur Vergegenwärtigung des Dargestellten ganz überläßt, oder ob er daran festhält, daß dort, wo erzählt wird, sich ein Erzähler kundgibt und damit das Erzählte in der zeitlichen Distanz des Erzählers von der erzählten Handlung sichtbar wird, so daß es nur als Vergangenes vorgestellt werden kann.

Wolfgang Kayser spricht in Hinblick auf den Satz »Morgen ging der Zug« von der Fähigkeit des Erzählers »zwischen seiner Erzählgegenwart und dem Geschehen hin und her« zu gleiten. »Der Sprechende [Erzähler] lebt in zwei Zeitordnungen, in der seiner Gestalten und der Gegenwart des Geschehens, von dem er erzählt, und da liegt die Abfahrt voraus: Und er lebt zugleich weiterhin in seiner unbestimmten Erzählgegenwart, und von daher ist alles vergangen«[13]. Wir möchten hinzufügen: Und der Leser orientiert sein Vorstellungsbild einmal nach der einen Zeitordnung, dann wieder nach der anderen, je nachdem, wie er die Erzählsituation des Erzählzusammenhanges auffaßt. Das Haus der Erzählkunst hat viele Räume. Zu ergründen, in welchem Raum sich der individuelle Leser niederlassen wird, kann nicht mehr Aufgabe der Poetik der Erzählkunst sein. Diese wird sich aber sehr eingehend mit der Frage zu beschäftigen haben, welche Stilmittel und Erzählweisen die Autoren verwenden, um es dem Leser in dem einen oder in dem anderen Raum behaglich zu machen. Darüber wissen wir noch immer nicht genug.

Die eingangs gestellte Frage bezüglich des epischen Praeteritums ist dahingehend zu beantworten, daß K. Hamburgers dichtungslogische Deutung dieses Problems für unsere Untersuchung, die von der Wahrnehmung des Lesers ausgeht, nicht weiter Gültigkeit haben kann, da sie dort Unterschiede zudeckt, wo der Leser solche noch wahrnimmt[14]. Es darf aber nicht verges-

---

[13] Das Problem des Erzählers im Roman, a.a.O. S. 234/35.
[14] In ihrer Logik der Dichtung (S. 32/33) zieht K. Hamburger nun auch Beispiele von der Art »Das Manöver gestern hatte acht Stunden gedauert« heran, um zu bewei-

sen werden, daß erst K. Hamburgers dichtungslogischer Ansatz das Problem als solches erkennen ließ und zur Diskussion stellte.

[...]

Die erlebte Rede war vor einigen Jahrzehnten Gegenstand zahlreicher Untersuchungen. Ich möchte hier nur an zwei Beiträge von Anglisten erinnern, die vielleicht weniger bekannt sind, in denen aber schon auf eine Art der »Neutralisierung« oder »Modalisierung« der Vergangenheitsbedeutung des epischen Praeteritums im Zusammenhang der erlebten Rede hingewiesen worden ist. Fritz Karpf führt in seiner Studie über die erlebte Rede im Englischen u.a. als Beispiel an: *For he was going to-morrow on a reading party*. Karpf betrachtet to-morrow hier als einen jener Redeteile, die im allgemeinen aus der direkten Rede unumgesetzt in die erlebte Rede übernommen werden. Dazu gehören neben Zeit- und Ortsbestimmungen auch subjektive Redeelemente, Ausrufe, Betonungen, Wiederholungen, die die zeiträumliche Orientierung und den Persönlichkeitsstil des Sprechers auch in der erlebten Rede noch charakterisieren[15]. Was Karpf über die erlebte Rede als Rededarstellung sagt, die auch als Rede reproduziert aus dem Bewußtsein des Zuhörers verstanden werden kann, gilt auch für die erlebte Rede als Form der Bewußtseinsdarstellung überhaupt. Während also u.a. die Zeitangaben so in der erlebten Rede erscheinen, wie sie das Subjekt ausspricht oder denkt, erliegt das ursprüngliche Praesens der Rede oder des Gedankens der Tempusversetzung. Da das Englische die Tempusversetzung nicht nur bei erlebter Rede kennt, sondern auch bei indirekter Rede im Falle einer Ab-

---

sen, daß hier fiktional erzählt wird. Auch für die fragliche Verbindung von »gestern« mit dem Plusquamperfekt kann durch Einkleidung in einen entsprechenden Erzählzusammenhang gezeigt werden, daß sie nur in einer personalen Erzählsituation denkbar ist; in einer auktorialen müßte dafür wie in der Wirklichkeitsaussage die objektive Zeitrelation »am Tag zuvor« eintreten. K. Hamburgers weitere Folgerung aus diesen Sätzen mit morgen, heute abend, gestern, daß das »epische Ich« hier kein Aussageobjekt sei (S. 34), muß daher im Zusammenhang mit der Tatsache verstanden werden, daß in einer Erzählsituation, die solche Satze möglich macht, der Erzähler tatsächlich ganz zurücktritt, so daß der Leser seine persönliche Anwesenheit nicht mehr wahrzunehmen braucht.

[15] Die erlebte Rede im Englischen, Anglia XLV (1933), S. 250.

hängigkeit von einer Aussage in der Vergangenheit durchwegs verwendet, ist das Englische vielleicht besonders geeignet, die zeitlichen Verhältnisse erkennen zu lassen. Otto Funke hat für die versetzten Tempora der *oratio obliqua* im Englischen den Ausdruck *modales Praeteritum* oder *praeteritum obliquum* vorgeschlagen und festgestellt, daß diese versetzten Tempora »nicht bloß temporal, sondern vor allem modal« fungieren[16]. Unter Berufung auf Funke kann daher das aus der Tempusversetzung hervorgegangene Praeteritum der indirekten und der erlebten Rede des Englischen als Beweis dafür zitiert werden, daß die Vergangenheitsbedeutung dieser grammatischen Kategorie in einem bestimmten Zusammenhang abgeschwächt, zurückgedrängt, neutralisiert oder modalisiert werden kann. Aus der *Forsyte Saga* zitiert Funke ein Beispiel für ein Adverb *now* mit einem dazugehörigen Verbum im Praeteritum:

> She thought of June's father ... who had run away with that foreign girl ... And when June's mother died, six years ago, Jo had married that woman, and they had two children now ...

Er bemerkt dazu; »das *praeteritum obliquum* ist besonders deutlich in *they had two children now* (wo man semasiologisch genauer von einem *praesens obliquum* sprechen sollte)«[17].

Somit ist mit Einschränkung auf die erlebte Rede hier schon ausgedrückt, was K. Hamburger vom dichtungslogischen Standpunkt aus für die gesamte fiktionale oder mimetische Gattung des Romans, das heißt für den ganzen Er-Roman charakteristisch findet[18], was hier aber, ausgehend von der

---

[16] Zur ‚erlebten Rede' bei Galsworthy, Englische Studien XLIV (1929), S. 454.
[17] Ebd. S. 458.
[18] Vgl. Logik der Dichtung, S. 44. »Das Imperfekt bzw. Plusquamperfekt dieser Verben [der erlebten Rede] wird als solches tonlos, bedeutungslos. Relevant ist nur der Bedeutungsgehalt des Verbs selbst, der aussagt über das Denken und Fühlen, das sich in diesem fiktiven Augenblick ihrer fiktiven Existenz in den Gestalten vollzieht ... Die erlebte Rede macht denn auch mit unmittelbarer Evidenz den logisch-semantischen Vorgang sichtbar, der die Ursache des Verlöschens der Vergangenheitsfunktion des Präteritums ist: die Verschiebung des zeiträumlichen Bezugssystems, d.i. des Bezugssystems der Wirklichkeit, in ein fiktives, die Ersetzung einer wirklichen Ich-Origo, wie sie jeder Erzähler eines Wirklichkeitsberichtes darstellt, durch die fiktiven Ich-Origines der Gestalten«. Die fiktiven Ich-Origines der Handlungsfiguren werden aber für die Orientierung des Lesers nicht wirksam,

Wahrnehmung und Vorstellungsweise des Lesers, auf die personale Erzählsituation, auf die Darstellung in der Er-Form ohne vernehmliche Anwesenheit eines fiktiven Erzählers eingeschränkt werden mußte. Eine solche Erzählsituation kann sich in gewissen Partien eines Romans durchsetzen, kann aber auch die Orientierungslage eines ganzen Romans beherrschen, wofür Henry James' 'The Ambassadors' oder Virginia Woolfs 'Mrs. Dalloway' als Beispiele angeführt werden können. Wie bei erlebter Rede als Redewiedergabe das Praeteritum mehr den obliquen Charakter dieser Form der Redewiedergabe andeutet als die Vergangenheit der Aussage, so bezeichnet das epische Praeteritum in der analog zur erlebten Rede funktionierenden personalen Erzählsituation mehr den Vorgang der Spiegelung der dargestellten Welt im Bewußtsein einer Romangestalt als die Vergangenheit dieses Geschehens.

Der Versuch, Bedeutung und Funktion des epischen Praeteritums zu bestimmen, brachte auch Hinweise auf das historische Praesens, dessen Funktion man im Zusammenhang mit jener des epischen Praeteritums betrachtet, und welches von der einen Seite als Beweis für die Vergangenheitsbedeutung des epischen Praeteritums, von der anderen Seite aber als Beweis für den Verlust der Vergangenheitsbedeutung des epischen Praeteritums beansprucht wird[19]. Dabei wird ein grundlegender Unterschied zwischen dem epischen Praeteritum und dem historischen Praesens übersehen. Während das epische Praeteritum als Erzählzeit im Englischen wie im Deutschen auch historisch gesehen praktisch unbeschränkt gilt, hat das historische Praesens, worauf Herbert Koziol aufmerksam gemacht hat[20], sowohl in seiner Verwendung als auch in der Art und Weise, wie die Autoren seine Bedeutung und Funktion auffaßten, im Laufe der Zeit sehr stark geschwankt. Es ist daher diese Tempusform nicht im gleichen Maße ein gattungsmäßig

---

wenn sich – die Vermittlungsweise des Wirklichkeitsberichtes vortäuschend – ein fiktiver Erzähler mit seiner fiktiven Ich-Origo, nämlich mit seinem Jetzt und Hier im Erzählakt, vorschaltet. In diesem Fall wird seine fiktive Ich-Origo für den Leser bestimmend, von welcher aus das Erzählte als vergangen, von der Gegenwart des Erzählers um die sog. Erzähldistanz abgerückt, wahrgenommen wird. Das ist der Fall in den weitaus meisten Romanen des 18. u. 19. Jahrhunderts, in denen die erlebte Rede auffälligerweise nur sehr spärlich auftritt.

[19] Vgl. dazu K. Hamburger, DVjs XXVII (1953), S. 351f. und W. Kayser, The German Quarterly 19 (1956), S. 234.

[20] Vgl. Episches Praeteritum und historisches Praesens, a.a.O. S. 399.

gebundenes Element der Erzählung wie das epische Praeteritum, sondern ein Stilmittel, dessen Verwendung weitgehend subjektiv bzw. historisch bedingt ist. Seine Deutung kann deshalb nur unter steter Rücksichtnahme auf den Erzählstil des einzelnen Autors und die historische Entwicklung der literarischen Wertung dieser Form erfolgen[21]. Entsprechende Untersuchungen in ausreichender Zahl stehen aber noch aus[22]. Dabei wäre wahrscheinlich die Zeit seit der Mitte des vergangenen Jahrhunderts sehr aufschlußreich, denn um diese Zeit beginnt sich im Roman die Tendenz zur Zurückdrängung des persönlichen Erzählers zum ersten Mal abzuzeichnen. Diese Tatsache ist für die Deutung des historischen Praesens insofern wichtig, als, wie schon gezeigt wurde, in dem neuen Romantypus, in dem sich kein persönlicher Erzähler dem Leser aufdrängt, die Vergegenwärtigung des Erzählten bereits in der Erzählsituation angelegt ist. Es wäre bei solchen Untersuchungen darauf zu achten, ob das historische Praesens mit anderen Darstellungsformen, welche die Vergegenwärtigung des Erzählten fordern, so vor allem mit einer personalen Erzählsituation etwa in Konkurrenz tritt, oder ob es in solchen Teilen überhaupt nicht mehr erscheint. Da eine personale Erzählsituation bereits die Vorstellung der Gegenwärtigkeit und Unmittelbarkeit des Dargestellten begünstigt, könnte in ihr ein historisches Praesens als Übercharakterisierung empfunden und vom Leser daher als zu aufdringliches Stilmittel abgelehnt werden. Die auktoriale Erzählsituation, welche die Erzähldistanz zwischen Erzähler und Erzähltem immer wieder hervortreten läßt, ist dagegen ein viel günstigerer Hintergrund für das Auftreten des historischen Praesens. Es liegt daher nahe, zwischen der Abnahme der Häufigkeit des historischen Praesens im neueren Roman und dem ungefähr gleichzeitigen

---

[21] Vgl. dazu Logik der Dichtung, S. 49ff., und S. 61ff. Hier wird sehr aufschlußreich gezeigt, daß die Funktion des sogenannten historischen Praesens keineswegs auf die Vergegenwärtigung, die K. Hamburger auch gar nicht gelten läßt, beschränkt ist. Wenn weiter gesagt wird, daß das historische Praesens »in der epischen Fiktion keine echte Funktion hat« (S. 53), so bestätigt das unsere Erklärung, es sei kein gattungsgebundenes Erzählelement, sondern ein Stilmittel. Als Stilmittel kann es natürlich durch das Praeteritum ersetzt werden. Ob sich aber dabei »keine Veränderung unseres Fiktionserlebnisses« ergibt, wie K. Hamburger behauptet (S. 55), ist wohl, eben weil es sich um ein subjektiv und historisch bedingtes Element der Erzählung handelt, nicht allgemein verbindlich zu entscheiden.

[22] Ein wichtiger Ansatz findet sich bei R. Brinkmann, Zur Sprache der Wahlverwandtschaften, in Festschrift Jost Trier, Meisenheim, Glan, 1954, S. 256f.

Vordringen des personalen und dem Zurücktreten des auktorialen Romans einen Zusammenhang zu vermuten. Der Nachweis wäre durch eine Reihe von Einzeluntersuchungen zu erbringen, wobei auch die Möglichkeit einer Funktionsänderung des historischen Praesens unter diesen Umstanden im Auge zu behalten wäre.

Die Rolle und das Verhalten des fiktiven Erzählers und die Motivierung, die Einkleidung des Erzählvorganges, die hier zusammenfassend mit dem Begriff Erzählsituation bezeichnet wurden, haben sich somit, wie wir hoffen, als Kategorien der Poetik der Erzählkunst erwiesen, die geeignet scheinen, weitere Aspekte zur Deutung des epischen Praeteritums, der erlebten Rede und des historischen Praesens beizutragen. Die Erzählsituation prägt den Aufbau eines Romans in allen seinen Schichten. Es ist daher nicht unerwartet, wenn selbst zwischen einer syntaktischen Erscheinung, wie der Streuung, Häufigkeit und Funktion einer Verbalform und der Erzählsituation in einem Roman noch eine gewisse Korrespondenz wirksam ist, wie ich an anderer Stelle an den umschriebenen Zeitformen des Englischen (*expanded tenses*) und der Erzählsituation in einigen Romanen von Anthony Trollope zu zeigen versucht habe[23]. Auch diese Blickrichtung der Forschung könnte vielleicht einen Beitrag liefern zur Frage der Einheit von Sprach- und Literaturwissenschaft, wie sie im Grundsätzlichen erst kürzlich wieder von Hugo Kuhn aufgerollt worden ist[24].

In ihrem Buch ‚Logik der Dichtung' hat K. Hamburger ein in sich geschlossenes dichtungslogisches System entworfen, das ebenso kühn in der Originalität des Ansatzes wie bestechend in der Schärfe seiner gedanklichen Durchführung ist. Daß das Buch in mehreren Abschnitten Widerspruch geradezu provoziert, liegt in der Natur einer solchen Pionierarbeit. Es soll nur kurz auf jenen Teil dieser Dichtungslogik eingegangen werden, der unmittelbar mit den hier erörterten Fragen zusammenhängt.

Die bereits in den früheren Aufsätzen K. Hamburgers angekündigte Aufteilung der Dichtung in eine mimetische oder fiktionale und eine lyri-

---

[23] Die Erzählsituation und die umschriebenen Zeitformen, in Studies in English Language and Literature: (Festschrift Karl Brunner), Wiener Beiträge zur englischen Philologie, Bd. LXV, Wien 1957, S. 220–231.
[24] Sprach- und Literaturwissenschaft als Einheit?, Festschrift Jost Trier, Meisenheim, Glan, 1954, S. 9ff.

sche oder existentielle Gattung wird in der ‚Logik der Dichtung' weiter ausgebaut. Auf diese Weise werden auch am Roman zwei Formen unterschieden: eine fiktionale Form, d.i. der Roman in der Er-Form, und eine Form der fingierten Wirklichkeitsaussage, d.i. der Ich-Roman. Diese Unterscheidung hat weitreichende Folgen. 1m fiktionalen Roman wird nicht von einem Erzähler etwas berichtet, sondern »Das Erzählen ... ist eine Funktion, durch die das Erzählte erzeugt wird ... « (S. 74), dabei verliert das epische Praeteritum seine Vergangenheitsbedeutung. Im lch-Roman ist dagegen der Erzähler ein echter Erzähler, das Erzählte erscheint nicht als Fiktion, sondern als »fingierte Wirklichkeit«, das Praeteritum ist kein episches Praeteritum und behält daher auch seine Vergangenheitsbedeutung im vollen Umfang bei. Dieser summarische Aufriß eines Teiles der ‚Logik der Dichtung', der in keiner Weise der sehr umsichtigen Beweisführung und den differenzierten Begriffsbestimmungen K. Hamburgers gerecht werden kann, dient hier nur einer ganz ungefähren Orientierung in Hinblick auf den Ort des Romans in diesem System. Gerade die Einordnung des Romans in dieses logische System der Dichtung wirft noch einmal die zu Beginn des Aufsatzes gestellte Frage auf, wie weit der dichtungslogische Befund mit der Wahrnehmung und Erfahrung des Lesers in Einklang gebracht werden kann. Am epischen Praeteritum konnte weiter oben gezeigt werden, daß die von K. Hamburger gezogene dichtungslogische Grenze für den Leser nicht existiert oder nicht wahrnehmbar ist. Es erhebt sich daher auch die Frage, ob die Unterscheidung zwischen »Erzählfunktion« und »Erzähler«, zwischen »Fiktion« und »fingierter Wirklichkeit« noch diesseits der Grenze der Wahrnehmungsfähigkeit des Lesers liegt. Wie immer die Antwort lauten mag, sie kann keine echte Bewährung oder Widerlegung dieser Begriffe bedeuten. Sie könnten einzig im dichtungslogischen Raum bestätigt oder widerlegt werden. Wenn aber dichtungslogischer Befund und Leserwahrnehmung so weit auseinanderklaffen wie es hier den Anschein hat, dann wäre zu prüfen, ob der von K. Hamburger wiederholt erhobene Anspruch, daß die dichtungslogische Betrachtung »für die Beurteilung der dichtungsästhetischen Probleme fruchtbar werden kann und muß« (S. 84) ohne Einschränkungen aufrechterhalten werden kann. Es muß allerdings erwähnt werden, daß sich K. Hamburger in ihrer ‚Logik der Dichtung' mehr als in den früheren Aufsätzen bemüht, eine

Übereinstimmung zwischen ihrer Dichtungslogik und dem »Leseerlebnis« herzustellen, bzw. Einwänden von daher zu begegnen. Es gelingt jedoch nicht, die Diskrepanz zwischen beiden Betrachtungsweisen in einigen Punkten ganz zu beseitigen, obwohl durch die weitgehende Modifizierung der ursprünglichen Definition und Begriffsabgrenzungen sowohl des »fiktionalen Romans« als auch der »fingierten Wirklichkeitsaussage« die Grenze nun weniger schroff gezogen wird als früher. Solche Modifizierungen findet K. Hamburger auf der einen Seite in dem Begriff »Fluktuieren der Erzählfunktion« (bes. S. 110–113), welcher Erzählereinmengungen und fingierter Wirklichkeitsaussage auch in der fiktionalen Gattung einen beschränkten Platz einräumt, und auf der anderen Seite in der »Fiktionalisierung der Ich-Erzählung« (S. 228), wodurch sich auch der Ich-Roman einer echten Fiktion nähern kann. Beide Begriffe erweitern die Gattungsbereiche durch Einbeziehung von Merkmalen, die der jeweils anderen Gattung zugehören. Trotzdem muß K. Hamburger bei der dichtungslogischen Bestimmung des Ich-Romans schließlich einräumen: »Und wenn die Masse der Icherzählungen sich für unser Leseerlebnis nicht sonderlich von dem einer Er-Erzählung, einer Fiktion abhebt, so liegt das daran, daß sie in den meisten Fällen mit reichlichen fiktionalisierenden Mitteln: Situationsbeschreibungen, Gesprächen u.a. ausgestattet sind, was unwillkürlich um so unbefangener geschieht, je welt- und figurenreicher die Erzählung ist« (S. 237). Damit wird zugegeben, daß die »Masse der Icherzählungen« eben nicht K. Hamburgers dichtungslogischer Definition des Ich-Romans entspricht. Es wäre nicht schwer zu zeigen, daß das gleiche auch für K. Hamburgers Bestimmung der »fiktionalen« Gattung, des Er-Romans, gilt. Auch diese dichtungslogische Kategorie erfaßt nach unserem Leseerlebnis nicht die Masse der Er-Romane. Denn in dieser Gattung bleibt im allgemeinen der Erzähler für den Leser nicht nur eine »Funktion«, sondern nimmt fast immer persönliche Züge an, die für den Leser erkennbar und erlebbar und damit interpretierbar werden. Dieser Erzähler mengt sich überdies fortwahrend sehr persönlich mit Kommentaren ein, spricht den Leser an, läßt ihn seinen Standpunkt, sein Jetzt und Hier im Erzählakt wissen, macht aufmerksam auf die zeitliche Distanz, in welcher er sich von dem Erzählten befindet usw. Eine solche Erzählweise, die wir weiter oben als auktoriale Erzählsituation bezeichnet haben, ist nicht eine

»stilistische« Variante (S. 93 und 100) der strengen fiktionalen Gattung, auch nicht nur eine Sonderform des humoristischen Romans, wie K. Hamburger meint (S. 89ff.), weil sie in besonders auffälliger Ausprägung von Henry Fielding und Jean Paul verwendet wird, sondern einer von den zwei oder drei Haupttypen des Romans, der unschwer in der Mehrzahl der großen Romane von Cervantes, Fielding, Balzac, Thackeray, Raabe, Stifter, Tolstoi, Dostojewskij u.a., soweit sie nicht in der Ich-Form abgefaßt sind, zu erkennen ist. In allen diesen Romanen glaubt der Leser einen persönlichen Erzähler zu hören, der natürlich nicht einfach mit dem Autor gleichzusetzen ist, sondern ebenso wie der Ich-Erzähler und wie alle Figuren des Romans eine vom Autor geschaffene Gestalt ist. Diese fiktive Erzählergestalt und ihr Erzählakt können dichtungslogisch sehr einleuchtend als »Erzählfunktion« beschrieben werden, der Leser wird aber in seiner Vorstellung immer das Bild einer Person, einer mit erkennbaren individuellen Zügen ausgestatteten Figur sehen und ihr Erzählen als einen Teil der Romanhandlung erleben, ähnlich wie dies im Ich-Roman viel offensichtlicher der Fall ist. Die dichtungslogisehe Erklärung »Die epische Erzählfunktion erzeugt ... die fiktive Welt interpretierend« (S. 141) heißt also nach wie vor *in terms of the reader* und des Interpreten, der sich um die Erhellung des Leseerlebnisses bemüht: Ein persönlicher Erzähler erzählt eine Geschichte und versucht, die von ihm erzählend dargestellte Welt von seinem Standpunkt aus zu deuten.

Schließlich könnte auch noch gezeigt werden, daß der dichtungslogisch postulierte Seinsunterschied zwischen dem Ich-Roman und den übrigen Romanformen dort eine Grenze zieht, wo die Literatur nur Übergänge kennt. Der fiktive, persönliche Erzähler in einem Er-Roman, der vorgibt, seine Geschichte unmittelbar von an der Handlung beteiligten Personen oder von Zeugen der Handlung erfahren zu haben (so in Thackerays ‚*Vanity Fair*' oder in Dostojewskijs ‚Die Brüder Karamasoff' und in zahllosen Werken mit ähnlicher Erzählsitua-tion), unterscheidet sich nur nach dem Grad der Ausführlichkeit, mit welcher seine Zugehörigkeit zu der dargestellten Welt beschrieben wird, vom Erzähler in einem Ich-Roman, der wiederum nicht selten eine Position ganz am Rande der erzählten Handlung bezieht (in Melvilles ‚*Moby-Dick*' u. Raabes ‚Stopfkuchen'), so daß es einfach unmöglich ist zu bestimmen, wo der Er-Roman beginnt und der Ich-Roman aufhört. Damit wird aber auch klar, daß die von K. Hamburger gezogene Grenze »die schmale, aber unüberbrückbare Kluft« (S. 242) zwischen diesen beiden Formen des Romans, die gleichzeitig auch die Lyrik vom Drama trennt, wie immer überzeugend sie dichtungslogisch auch nachgewiesen wird, für den Leser und den Interpreten, der das Werk dem Leser aufschließt, nicht die Bedeutung haben kann, die ihr der Dichtungslogiker beimißt.

Aus: *DVjs* 33 (1959), 1–12.

Die verzögerte Wahrnehmung von *Erlebter Rede* in England und Amerika

Es müßte den Historikern von Literatur und Literaturkritik zu denken geben, daß eine Debatte über ein literarisches Problem, die auf dem Kontinent mit solcher Intensität über mehr als ein halbes Jahrhundert hinweg geführt wurde, auf den britischen Inseln und jenseits des Atlantiks lange Zeit überhaupt kein Echo fand. Die Situation gibt auch deshalb Anlaß zum Staunen, weil einige der interessantesten Texte, in denen ER schon relativ früh mit großer Meisterschaft verwendet wird, von englischen Autoren stammen, so von Jane Austen. Ihren Romanen ist auch eine der ersten Monographien, die sich ausschließlich mit der Analyse der ER im Werk eines englischen Autors befaßt, gewidmet: Willi Bühler, *Die „Erlebte Rede" im englischen Roman: Ihre Vorstufen und ihre Ausbildung im Werke Jane Austens* (1937). Der englischen Literaturkritik ist diese Besonderheit in Jane Austens Romanen natürlich nicht völlig entgangen, doch wurde ihr infolge des Fehlens eines einheitlichen Begriffes, unter dem die Vielzahl der Belege vergleichend zusammengefaßt und historisch ausgewertet hätte werden können, nie die ihr gebührende Aufmerksamkeit zuteil. Daher fehlte es auch an einer historischen Einordnung der besonderen Leistung Jane Austens in diesem Punkt. Als Folge dieses terminologischen Defizits der englischen Kritik wurde ER bei Jane Austen immer wieder neu „entdeckt" und auf jede „Neuentdeckung" folgte prompt auch eine Erstbenennung des Phänomens. Erste Spuren einer, wenn auch flüchtigen, Bekanntschaft der englischsprachigen Kritik und Literaturwissenschaft mit ER führen zu dem Autor und Kritiker David Lodge. Der Begriff taucht zum ersten Mal in seiner Essaysammlung *The Language of Fiction. Essays in Criticism and Verbal Analysis [!] of the English Novel* (1966) auf. Es ist sehr unwahrscheinlich, daß er bei einem der Englisch-Grammatiker, die sich bereits lange vorher, etwa zur Zeit von Bally, Kalepky, Lorck etc, mit ER beschäftigt haben, darauf gestoßen ist, etwa in Harold E. Palmers *Grammar of Spoken English*, wo Palmer bei der Umsetzung von DR in IR auf das Problem ER stößt (§ 676), oder bei Otto Jespersen, dessen *Philosophy of Grammar* (1924) in England sehr früh viel Beachtung fand. Jespersen kommt bei der Gegenüberstellung der Darstellungsformen für DR und IR auf ER, die er „represented Speech" nennt, zu sprechen (Jespersen 1924: 291). Roy Pascals für den englischen Sprachraum epochale Studie *Dual Voice* (1977) war zur Zeit von Lodges *The Language of Fiction* noch nicht verfügbar, wohl aber Pascals Aufsatz „Tense and the Novel" (Pascal 1962), der ER allerdings nur am Rand berührt. Bei Lodge sucht man auch vergeblich nach einer etwas eingehenderen Auseinandersetzung mit ER, etwa einer Erklärung der sprachlichen und literarischen Besonderheit von ER, die diese seinen englischen Lesern hätte näher bringen können. So bleibt es bei einigen recht beiläufigen Hinweisen auf ER, etwa in seinem Kapitel zu Hardy, wo er folgenden Satz aus *Tess of the D'Urbervilles* zitiert: „Was once lost always lost really true of chastity? she [Tess] would ask herself." Dazu Lodges Kommentar: "[This] is a rendering in free indirect Speech, of Tess's thoughts; but its vocabulary belongs to the voice of the authorial commentator." (Lodge 1966: 171) Bezeichnend ist auch, daß sich in Lodges vermutlich schon früher abgefaßtem Jane Austen-Kapitel, „The Vocabulary of Mansfield Park", kein einziger Hinweis auf ER findet. Vermutlich hat er diesen Essay noch vor seiner ersten Berührung mit ER verfaßt. Wohl aber rückt Lodge in seinem Einleitungsessay zu *The Language of Fiction* in einer auf Jane Austens *Persuasion* bezüglichen Passage – offensichtlich nachträglich – eine Fußnote mit folgender aufschlußreichen Definition von ER ein: „Free indirect Speech is a deviation [!] from strict grammar and strict logic, and thus perhaps comparable to the more obvious non-logic linguistic features of poetry." (Lodge 1966: 15) An dieser Stelle nennt er auch die Quelle, aus der er seine Information über ER/FID bezogen hat, Stephen Ullmanns *Style in the French Novel* (1957). Die Vermittlung des Begriffes FID erfolgte also durch die britische Romanistik! Es wäre eine delikate, aber attraktive Aufgabe, in diesem Zusammenhang einmal der Frage nachzugehen, ob der englischen Jane Austen-Kritik irgendwie bewußt geworden ist, daß ihr der Begriff ER bis vor kurzem nicht verfügbar war. Das Phänomen als solches konnte ihr natürlich nicht verborgen bleiben. Es mußte allerdings jeder Kritiker, der darauf aufmerksam wurde, erst einen Terminus erfinden, um es beschreiben zu können, wie z.B. Graham Hough, der ER „coloured narrative" nennt (Hough 1970: 204), was in der Tat für einen Großteil der Belege bei Austen zutreffend ist, da es sich bei ihnen meist um eine „Ansteckung" der Erzählersprache durch die Figurensprache handelt. Erst durch Roy Pascals Buch *Dual Voice* (1977) ist auch in der englischen Kritik der

Begriff „free indirect discourse" einem größeren Kreis bekannt geworden, was die Voraussetzung für eine Korrelation der ER-Funde der verschiedenen Kritiker, etwa in den Romanen von Jane Austen und anderen Autoren, ermöglichte. In der fünf Jahre nach *The Language of Fiction* erschienenen weiteren Sammlung von kritischen Essays, *The Novelist at the Crossroads* (1971), experimentiert Lodge sogar schon einmal mit dem Versuch, eine ER-Passage aus Hardys *Tess of the D'Urbervilles* in ein „declarative present tense" zu transponieren, was, wie Lodge meint „a significant difference" zum Vorschein bringt, bedauerlicherweise ohne diesen Unterschied weiter zu kommentieren (Lodge 1971: 11).In seinen eigenen, vor allem in seinen späteren Romanen hat Lodge als Autor von FID/ER zunehmend Gebrauch gemacht.[1] Nach Amerika haben die Germanisten und Komparatisten Dorrit Cohn (1966 und 1978, Kapitel 3) und Paul Hernadi (1971 und 1972), beide kontinental-europäischer Herkunft, den Begriff FID/ER importiert. Wie erfolgreich die Rezeption des Begriffs dort gewesen ist, kann an W.C. Booths „Afterword to the Second Edition" seiner vielfach nachgedruckten *Rhetoric of Fiction* (1983) abgelesen werden. In der ersten Auflage dieses Buches (1961) und in einem ihr vorangehenden Artikel hat Booth die ER (zusammen mit der Unterscheidung zwischen Ich-Roman und Er-Roman) noch als etwas überflüssige Erfindung deutscher Pedanterie abgetan (Booth 1961: 151ff.). In seinem „Afterword to the Second Edition" (1983) sieht er sich bezüglich FID/ER zu einer halbherzigen, in bezug auf die Ich-/Er-Unterscheidung zu einer totalen *retractatio* veranlaßt. Seine frühere Erklärung „[p]erhaps the most overworked distinction is that of person", bezeichnet er jetzt lakonisch als „[p]lain wrong" („Afterword" 412). Dieses Eingeständnis zieht aber keine Korrektur im Text der *Rhetoric* nach sich. Einzig, wo es früher über die Er-/Ich-Unterscheidung „tells us nothing" (Booth 1961: 150) hieß, ist jetzt „tells us little" zu lesen. Mit Bezug auf den zunächst belächelten Begriff der ER kann er sich mit einem gewissen Recht darauf berufen, daß der Sachverhalt als solcher mehrfach von ihm angespro-

---

[1] Für Hinweise auf FID/ER bei David Lodge danke ich Ingrid Pfandl-Buchegger, Verf. der Grazer Diss. *David Lodge als Literaturkritiker, Theoretiker und Romanautor*, wo allerdings das Problem ER nicht separat sondern meist im Zusammenhang mit Fragen der Perspektivierung behandelt wird (vgl. z.B. Pfandl-Buchegger 1993: 258f., 319 u.ö.).

chen wird – etwa wenn er dafür eine Bezeichnung wie „a kind of double vision" verwendet. Diese Aussagen bleiben aber vereinzelt und unkoordiniert, so daß die Bedeutung des Phänomens ER nie mit jener Deutlichkeit definiert wird, wie das von einer umfassenden Rhetorik des Romans zu erwarten wäre. Booths kavaliermäßiges Verhalten gegenüber den zwar partiell eingestandenen, aber nicht behobenen Defiziten seiner *Rhetoric of Fiction*, die immerhin mehreren Generationen von amerikanischen Collegestudenten als das Handbuch der Erzähltheorie präsentiert worden ist und noch immer wird, hat mich vor Jahren zu dem Kommentar veranlaßt: „Confessing a sin without a sincere Act of Contrition and an attempt at restitution is null and void, and will not save the sinner's soul!" (Stanzel 1990: 812).

Für eine transnational vergleichende Ideen- und Begriffsgeschichte der Literaturwissenschaft, ein dringendes Desiderat künftiger Forschung, ist die Frage, wie es dazu kommen konnte, daß ein in Frankreich, Deutschland, Österreich und der Schweiz so dicht besiedeltes sprachlich-literarisches Forschungsfeld wie das der ER jenseits des Kanals und des Atlantiks lange Zeit einfach nicht zur Kenntnis genommen wurde, während doch in anderen Fragen der Austausch von literaturwissenschaftlichen und kritischen Begriffen, Ideen und Theorien, etwa zwischen deutschsprachigen Anglisten und ihren Fachkollegen in England und Amerika stets auf sehr intensive Weise gepflegt worden ist, von erheblichem Interesse. Man könnte auch fragen, warum das Problem ER von der Romanistik, Anglistik und Germanistik der kontinentalen Universitäten „entdeckt" und intensivst diskutiert worden ist, nicht dagegen in England, wo gerade die Romane von Jane Austen den reichsten Befund für dieses Phänomen darboten? Es wäre, so glaube ich, völlig verfehlt, hier in der „Mentalität" der kontinentalen Literaturwissenschafter und Kritiker oder jener ihrer insularen und transatlantischen Kollegen nach einer Erklärung zu suchen, wenn auch unterschiedliche Interessenslagen, die sich vielleicht schon aus der Art des Literaturunterrichts in den Schulen herleiten ließen, eine gewisse Rolle dabei gespielt haben könnten.

Auf festerem Grund befindet man sich, wenn man die Unterschiede in der organisatorischen Struktur der philologischen Universitätsinstitute auf dem Kontinent und in England und z.T. auch in Amerika heranzieht. Es kann nicht übersehen werden, daß die ER-Forschung von solchen Instituten der Romanistik und Anglistik im französischen und deutschen Sprachgebiet ihren Ausgang nahm, wo Sprachwissenschaft und Literaturwissenschaft meist noch in Personalunion von einem und demselben Professor vertreten wurden. Eingehende Kenntnisse der Grammatik und Sprachgeschichte gehörten zur Qualifikation für eine philologische Professur in der Romanistik oder Anglistik ebenso, wie eine umfassende Kenntnis der Literatur. Diese Doppelqualifikation war offensichtlich eine wesentliche Voraussetzung für das Erkennen der sprachlichen und literarischen Besonderheit der ER. Diese Leistung wurde in hervorragendem Maße von den Philologen alten Typs, wie z.B. Bally, Thibaudet, Spitzer, Lorck, Karpf, Funke, Walzel usw. erbracht. Zeitgenössische englische Literaturwissenschafter mögen über subtileres literarisches Textverständnis und eingehendere Kenntnisse des gesellschaftlichen und historischen Hintergrunds eines Romans verfügt haben, die Doppelkompetenz ihrer kontinentalen Kollegen ging ihnen jedoch, von Ausnahmen abgesehen, oft ab. Auch in England gab es Grammatiker, die sich gleichzeitig mit ihren kontinentalen Kollegen mit der eigenartigen sprachlichen Erscheinung der ER beschäftigten. Auf sie wurde weiter oben bereits hingewiesen: Harold Palmer und der rezeptionsmäßig auch in England beheimatete Däne Otto Jespersen. Doch die organisatorische und studienplanmäßige Separierung dieser Sprachwissenschafter von ihren literaturwissenschaftlichen Fachkollegen verhinderte vermutlich einen ähnlich regen Austausch zwischen Sprach- und Literaturwissenschaft, wie er sich auf dem Kontinent als so erfolgreich bei der Erforschung von ER erwies.

Vor ungefähr einem Vierteljahrhundert war ich zu einem Vortrag an einem English Department auf den britischen Inseln eingeladen. Wie mein erzähltheoretisches Thema im einzelnen lautete, weiß ich heute nicht mehr. Wohl aber erinnere ich mich noch sehr genau an die anschließende Diskussion. Irgendwie war ich dabei auch auf ER zu sprechen gekommen. Unter anderem versuchte ich meinen Zuhörern an einem damals bei uns vielzitierten und mir daher wohlvertrauten Beispielsatz ER zu illustrieren. Ich bemühte mich auch, dieses Beispiel, es lautete im Kern der Aussage „Tomorrow was Christmas" in einen entsprechenden narrativen Kontext einzubinden. Die Reaktion meines als Gastgeber fungierenden Fachkollegen war etwas überraschend. Er meinte *Tomorrow was Christmas*, that's simply bad English!" Ich kann mich heute leider nicht mehr daran erinnern, was ich darauf geantwortet habe. Vermutlich war damit die Diskussion über ER zu Ende. Zu meiner Befriedigung finde ich mich mit meinem Beispiel von damals durch Jeremy Hawthorns *A Glossary of Contemporary Literary Theory* (1992) heute voll rehabilitiert. Hawthorn offeriert in seinem Glossary einen seitenlangen Eintrag *sub voce* „Free Indirect Discourse", in dem als eines der wenigen dort angeführten Textbeispiele für FID „Tomorrow was Christmas" angeführt wird!

Bibliographie

Banfield, Ann (1982). *Unspeakable Sentences: Narration and Representation in the Language of Fiction*. Boston: Routledge & Kegan Paul.

Booth, W.C. (1961). *The Rhetoric of Fiction*. Chicago: University of Chicago Press. "Afterword" Second Edition (1983).

Cohn, Dorrit (1966). "Narrated Monologue [= FID]. Definition of a Fictional Style." *Comparative Literature* 18: 97–112.

— (1978). *Transparent Minds: Narrative Modes for Presenting Consciousness in Fiction*. Princeton: Princeton University Press.

Fischer-Seidel, Th., Hrsg. (1977). *James Joyces „Ulysses"*. Frankfurt a.M.: Suhrkamp.

Fludernik Monika (1993). *The Fictions of Language and the Languages of Fiction: The linguistic representation of speech and consciousness*. London: Routledge.

— (1996). *Towards a ‚Natural' Narratology*. London: Routledge.

Füger, Wilhelm (1995). Rezension von Fluderniks *The Fictions of Language and the Languages of Fiction*. *GRM* N. F. 45: 251–254.

Funke, Otto (1929). „Zur ‚erlebten Rede' bei Galsworthy." *Englische Studien* 64: 472.

Günther, Werner (1928). *Probleme der Rededarstellung: Untersuchungen zur direkten, indirekten und „erlebten" Rede im Deutschen, Französischen und Italienischen*. Marburg a.d. Lahn: Elwert.

Hamburger, Käthe (1957/1968). *Die Logik der Dichtung*. Stuttgart: Klett.

Hernadi, Paul (1971). „Dual Perspective: Free Indirect Discourse and Related Techniques." *Comparative Literature* 24: 32–43.

— (1972a) "Appendix: Free Indirect Discourse and Related Techniques." In: Paul Hernadi. *Beyond Genre: New Directions in Literary Classification*. Ithaca: Cornell University Press, 187–205.

Herdin, Elis (1905). *Studien über Bericht und indirekte Rede im modernen Deutsch*. Uppsala: University Dissertation.

Hough, Graham. (1970). „Narrative and Dialogue in Jane Austen." *Critical Quarterly* 12: 201–229.

Jespersen, Otto (1924). *Philosophy of Grammar*. London: Allen & Unwin.

Karpf, Fritz (1928). „Die erlebte Rede im älteren Englischen und in volkstümlicher Redeweise." *Die Neueren Sprachen* 36: 571–581.

— (1931). „Die klangliche Form der erlebten Rede." *Die Neueren Sprachen* 39: 180-186.

— (1933). „Die erlebte Rede im Englischen." *Anglia* 57: 225–276.

Kayser, Wolfgang (1955). *Entstehung und Krise des modernen Romans*. Stuttgart: Metzler.

Kullmann, Dorothea Hrsg. (1995). *Erlebte Rede und impressionistischer Stil: Europäische Erzählprosa im Vergleich mit ihren deutschen Übersetzungen*. Göttingen: Wallstein.

Lerch, Eugen (1928). „Ursprung und Bedeutung der sog. ‚Erlebten Rede'. (‚Rede als Tatsache'). (‚Sie hatte, straf sie Gott, niemals eine schönere Braut gesehen')." *GRM* 16: 459–478.

Lodge, David (1966). *The Language of Fiction: Essays in Criticism and Verbal Analysis of the English Novel*. New York: Routledge.

— (1971). *The Novelist at the Crossroads and Other Essays on Fiction and Criticism*. Ithaca: Cornell University Press.

Lorck E. (1927). „Noch einiges zur Frage der ‚Erlebten Rede'." *Die Neueren Sprachen* 35: 456–464.

Mennicken, Franz (1920). „Eine eigentümliche Gestaltung des abhängigen Fragesatzes im Englischen, zugleich eine Bemerkung zur ‚freien indirekten Rede'?" *Die Neueren Sprachen* 27: 263–265.

Pascal, Roy (1962). „Tense and the Novel." *MLR* 57: 1–11.

— (1977) *The Dual Voice: Free indirect Speech and its Functioning in the Nineteenth-Century European Novel*. Manchester: Manchester University Press.

Pfandl-Buchegger, Ingrid (1993). *David Lodge als Literaturkritiker, Theoretiker und Romanautor*. Diss. Graz. Heidelberg: Winter.

Spitzer, Leo (1923). „Sprachmischung als Stilmittel und als Ausdruck der Klangphantasie." *GRM* 11: 193–216.

Stanzel, Franz Karl (1959). „Episches Praeteritum, erlebte Rede, historisches Praesens." *DVjs* 33 1–12.

— (1977). „Die Personalisierung des Erzählaktes im *Ulysses*." In: Th.-Fischer-Seidel, Hrsg. *James Joyces „Ulysses"*, Frankfurt a.M.: Suhrkamp, 284–308.

— (1982). *Theorie des Erzählens*. 2. Aufl. Göttingen: Vandenhoeck & Ruprecht.

— (1990). "A Low-Structuralist at Bay? Further Thoughts on *A Theory of Narrative*." *Poetics Today* 11/4: 805–816.

— (1995). „Begegnungen mit Erlebter Rede 1950–1990." In: Dorothea Kullmann, Hrsg. *Erlebte Rede und impressionistischer Stil: Europäische Erzählprosa im Vergleich mit ihren deutschen Übersetzungen*, Göttingen: Wallstein, 15–27.

— (1996). „Free Indirect Discourse/Erlebte Rede – An Irritation to Grammar and Narratology." In: Claes Wahlin, ed. *Perspectives on Narratology*, Frankfurt a.M.: Lang, 148–151.

Steinberg, Günter (1971). *Erlebte Rede: Ihre Eigenart und ihre Formen in neuerer deutscher, französischer und englischer Erzählliteratur*. Göppingen: Kummerle.

Wahlin, Claes, ed. (1996). *Perspectives on Narratology*. Frankfurt a. M.: Lang.

Walzel, Oskar (1926). *Das Wortkunstwerk: Mittel seiner Erforschung*. Leipzig: Quelle & Meyer.

Worringer, Wilhelm (1908). *Abstraktion und Einfühlung*. München: Piper.

Aus: *Welt als Text. Grundbegriffe der Interpretation*. Würzburg: Königshausen & Neumann. 2011.

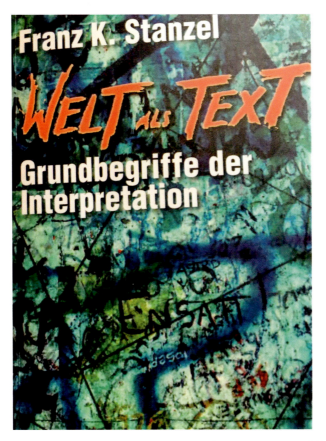

Einband B. Heiden, *Welt als Text. Grundbegriffe der Interpretation*, 2011

Brauchen wir ein transatlantisches Fair-Trade Abkommen für die Produkte deutschsprachiger Literaturwissenschaft?

In der von mir 2015 selbstverfassten ‚Festschrift' zum sechzigjährigen Jubiläum der *Typischen Erzählsituationen 1955–2015* (kurz *Triade*) werfe ich ein paar grundlegende Fragen betreffend die Beziehungen zwischen deutschsprachiger Anglistik und anglophonen English Studies auf. In diesem Zusammenhang wird auch auf die auffällig verzögerte Wahrnehmung des vorwiegend von der deutschsprachigen Literaturwissenschaft verwendeten Begriffs ‚Erlebte Rede', ‚free indirect discourse', aufmerksam gemacht. Trotzdem wird die durchgehende Anwendung des diesem Begriff zugrundeliegenden Konzepts durch den anglo-amerikanischen Kritiker James Wood von einigen deutschen Feuilletonisten als besonders originelle Leistung gepriesen. Und nun das anglistische Kuriosum: Anstatt meinem Hinweis auf die deutsche Herkunft dieses mit so großem Erfolg eingesetzten ‚discovery tool', nämlich Erlebte Rede, das also aus der Werkstatt vor allem der deutschsprachigen Literaturwissenschaft stammt, Raum zu geben, wird gerade dieselbe vonseiten der deutschen „Edelfeuilletons" *Zeit* und *Frankfurter Allgemeine* ob ihres „pedantischen Umgangs" mit Begriffen der Literaturwissenschaft mit Häme bedacht. In der *Zeit* vom 28.7.2014 nennt I. Mangold James Wood den „berühmtesten Literaturkritiker der Welt". Dem stimmt der Rezensent der *FAZ* vollinhaltlich zu und fügt dem auch noch hinzu „er schreibe auch nicht kariert wie ein deutscher Professor" (*Triade* 117–8). Auf dieses Fehlurteil habe ich in der Hoffnung aufmerksam gemacht, dass sich zumindest ein deutschsprachiger Anglist meinem Urteil anschließen würde. Nicht nur ist jeder Protest ausgeblieben, auch keine einzige anglistische Fachzeitschrift fand meine Arbeit, in der neben diesem Beitrag auch noch andere fachkritische Beiträge enthalten sind, einer Rezension wert. Da ich eine eingehende fachinterne Diskussion der von mir in diesem Zusammenhang aufgezeigten Problematik für dringend nötig halte, wird hier der angesprochene Beitrag noch einmal abgedruckt, in der Hoffnung, er möge dieses Mal einen Rezensenten finden, oder, was ich kaum zu hoffen wage, eine allgemeine Diskussion über die Asymmetrie der wechselseitigen Verweisungsdichte und Quellenangaben zwischen deutsch- und englischsprachigen Arbeiten im Bereich Anglistik und English Studies auslösen.

Noch einmal: Das Phänomen Erlebte Rede
(Aus historischer und komparatistischer Sicht)

> Erlebte Rede – E.R.
> Free Indirect Discourse – FID
> Style Indirect Libre – SIL
> "It's simply bad English!" – Kommentar der anglophonen chair-person zu meiner Erwähnung von E.R. in einem Vortrag

„Morgen war Weihnachten". Mit diesem Minisatz hat Käte Hamburger, wie schon erwähnt, um die Mitte des vergangenen Jahrhunderts der Diskussion über Erlebte Rede im Zusammenhang mit der nicht minder kontrovers diskutierten Frage des temporalen Bedeutungsverlusts des Epischen Präteritums eine der großen Diskussionen in der deutschsprachigen Literaturwissenschaft ausgelöst. Seither ist E.R. nie mehr völlig aus der deutschen Debatte verschwunden. Der syntaktische Aufprall eines zukunftweisenden Adverbs auf ein Verbum im Vergangenheitstempus hat in der neueren Narratologie buchstäblich gezündet und damit der Erzähltheorie neue Zugänge eröffnet, so auch für die Definition meiner ‚Typischen Erzählsituationen'. Dass dieses literarische Phänomen einmal auch noch Anstoß dazu geben wird, die deutsch-englischen Beziehungen auf dem Gebiet der Literaturwissenschaft kritisch zu sichten, kommt dann doch etwas überraschend.

Um zu verstehen, was sich auf diesem Gebiet so gut wie unbemerkt seit längerem abgespielt hat und sich noch immer abspielt, muss die Geschichte der Erkundung von E.R. kurz resümiert werden.

Die Sprachfigur ‚Erlebte Rede' wird um die Wende vom neunzehnten zum zwanzigsten Jahrhundert von Grammatikern – allerdings noch unter anderen Namen – aufgegriffen. Schon damals waren es die Neuphilologen, vor allem Romanisten und Anglisten, die sich häufiger als Germanisten dafür interessierten. Es ist die eigenartige sprachliche Zwitternatur, nicht richtig direkte, aber auch nicht richtig indirekte Rede, die die besondere Aufmerksamkeit erregte. Es lag vielleicht aus diesem Grunde auch nahe, sie als umgangssprachliche Mischform, also einen ‚grammatikalisch' unkorrekten Gebrauch zu betrachten. Wohl deshalb richtete man die größere Aufmerksamkeit zunächst auf sie als einer Form der Redewiedergabe, erst später untersuchte man sie auch als Form der Gedanken- oder Bewusstseinsdarstellung, vor allem im Roman. So berichtet der damals sehr prominente Romanist Leo Spitzer, dass er sich einmal dabei ertappt habe, E.R. in einer Anweisung an sein Dienstmädchen verwendet zu haben. (*GRM* 11, 1913) Und eine der ersten Materialsammlungen, angelegt vom Grazer Anglisten Fritz Karpf, ist auch vor allem dem Vorkommen von Erlebter Rede in „volkstümlicher Redeweise" gewidmet. (*Neuere Sprachen*, 1928) Daneben wurde aber auch schon die literarische Verwendung der E.R. ins Auge gefasst. So kommt Eugen Lerch auf Grund einer Untersuchung der *Buddenbrooks* sogar schon 1914 zur Einsicht, dass es sich bei E.R. primär nicht um ein grammatikalisches Problem der Satzsyntax, sondern um eine von der jeweiligen Sprechsituation, also der Textlinguistik, wie z.B. der jeweiligen Erzählsituation, wie man heute sagen würde, abhängige Erscheinung handelt. Bemerkenswert an Lerchs Untersuchung ist auch, dass hier bereits Imperfekt und E.R. gleichsam als Problemzwillinge auftreten, ein wichtiger Vorgriff auf Käte Hamburgers Thesen in ihrer *Logik der Dichtung*, 1958. Der narratologische Aspekt steht auch im Vordergrund der vom Schweizer Anglisten Bernhard Fehr veranlassten Arbeiten, die zu wichtigen Ergebnissen bezüglich der E.R. gelangen, auch wenn ihnen das später dafür entwickelte spezifisch textlinguistische oder erzähltheoretische Rüstzeug noch fehlt. Von mehr allgemein literaturwissenschaftlicher Seite näherte sich schon 1926 Oskar Walzel E.R. in seinem *Wortkunstwerk*. Ausgehend von der seit Otto Worringer geläufigen Unterscheidung zwischen „Eindruckskunst", die in der Idiomatik der Figurensprache, und „Begrifflichkeit", die im Duktus der Erzählersprache einen Ausdruck finde, lenkt er die Aufmerksamkeit der Diskussion weg vom Sprachlich-Grammatikalischen und hin zu den für die Literatur viel aufschlussreicheren stilistisch-narrativen Kategorien. Damit ist im Grunde schon die Aufmerksamkeit auf den „Dual Voice"-Charakter der E.R. gerichtet, wie er von Roy Pascal, der großen Ausnahmegestalt in Sachen E.R. unter englischsprachigen Germanisten, in seiner Studie *The Dual Voice*, 1977, verbindlich definiert werden wird: In E.R. überlappen sich oder verschmelzen miteinander zwei Stimmen, in der Regel die Stimme eines Erzählers und die Stimme einer Romanfigur. Aber auch Gedanken, Meinungen, Stimmungen, Gefühle von Romanfiguren können auf diese duale, in der Zuordnung ambivalenten Weise durch E.R. vermittelt werden. In diesem Punkt erweist sich E.R. häufig als Schlüsselsignal, das den Leser darauf vorbereitet, das Nachfolgende als Gedanken- oder Bewusstseinsinhalt nicht des Erzählers, sondern einer Romangestalt aufzunehmen.

Auch ein so knapper historischer Überblick darf nicht unerwähnt lassen, dass schon relativ früh auch Bedenken geäußert wurden, das ‚Überwuchern' eines Romans durch E.R. könne ungünstige Folgen haben. Sofern dabei vor allem an das Inhaltliche einer Erzählung gedacht wird, wie wohl z.B. in Wolfgang Kaysers zu seiner Zeit sonst sehr verdienstvollen Einführung in *Das sprachliche Kunstwerk*, 1947, geschieht, bedarf das heute keiner weiteren Erörterung mehr. Sofern aber das narrative Überhandnehmen in einem Erzähltext gemeint war, so ist durch die schärfere Trennung zwischen E.R. und Personaler Erzählsituation, wie sie von mir vorgeschlagen wird, klargestellt, dass gerade das wechselvolle Nebeneinander der beiden Erzählformen zur erzählerischen Dynamik in einer Story oder einem Roman beitragen kann. Nicht vorherzusehen war allerdings jener schwerwiegende ‚Unfall', der 1988 durch unüberlegten Gebrauch von E.R. in einer öffentlichen Rede verursacht wurde: Der politisch folgenschwere, weil rhetorisch fehlgeleitete Einsatz von E.R. in Philip Jenningers Bundestagsrede zum Gedenken an die jüdischen Opfer der sogenannten Kristallnacht von 1938 veranlasste Jenninger sogar, vom Amt des Bundestagspräsidenten zurückzutreten. Dazu nur so viel: E.R. setzt, wie in größerem Umfang auch Personale Erzählsituation im Roman, die Bereitschaft der Rezipienten voraus, sich in die vom Text suggerierte Subjektivität der Orientierung und der Gedanken eines Individuums zu versetzen. Diese Bereitschaft ist in der Regel in einer Erzählung meist unbeschränkt, in einer Rede zu einem hochpolitischem Thema kann sie aber, wie der Fall Jenninger zeigt, von einem Teil des Publikums dem Redner vorenthalten oder im Verlauf seiner Rede sogar entzogen werden. (Ende Wiederabdruck aus *Triade* 111–115. Mehr dazu in *Unterwegs*, S. 288f. und *GRM* 72, 1991).

Nach diesem Aufriss der Begriffsgeschichte von E.R. kann nun zum Ausgangspunkt dieses Beitrags, zur deutschen Rezeption von James Woods Romanstudie *How Fiction Works*, (2008) in der E.R. zum Leitbegriff für die

Interpretation erhoben wird, zurückgekehrt werden. Nachdem hiemit aufgezeigt wurde, dass E.R. seit mehr als hundert Jahren in der deutschsprachigen Kritik und Interpretation der Erzählliteratur nicht nur ein angestammtes Heimatrecht beanspruchen kann, und auch in Romankritik und Erzähltheorie nicht nur einen der meistgebrauchten, sondern auch ergiebigsten Arbeitsbegriffe im Sinne eines ‚Discovery Tool' repräsentiert, sind ein paar Fragen an die bereits genannten Feuilletonisten der deutschen Presse nicht zu umgehen.

Sind ihnen die zahlreichen Arbeiten in deutscher Sprache, in denen E.R. sehr erfolgreich in der Interpretation und literaturwissenschaftlichen Analyse seit der Mitte des vergangenen Jahrhunderts verwendet wird, bekannt? Wenn ja, dann wäre zu klären, warum die anregenden, aber in keiner Weise originellen Interpretationen von James Wood von ihnen so viel höher geschätzt werden, als deutsche Arbeiten dazu. Wood selbst ist auch wenig überzeugend, wenn er sich allein auf G. Flaubert als seinen großen Mentor in Sachen E.R. beruft. Bei den von ihm auch genannten Viktor Shklovsky und Roland Barthes konnte er wohl nicht viel E.R.-Spezifisches finden.

Nun aber zum eigentlichen Kuriosum der ganzen Angelegenheit: Das oben genannte deutsche Feuilleton feiert über alle Gebühr die zwar ansprechend formulierte, aber literaturwissenschaftlich mittelmäßige und keineswegs originelle Leistung eines Anglo-Amerikaners für den Einsatz eines kritischen Instrumentariums, für dessen Entwicklung und begriffliche Verfeinerung deutsche Literaturwissenschafter jahrelang von manchen amerikanischen Fachkollegen belächelt wurden. Gerade einer der führenden amerikanischen Narratologen, W.C. Booth, dessen *Rhetoric of Fiction* (1961) bis vor kurzem das an US Colleges am weitesten verbreitete Lehrbuch der Erzähltheorie war, hat sich in dieser Ansicht unrühmlich hervorgetan. Das ist besonders bedauerlich, weil seine *Rhetoric of Fiction*, auch ins Deutsche übersetzt, zur neueren Narratologie einige wichtige Erkenntnisse beigesteuert hat. Es sei nur an seine Charakterisierung des „unreliable narrator" wie auch an seine differenzierte Unterscheidung zwischen „dramatized" und „undramatized narrator" erinnert. Booth hielt E.R. für ein von deutscher gelehrsamer Pedanterie erfundenes Phantom, dem nachzujagen deutsche Forscher nicht müde würden (vgl. *Triade* 124). Ebenso wenig hält er von einer strukturellen Unterscheidung zwischen Erzählungen in der Ich-

und der Er-Form, also genau jener Differenz, die in der deutschen Erzähltheorie seit K. Forstreuters Tagen immer wieder diskutiert und die durch K. Hamburgers Thesen neuerdings in den Mittelpunkt einer sehr fruchtbaren Debatte gestellt worden ist. Für Booth ist die Ich/Er-Unterscheidung „Perhaps the most overworked distinction". Er zählt sie also zusammen mit E.R. zu den vorwiegend von Deutschen wissenschaftlich kultivierten theoretischen Redundanzen. Wenig überzeugend klingt auch seine Retractatio, als auch für ihn diese Position nicht mehr haltbar geworden war. Im Nachwort zur zweiten Auflage der *Rhetoric*, 1981, die nach Dutzenden von Reprints der Erstauflage praktisch unverändert präsentiert wurde, zieht er dieses negative Urteil mit dem lakonischen Kommentar „Plain wrong" zurück, ohne aber ein Jota an seinem ursprünglichen Text zu ändern. Ob meine in der führenden amerikanischen Zeitschrift *NOVEL* (1978) vorgebrachten Einwände gegen seine Abwertung sowohl des Ich/Er-Unterschieds wie auch der E.R. diesen Sinneswandel W.C. Booths veranlasst haben, entzieht sich meiner Kenntnis. Mein Einsatz in dieser Sache trug mir vom Herausgeber der Zeitschrift *NOVEL* ein wenig schmückendes Prädikat ein: In der Vorstellung der Beiträger zur betreffenden Nummer ist zu lesen: „Frank. K. Stanzel *pontificates* at the University of Graz" (Meine Hervorhebung). Inzwischen haben auch mehrere amerikanische Narratologen, wie anderswo erwähnt, sehr energisch eine Lanze auch für E.R. in Englisch gebrochen, so Dorrit Cohn und B. Hernadi.

In Anbetracht des regen Austausches zwischen der deutschsprachigen und englischsprachigen, vor allem amerikanischen Literaturwissenschaft, lohnte es sich vielleicht doch, angesichts dieser Vorfälle mit W.C. Booth und James Wood, einmal der Frage nachzugehen, warum es auf einigen speziellen Gebieten zu solchen Divergenzen der Interessen an bestimmten Fragestellungen und Bewertungen von Forschungsergebnissen kommen konnte.

Ein plausibler Grund für die unterschiedlichen Ansätze, Begriffe und Problemstellungen scheint in der Verschiedenheit der Organisationsstrukturen der Universitäts-Institute, denen das Studium der Sprach- und Literaturwissenschaft anvertraut ist, zu liegen. Die kontinentaleuropäischen Institute und Seminare zeichnen sich durch größere organisatorische und personelle Nähe zwischen Sprachwissenschaft und Literaturwissenschaft aus, als in anglophonen English-Departments vorgegeben ist. Ganz besonders gilt das für die sogenannte Neuphilologie, wie einst die Institute für Anglistik, Romanistik, Slawistik u.s.w. kollektiv bezeichnet wurden. In diesen neuphilologischen Instituten wurde auch E.R. zum ersten Mal erfasst und zwar bezeichnenderweise als grammatikalisches Phänomen. In diesen Bereichen, und das scheint für die Erklärung nicht unwichtig zu sein, wurde Sprach- und Literaturwissenschaft oft in Personalunion, nämlich von ein- und demselben Professor vertreten. Dieser Umstand verhinderte zwar einerseits eine höhere fachliche Spezialisierung vor allem auf dem Gebiet der Literatur, bot aber gerade für das Aufdecken eines Phänomens, das wie E.R. als Zwitterphänomen zwischen Sprach- und Literaturwissenschaft angesiedelt ist, besonders günstige Voraussetzungen. An britischen und amerikanischen English Departments herrschen dank der höheren fachlich-organisatorischen Differenzierung zwischen Sprach- und Literaturwissenschaft andere Gegebenheiten, die solche Kompetenzbündelung nicht erforderten oder zuließen. Dass diese Unterschiede der akademischen Organisation aber auch zu Verwerfungen des anglo-amerikanischen Urteils, vor allem über die Leistungsfähigkeit der deutschsprachigen Literaturwissenschaft, führen würde, war nicht vorauszusehen. Es wäre aber sehr zu wünschen, wenn in Zukunft auch auf dem Gebiet der Literaturwissenschaft eine Art Fair-Trade Abkommen im Geiste respektiert werden würde, so dass die unterschiedliche Akzentuierung literaturkritischer Interessen und Arbeitsstile zu beiden Seiten des Atlantiks und des Ärmelkanals künftig einer ausgewogeneren Beurteilung zugeführt werden kann. Der Fall der unkritischen deutschen Rezeption von James Woods Romanstudie und der manchmal geringschätzige Umgang amerikanischer Kritiker besonders im Falle der deutschen E.R.-Forschung zeigt, dass auch auf anglophoner Seite noch Nachholbedarf in dieser Hinsicht besteht. Auch wenn das Deutsch in Fachpublikationen wegen seiner Vorliebe für Definitionen und Dokumentierung der Informationsquellen manchmal etwas „gespreizt" oder „kariert" daherkommen mag, ist das, was so beschrieben wird, literaturwissenschaftlich nicht notwendigerweise völlig unbedeutend. Leider ist die deutschsprachige Literaturwissenschaft, der von englisch-amerikanischer Seite, wie schon erwähnt, häufig Mangel an Klarheit und Eleganz des Ausdrucks vorgeworfen wird, gegenwärtig im Begriff, sich zusätzlich ein weiteres schweres Handicap aufzuladen: Es besteht nämlich neuerdings eine unnötig große Bereitschaft zur Totalanglisierung der Fach-Kommunikation. Mir schwebt eine grundlegende Änderung der Zielsetzung anglistischer Studien vor. Nicht ein weiterer Wettbewerb mit der anglophonen Anglistik und English Studies, sondern ein mehr komparatistischer Zugang soll von der deutschsprachigen Anglistik angestrebt werden, wobei jeweils die mit der deutschen Sprache vorgegebene Besonderheit der Vorstellungen und die mit ihr vorgegebenen Denkschemata den Schwerpunkt der Betrachtung und Auslegung englischer Literatur auf Deutsch bilden sollen. „Die Sprache ist nicht die Magd, sondern die Mutter der Gedanken" (Karl Kraus)!

Die hier verkürzt vorgebrachten Bedenken werden – von zahlreichen bibliographischen Angaben gestützt – ausführlicher präsentiert in „Das Phänomen Erlebte Rede", *Die typischen Erzählsituationen 1955–2015*, (Triade) 2015, S. 111ff.

Totalanglisierung: Ein bedenkliches Post-Bologna Erbe

Die Totalanglisierung des anglistischen literaturwissenschaftlichen Diskurses', wie man sie heute im Gefolge der Durchführung der Bologna-Reform an allen deutschsprachigen Instituten für Anglistik praktiziert, wird sich längerfristig als schwerwiegender Nachteil für die Eigenständigkeit der anspruchsvolleren Literaturwissenschaft auf Deutsch erweisen. Meine schon mehrfach dazu geäußerten Bedenken wurden ignoriert oder verfielen überhaupt einer stillen Zensur fast aller Fachzeitschriften, die sich allesamt weigerten, die Arbeit, in der ich diese Bedenken geäußert habe, einer Rezension zuzuführen, wodurch eine öffentliche Diskussion darüber unterbunden wurde. Es handelt sich um meine Arbeit mit dem zugegeben nicht sehr treffenden Titel *Die Typischen Erzählsituationen 1955–2015,* 2015. In diesem Band werden im Kapitel „Kontroverses" meine Bedenken gegen die ‚Totalanglisierung' ausführlich begründet. Da offensichtlich keinerlei Bereitschaft besteht, meiner dort dargebotenen Argumentation zu folgen, beschränke ich mich hier darauf zu zeigen, wie allein einige meiner von mir verwendeten Begriffe durch Fehlübersetzungen zu groben Missverständnissen Anlass gegeben haben.

In meiner Erzähltheorie werden die Typischen Erzählsituationen u.a. auch als idealtypische Formen im Sinne von Max Weber beschrieben, was also heißt, dass sie in einem Text sozusagen nie in Reinform vorkommen. Im totalanglisierten Diskurs werden sie aber dann als ‚ideal types' übersetzt und dann auch häufig so verstanden, als ob der Autor sich literarische Meriten damit verdienen könne, wenn sie gleichsam in ‚Reinform' realisiert werden. Und ich als der Urheber einer so textfremden Vorschreibung muss mir dann dafür die Schelte anhören, ein narratologischer Beckmesser zu sein. Dass die von mir von ‚persona' = Maske, durch die ein Schauspieler auf klassischer Bühne gesprochen hat, abgeleitete ‚personale' Erzählsituation als ‚personal' narrative situation übersetzt und dann auch so missverstanden wird, dem hat zwar Dorrit Cohn vorzubeugen versucht, indem sie in der von ihr überwachten ersten englischen Übersetzung der *Typischen Erzählsituationen* ‚personal' sehr treffend mit ‚figural' übersetzen ließ. Doch das wissen viele englisch-parlierende Anglisten deutscher Muttersprache nicht. „Die Sprache ist nicht die Magd sondern die Mutter der Gedanken", dieses kluge

Wort von Karl Kraus sollte man jedem ‚Totalanglisten' ins Stammbuch schreiben. Als ich als hochbetagter Emeritus mich 2008 noch einmal erkühnte und die über 30 Jahre hinweg von allen Generationen von Hörern immer wieder mit viel Interesse aufgenommene Vorlesung „Der Stilwandel vom Klassizismus zur Romantik" ein letztes Mal anbot, was dann auch vor allem von Anglistik-Senioren (generisch!) sehr beifällig aufgenommen wurde, suchte ich die entsprechende Ankündigung vergeblich im Hauptteil des Vorlesungsverzeichnisses für WS 2008, wo ich sie angesichts der zentralen Bedeutung dieses Themas für jedes literaturwissenschaftliche Studium eigentlich vermutete. Man hat mich dann auf den Appendix verwiesen, wo sog. Wahlfächer aufgeführt werden, die Post-Bologna wohl als Füllsel-Angebot gelten, um das Plansoll an ECTS-Punkten für ein Semester voll zu machen. Noch mehr irritiert aber hat mich die von mir nicht approbierte Ankündigung des Themas meiner Vorlesung „Stilwandel" auf Englisch als „The Change of Style etc.… ". Eine solche Fehlübersetzung demonstriert sehr deutlich, warum die plane Totalanglisierung des literaturwissenschaftlichen Diskurses, ohne kritische Selbstreflexion ihrer sprachlichen Kosten, anglistische Literaturwissenschaft auf die Dauer zu einer zweitklassigen Disziplin reduziert. Der metaphorische, in Richtung auf organisches Werden, Wachsen, Wechseln aufgeladene Begriff ‚Wandel' wird durch ‚change' in Richtung auf willkürlich, mechanisch durchgeführten Wechsel verschoben, die ein tiefergreifendes Verständnis des Themas Stilwandel von vornherein sehr erschwert. Das ist jedoch kein Einzelfall, wie sich sogleich zeigen würde, wenn erst einmal das Bewusstsein dafür geweckt ist, dass die Sprache eben nicht eine Magd, also Dienstleisterin, sondern die Mutter, also die Erzeugerin von Gedanken und metaphorischen Vorstellungen ist. Indem wir Literaturwissenschaft dem Muttersprachbewusstsein nachordnen, sind wir verdammt, oft Zweitrangiges zu produzieren. Aufgabe der fremdsprachigen Literaturwissenschaft müsste aber sein, den durch die Muttersprache geschärften Blick auf den Text in der Fremdsprache zu richten: Was wir dann erkennen, ist ein Mehrgewinn an Sinnhaftigkeit, der oft nur uns deutschsprachigen Anglisten zugänglich wird.

INTERVIEW

Seine „Theorie des Erzählens" ist nach wie vor DAS Standardwerk für Literaturstudierende. Den Grundstein für seine akademische Karriere legten vier Jahre Kriegsgefangenschaft in England und Kanada. Heute ist **Franz Karl Stanzel** 98 Jahre alt. Wie hat Österreichs bekanntester Anglist seine eigene Studienzeit an der Uni Graz unmittelbar nach dem Zweiten Weltkrieg erlebt? Ein Zeitzeugendokument.

Text: Carmen Teubenbacher • Fotos: Marija Kanizaj

Kapitel 7:
Nemesis auf hoher See: Facta oder Ficta?

Ein literarischer Essay über den Untergang der Schlachtschiffe
HMS Hood, *Bismarck*, *HSM Barham* und *Scharnhorst*

Nemesis steht im Griechischen für die Zuteilung des Gebührenden, für eine ausgleichende, vergeltende Gerechtigkeit, auch Bestrafung menschlicher Überheblichkeit. Dem Historiker gilt Nemesis nicht als kausale Erklärung für den Ablauf eines historischen Geschehens, in der Literatur dagegen ist sie bei der Deutung eines fiktionalen Ereignisses mitunter als signifikantes Erklärungsmodell mit in Betracht zu ziehen. Die dargestellte Wirklichkeit in einem Roman ist nämlich analog zur »Augmented Reality« im Dokumentarfilm etc. eine in ihrer Sinnhaftigkeit erweiterte oder vertiefte Welt. Die Erweiterung oder Vertiefung erfolgt in der Literatur durch die Imagination des Autors und, was häufig übersehen wird, auch des literarisch erfahrenen Lesers. Hier kann auf die schon sehr umfangreiche rezeptionsgeschichtliche Diskussion über die Grenzziehung zwischen Facta und Ficta in der Literatur, die den weiteren hermeneutischen Hintergrund dieses Sachverhalts bildet, aus Platzgründen nicht eingegangen werden. In der literarischen Deutungslehre wird – so viel soll doch festgehalten werden – eine scharfe Demarkierung dieser beiden Bereiche nicht erwartet. Es empfiehlt sich vielmehr, ein Kontinuum zwischen Facta und Ficta anzunehmen, auf dem sich diese Grenze von Szene zu Szene verschieben, die Bereiche sich vermischen können.

Als Giovanni Boccaccio im 14. Jahrhundert seine Erzählungen vom Sturz illustrer Personen vom hohen Podest ihrer Macht und Würde (*De Casibus Virorum Illustrium / Hochmut kommt vor dem Fall*) veröffentlichte, wurde zwischen historiographischer und literarischer Darstellung nicht unterschieden. Die dem *De Casibus*-Schema immanente Idee, im Hintergrund dieses Geschehens wirke eine allgegenwärtige, ausgleichende Gerechtigkeit, hat sich im Denken der Menschheit durch die Jahrhunderte hindurch, wenn auch meist nur in vagen Umrissen erkennbar, erhalten.

Abb. 1: Die Besatzung von *HMS Hood* parademäßig angetreten auf der Back des Schlachtschiffes.

Im vorliegenden, literarisch gestimmten Essay soll versucht werden, an Hand von historisch gut dokumentierten Ereignissen der Seekriegsgeschichte des letzten Weltkrieges, der spektakulären Versenkung der Schlachtschiffe *HMS Hood*, *Bismarck*, *HMS Barham* und *Scharnhorst*, einem von den Historikern wenig beachteten Aspekt größere Aufmerksamkeit zuzuwenden: Es geht um die Deutung von dem Anschein nach zufälligen Ereignissen mit besonders schwerwiegenden Folgen, wie sie in allen der hier zu betrachtenden Schiffsversenkungen eingetreten sind. Diesen Zufällen mit dem begrifflichen Rüstzeug des Literaturwissenschafters – S.T. Coleridges »armed vision« – nachspürend, zeigt sich, dass bei der Deutung dieser zufälligen Ereignisse der Idee einer Nemesis unter Umständen doch eine gewichtigere Bedeutung zugebilligt werden könnte, als etwa ein der nachweisbaren Kausalität verpflichteter Historiker in der Lage ist zu akzeptieren. Mit anderen Worten, es geht darum, in dem Grauen des verlustreichen Untergangs moderner, technologisch hochgerüsteter, vermeintlich unbezwingbarer und unsinkbarer Kriegsschiffe eine, wenn auch erschreckende ›nemetische‹ Sinnhaftigkeit zu erkennen.

Die dafür ausgewählten Fälle haben sich vor allem wegen der selbst für den modernen technisierten Krieg außerordentlich hohen Verluste an Menschenleben – man beachte das aus dem Lot gekippte Verhältnis der hohen Besatzungszahl zur geringen Zahl der jeweils Überlebenden – in die kollektive Erinnerung des Seekriegs 1939–1945 eingegraben. Einer Beantwortung der Frage, ob hinter dem Verlauf dieses fatalen Geschehens irgendwo ein Agens erkennbar wird, – Wer hat hier gewürfelt, oder war es blindes Fatum? – kann angesichts der unfassbar hohen Opferbilanz, einer der Humanitas verpflichteten, literarisch orientierten Reflexion auf die Dauer nicht ausweichen. Ein umso dringlicheres Desiderat, als heute neben den literarischen Berichten auch filmische Dokumentar-Aufnahmen einer Seeschlacht einem breiten Publikum verfügbar sind, die u.a. Bilder zeigen, wie die meisten Überlebenden der gesunkenen Bismarck nach Abbruch der Rettungsaktion wegen U-Bootalarms ihrem Schicksal überlassen werden. Um einer möglichen Antwort näher zu kommen, soll versucht werden, den historisch-faktualen Bericht zunächst als literarisch-fiktionales Narrativ zu lesen, um dann zu prüfen. ob diese Lesart auch etwas zur historischen Erklärung beitragen kann.

Zum allgemeinen Verständnis ist vorauszuschicken, dass ein literarischer Text auf etwas andere Weise an die Vorstellung des Lesers appelliert als ein historischer. Den Grund dafür hat, apodiktisch stark überspitzt, der Romanautor Aldous Huxley eine seiner Figuren so formulieren lassen: »The trouble with fiction [...] is that it makes too much sense«. Das kann etwas moderater und sachlicher so ausgedrückt werden: Eine literarische Erzählung bietet dem Leser im Vergleich zu einer historischen Darstellung derselben Begebenheit ein Plus an Sinnhaftigkeit für ihre Deutung an. In der neueren Historiographie (Hayden White, A. Danto, R. Koselleck u.a.) nimmt augenscheinlich die Bereitschaft zu, einen solchen »Überschuss« nicht generell und total als Fiktionalisierung des Geschehens abzutun. Das gibt dem hier unternommenen Versuch einen gewissen epistemologischen Rückhalt.

Um den Übergang vom historisch-dokumentarischen zum literarisch-imaginativen Vorstellungsmodus gleitend zu gestalten, sei vorweg die Betrachtung einer poetischen Gestaltung eines anderen spektakulären Schiffsuntergangs, des Luxusliners *Titanic*, eingeschoben.

Noch im Jahr der Titanic-Kollision mit einem Eisberg, 1912, schrieb Thomas Hardy das Gedicht *The Convergence of the Twain*, in dem er die fatale Begegnung der beiden Giganten, auf der einen Seite das stolze Schiff, Repräsentant der technischen Hochzivilisation, und auf der anderen der Eisberg, Ikone der ungebändigten Natur, schildert. Das Zusammentreffen ist ein schicksalhaftes Ereignis, die Vollstreckung eines Urteils, das eine höhere Instanz über den anmaßenden Hochmut der modernen Technologie gefällt hat. Hardy nennt den Vollstrecker dieses Urteils in offensichtlicher Anlehnung an Schopenhauer »Immanent Will«. Hardys poetische Schilderung fokussiert den Blick des Lesers vielsagend auf das Wrack der stolzen *Titanic*, das auf dem Meeresgrund liegend von den Tieren der Tiefsee visitiert wird, die neugierig die verschwenderische Ausstattung der Luxuskabinen beäugen oder die Spiegel mit ihren Schleimspuren überziehen. Diese Bilder suggerieren unmissverständlich den Gedanken, dass hier Nemesis, die Zuteilung des Gebührenden, ihre Hand mit im Spiele hatte. Das wird noch bekräftigt durch die nur skizzierte Vorgeschichte. Genau zeitgleich zur Vollendung des Schiffes in einer Werft kalbt hoch oben in der Arktis ein Eisberg und beginnt auf präzise abgesetztem Kollisionskurs mit der auf ihrer festlichen Jungfernfahrt dampfenden *Titanic* zu treiben:

> [...]while was fashioning
> This creature of cleaving wing,
> The Immanent Will [...]
> Prepared a sinister mate
> For her – so gaily great –
> A Shape of Ice.

Die im Englischen ungewöhnliche Kapitalisierung der Umschreibung des Eisbergs als »Shape of Ice« macht aus der Materie Eis ein fast schon personifiziert agierendes Wesen, den Vollstrecker von Nemesis?

Diese poetische, von starken Metaphern vorangetriebene Reflexion über die *Titanic*-Katastrophe ist ein nachdrücklicher Appell an den Leser, der geschilderten Szene eine höhere Sinnhaftigkeit zuzugestehen, als eine prosaisch nüchterne Nacherzählung der Katastrophe gestatten würde.

Mehrere historisch penibel recherchierte Darstellungen des Schicksals des Schlachtschiffes *Bismarck*, das am 27. Mai 1941 von britischen Seestreitkräften im Nordatlantik versenkt wurde, liegen heute vor:

- Ludovic Kennedy. *Versenkt die Bismarck! Triumph und Untergang des stärksten Schlachtschiffes der Welt.* Wien 1975 (*Pursuit. The Sinking of the Bismarck*).
- Burkard v. Müllenheim-Rechberg. *Schlachtschiff Bismarck.* (1979) Würzburg 2005.
- Jochen Brennecke. *Schlachtschiff Bismarck.* (1960) Rastatt 1995.
- Cajus Bekker. *Verdammte See. Ein Kriegstagebuch der deutschen Marine 1939–1945.* Augsburg 1992.

Es besteht Übereinstimmung darüber, dass dieses Ereignis von außerordentlicher marinehistorischer Bedeutung war. Die Seeschlacht in der Dänemarkstraße zwischen Island und Grönland läutete nämlich das Ende der Epoche der Schlachtschiffe ein, die schon zwei Jahre später mit der Versenkung der *Scharnhorst* definitiv beendet wurde. Das erklärt auch, warum sich das Interesse der Marinehistoriker, sowohl auf deutscher wie auch britischer Seite, dem Ablauf der Seeschlacht mit besonderer Intensität zugewendet hat. Stellvertretend für die oben genannten und andere Darstellungen der Vernichtung der *Bismarck* sei hier eine besonders genannt, weil sie mit großer Umsicht sowohl die britischen wie auch deutschen Forschungsergebnisse berücksichtigt: Ludovic Kennedy. *Pursuit. The Sinking of the Bismarck/ Versenkt die Bismarck!* Darüber hinaus bietet sie durch ihre narrative Gestaltung, die dem Leser über die Wiedergabe der Fakten hinaus ein anschauliches Bild der Vorgänge, z.T. auch aus der Sicht von englischen und deutschen Zeitzeugen, zu vermitteln sucht, eine für den hier beabsichtigten Vergleich der historiographischen und literarischen Deutung des Geschehens eine willkommene Argumentationshilfe. Kennedy war auf dem Schauplatz der Schlacht mit der *Bismarck*, doch musste der Zerstörer, auf dem er Dienst tat, wegen Brennstoffmangels Stunden vor der Versenkung der *Bismarck* die Rückfahrt antreten. Sein Kommentar zu dem fatalen Torpedotreffer der *Fairey-Swordfish* an der Ruderanlage der *Bismarck* ist für unser Thema höchst aufschlussreich: »Der von der Swordfish [...] angerichtete Schaden am Ruder war etwas, das, wie man so sagt, alle 100 Jahre einmal vorkommt«. (*Versenkt die Bismarck*, 246)

Hier soll nachfolgend, ermutigt durch R. Kosellecks These der »Fiktion des Faktischen« (Vgl. Verf. »Historie, Historischer Roman, Historiographische Metafiktion«. *Die Welt als Text*, 2011, 329) versucht werden, die rein historische, quellengebundene Deutung des Geschehens durch eine narrativ erweiterte Deutungsdimension, in der aus der Imagination des literaturkundigen Lesers der Handlung neue Sinnhaftigkeit zuwächst, zu ergänzen.

Schlachtschiff Bismarck auf Kurs Atlantik

Im Mai 1941 erhält das Schlachtschiff *Bismarck*, zusammen mit dem schweren Kreuzer *Prinz Eugen*, den Befehl, möglichst unentdeckt in den Atlantik auszubrechen, um dort, neben den U-Booten, die alliierte Zufuhr von kriegswichtigem Material massiv zu stören, was kurz zuvor den Schlachtschiffen *Scharnhorst* und *Gneisenau* mit einigem Erfolg gelungen war. Die Tarnbezeichnung für dieses Unternehmen lautet »Rheinübung«. In der Dänemarkstraße zwischen Island und Grönland stellt sich den beiden eine starke gegnerische Einheit, angeführt vom Stolz der Royal Navy, dem damals größten Dreadnought, wie Schlachtschiffe ursprünglich vielsagend genannt wurden, die *HMS Hood* entgegen. Es kommt zum Gefecht, schon eine der ersten Salven der *Bismarck* vernichtet die *Hood*. Von 1.418 Mann Besatzung können nur drei gerettet werden. Die Bestürzung über den Verlust der *Hood* im War Cabinet in London und in der englischen Bevölkerung ist groß. Churchill hatte voraussehend, welches Unheil die deutsche Streitmacht im Atlantik anrichten könnte, schon vorher der Admiralität mit großem Nachdruck aufgetragen: »Versenkt die Bismarck!« Die Home Fleet mobilisiert daraufhin sofort alle verfügbaren Kräfte, um die *Bismarck* zur Strecke zu bringen. Das gelingt den vereinten Kräften der Royal Navy dann auch drei Tage nach Versenkung der *Hood*. Wie im Falle der *Hood* kann nur ein kleiner Teil der Besatzung, 116 von 2.104 Mann, gerettet werden. In England legt das patriotische Sentiment nahe, die Vernichtung der *Bismarck* als Rache für den bitteren Verlust ihrer *Hood* zu betrachten. In diesem Geist wird sie auch vom Großteil der britischen Presse gefeiert. Darin bereits einen Beleg für unser Nemesis-Thema zu sehen, wäre einseitig und argumentativ zu kurz gegriffen. Die Ereignisse erscheinen nämlich in einem ganz anderen Licht, wenn sie in eine umfassendere Erzählung eingefügt werden, die, rückblickend wie auch vorausgreifend, ganz bestimmte Umstände bei vergleichbaren Ereignissen des Seekriegs von der Peripherie ins Zentrum der Aufmerksamkeit rückt. Für ein Verständnis von Nemesis ist nämlich die Kenntnis gewisser Vorkommnisse, denen in den rein faktualen Berichten meist wenig Aufmerksamkeit geschenkt wird, wichtig. Darauf soll nachfolgend näher eingegangen werden.

Der Zufall – nur Motivationsrest?

Zufall als Verzicht auf eine kausale Erklärung ist für den Historiker nicht akzeptabel, oder gilt nur als unerheblicher »Motivationsrest« (R. Koselleck) oder ein Abweichen von der »Normalerwartung« (K. Acham), mit der man immer zu rechnen habe. In der literarischen Hermeneutik kann dagegen ein augenscheinlicher Zufall im Ablauf eines Geschehens auch eine Herausforderung zu einer vertiefenden Sinnstiftung verstanden werden. Dafür soll an Hand der Erzählung vom Untergang der genannten Kriegsschiffe der Nachweis versucht oder für ein solches Cogitabilium, Denkmöglichkeit, wenigstens eine gewisse Plausibilität geschaffen werden. Um sich dafür zu öffnen, möge man sich vorstellen, man läse diese Untergangsgeschichten als Teil eines Seekriegsromans. Als aufmerksamer Leser eines solchen Narrativs würde man gewissen Ereignissen, die im historischen Diskurs wahrscheinlich nur am Rande Beachtung fänden, vermutlich erhöhte Aufmerksamkeit zuwenden, nämlich vor allem jenen Begebenheiten, für die in der historischen Darstellung keine zureichenden Ursachen genannt werden können, und daher dem Motivationsrest Zufall zuzuzählen wären.

War die »Mighty *Hood*«, dieses Attribut wurde ihr im öffentlichen Bewusstsein Britannias verliehen, nicht gerade durch ihren Nimbus der Mächtigkeit dazu prädestiniert, im Sinne des der Literatur seit dem Mittelalter vertrauten *De Casibus Virorum Illustrium*-Schemas – die Mächtigen kommen vor dem Fall – einen spektakulären Absturz zu erleiden? Dass ihr Untergang letztlich, soweit später festgestellt werden konnte, durch Brand in einer Munitionskammer, also nur sekundär durch gegnerisches Feuer, mehr durch ein unglückliches Zusammentreffen gewisser Faktoren an Bord verursacht wurde, »the loser's poor luck« wie es ein Kommentator (Sean Waddingham) umschreibt, bringt die beiden Kolosse *Hood* und *Bismarck* auch noch im Untergang auf ominöse Weise einander näher. Die Panzerung der *Bismarck* war so massiv, stellenweise mehr als 30cm Wotan-Stahl, dass ihr gegnerisches Artilleriefeuer auch schwersten Kalibers nur wenig anzuhaben vermochte. Auch Torpedos, auf ihre Breitseite lanciert, prallten an ihrem Gürtelpanzer buchstäblich ab. Der *Fairey-Swordfish*-Torpedobomber, der vom Flugzeugträger *Ark Royal* aufgestiegen war, hatte als Doppeldecker ein geradezu museales, wenig martialisches Aussehen (man nannte Flugzeuge dieses Typs deshalb auch etwas abschätzig Shoppingbags, Einkaufstaschen), ausgerechnet ein solches Flugzeug warf den Torpedo ab, der den fatalen Treffer in der Ruderanlage der *Bismarck* erzielte. Die Inkongruenz zwischen Erscheinung und Wirkung der beiden Kontrahenten, die riesige, hochgerüstete und dick gepanzerte Kampfmaschine und der fragile, völlig ungeschützte Doppeldecker, übertreibt das David-Goliath Motiv fast bis zur Absurdität. Dass der *Swordfish*-Torpedo, vom Piloten auf die Breitseite der *Bismarck* lanciert, wo er keinen Schaden hätte anrichten können, gleichsam versehentlich die Achillesferse, die Ruderanlage am Heck traf und die *Bismarck* dadurch total manövrierunfähig machte, was ihr Schicksal besiegelte, ruft wiederum den Nemesis-Gedanken auf den Plan. Hinzu kommt: *Fairey-Swordfish*-Torpedobomber schafften mit Mühe 200 km/h, boten sich daher im Zielanflug, während dem sie möglichst gerade und mit reduzierter Geschwindigkeit knapp über dem Wasser auf das Ziel zufliegen mussten, um einen Torpedo zielgenau abwerfen zu können, geradezu als ideale Zielscheiben für die durch elektronische Feuerleitsysteme gesteuerte Abwehr der *Bismarck* dar. Zu ihrem großen Glück war jedoch die ballistisch so perfekte Feuerleitanlage der *Bismarck*-Flak falsch programmiert, es wurde ihr eine zu hohe Geschwindigkeit des Angreifers eingegeben, so dass die Geschosse ihr Ziel verfehlten: Irrtum oder Zufall, wenn Zufall, wiederum ein entscheidender Zufall. Ist es wirklich völlig abwegig, dabei in einem gewissen Sinn an

Abb. 2: Diese Aufnahme von den (noch) Überlebenden der *Bismarck* wurde von der *Dorsetshire* aus gemacht, als der Kreuzer bereits abdrehte, um die Szene zu verlassen.

einen »fairen« Ausgleich zwischen alter und neuester Kampftechnologie, Mut eines Einzelnen gegen eine von Tausenden bediente Superkampfmaschine zu denken?

Die für beide Seiten fatale Begegnung von Hood und Bismarck in der Dänemarkstraße wird überschattet von unvorhersehbaren, auch in ihrer Häufung unerklärlichen Umständen. Von Anfang an schien ein ominöses Fatum über allem zu walten, ein Bonding, eine von den Beteiligten nie bewusst wahrgenommene schicksalhafte Bindung aneinander. Dieses Drama, aufgeführt unter den Auspizien von Nemesis, hatte noch ein schauriges Nachspiel. Von der *Hood* gab es, wie schon erwähnt, nur drei Überlebende, von der Bismarck 116; Es hätten aber ein paar Hundert sein können, wenn nicht ein dubioser U-Bootalarm den Kapitän des Kreuzers *Dorsetshire*, der von Admiral Tovey den Auftrag erhalten hatte, Überlebende der *Bismarck* aufzunehmen, veranlasst hätte, die Rettungsaktion ganz abrupt abzubrechen. Ein Ausguck glaubte eine »smoking discharge« an einer Stelle im Wasser gesehen zu haben, woraus man auf die Anwesenheit eines U-Bootes schloss. Daraufhin stoppte die *Dorsetshire* die Rettungsaktion, nachdem sie bereits 80 Überlebende aufgenommen hatte, aber Hunderte noch in Sichtweite im

Wasser trieben, und drehte ab (Abb. 2). Die von der *Dorsetshire* schon im Abdrehen gemachte Aufnahme zeigt die große Zahl der Zurückgebliebenen, die in ihren Schwimmwesten in der kalten und ziemlich rauen See treibend somit ihrem Schicksal überlassen werden.

Im Vordergrund dieser Doku-Aufnahmen sind die Rohre vermutlich eines der beiden achteren Zwillingstürme der *Dorsetshire* auszumachen. Die ihrem Schicksal Überlassenen befanden sich also schon sehr nahe dem Kreuzer, einige hingen noch an den von Deck herabgelassenen Tauen, als die *Dorsetshire* mit voller Kraft voraus abdrehte und die Versenkungsstelle verließ. Wiederum kann man unseren schon mehrfach bemühten aufmerksamen Lesern angesichts dieses Bildes nicht vorwerfen, sich wirklichkeitsfremden Phantasien hinzugeben, wenn sie sich in Gedanken fragen, ob dieses schaurige Nachspiel zur Untergangstragödie der *Bismarck* nicht von einer wie immer zu definierenden Macht in Szene gesetzt wurde, um die Opferbilanz der *Bismarck* näher an jene der *Hood* anzugleichen. Sub specie aeternitatis – einem Aspekt der Betrachtung, welcher der Literatur eher als der Historie gestattet wird – ist so ein Gedanke vielleicht doch bedenkenswert. Er gewinnt auch noch an Plausibilität, wenn man erfährt, dass der Abbruch der Rettungsaktion durch die *Dorsetshire* auf britischer Seite eine heftige Diskussion zur Folge hatte. Zeitzeugen von der *Dorsetshire* berichten, dass es angesichts der Szenen, die dank des an Bord gedrehten Doku-Films noch heute nacherlebt werden können, nicht leicht gefallen sei, die (noch) Überlebenden ihrem Schicksal zu überlassen. (Vgl. *ZDF*-Doku-Film *Verdammte See*, wiederholt auf *Phoenix* 2013) Wie bedrohlich war wirklich die Situation, falls sich tatsächlich ein U-Boot nahe der Versenkungsstelle befand? Gab es für den Kapitän der *Dorsetshire* gar keine Möglichkeit, die U-Boot-Gefahr zu mindern, indem er versuchte, durch optische und funktelegraphische Signale einem sich eventuell nähernden U-Boot anzuzeigen, dass der Kreuzer zur Rettung von Überlebenden gestoppt lag, und nur deshalb ein so perfektes Ziel für ein U-Boot darbot? Eine solche Überlegung verliert etwas von ihrem auf den ersten Blick spekulativen Charakter, wenn man sich in Erinnerung ruft, was sich knapp ein Jahr später im Südatlantik abgespielt hat.

Nach der Versenkung des britischen Transporters *Laconia* durch U 156 rief der Kommandant des Bootes, sobald er erkannt hatte, dass mehr als

Tausend Schiffbrüchige zu versorgen waren, mit einem unverschlüsselten Funkspruch in Englisch eine Art Waffenruhe aus: Allen Schiffen, die zur Hilfe kämen, wurde freies Geleit angeboten. Außerdem wurde eine große Rotkreuzflagge am Turm des Bootes gezeigt. Auf diese Weise konnte tatsächlich, und trotz eines amerikanischen Bombenabwurfs, die Zahl der Geretteten erheblich erhöht werden. (Vgl. Verf., »Der Fall *Laconia* und seine Folgen«. *Schiff&Zeit* (2012), 76, und in: *Verlust einer Jugend. Rückschau eines Neunzigjährigen auf Krieg und Gefangenschaft*. Würzburg 2013, 189–206)

Die hier vorgeschlagene Interpretation der *Bismarck-Hood*-Erzählung könnte darüber hinaus durch einen Vorfall, der sich im November 1940 auch nahe der Dänemarkstraße ereignete, eine weitere Bekräftigung erfahren. Hauptakteure sind dieses Mal das Schlachtschiff *Scharnhorst* und der britische Hilfskreuzer *Rawalpindi*. Der Hilfskreuzer, ein umgebautes Passagierschiff, an Feuerkraft und Panzerung der *Scharnhorst* haushoch unterlegen, lässt sich trotz seiner Unterlegenheit in ein Gefecht mit der *Scharnhorst* ein und wird versenkt. Der Kapitän der *Scharnhorst* ordnet eine Rettungsaktion an, sie muss jedoch bald abgebrochen werden, weil über der Kimm die Masten eines, wie man vermutet, größeren Kriegsschiffs gesichtet werden. Es war, wie erst nachher erkannt wurde, der Kreuzer *Newcastle*. Die Mission der *Scharnhorst*, massive Störung des Zufuhrverkehrs zu den britischen Inseln im Atlantik, hatte laut Befehl Vorrang vor einem Gefecht mit einem ebenbürtigen oder sogar überlegenen Gegner. Das war wohl der Grund, warum sich die *Scharnhorst* veranlasst sah, das Schlepptau zu einem der Rettungsboote der *Rawalpindi* zu kappen und die weitere Aufnahme von Überlebenden zu stoppen. Die Folge, nur 26 Mann von ungefähr 300 Mann Besatzung der *Rawalpindi* wurden gerettet.

Verfolgte man den hier eingeführten Nemesis-Gedanken weiter, dann stieße man unweigerlich auf die spätere Geschichte der *Scharnhorst* und ihr bitteres Ende. Dieses hat wie jenes der *Bismarck* die öffentliche Meinung in Deutschland schon während des Krieges sehr beschäftigt und nach dem Krieg ein außergewöhnlich breites historisches wie auch literarisches Echo gefunden. Der ihr vom Oberbefehlshaber der Marine im Dezember 1943 erteilte Befehl lautete, alliierte Geleitzüge mit Nachschub für Russland nach Murmansk, die meist unter Bedeckung durch schwerere britische Einheiten liefen, abzufangen. Durch Zusammenwirken mehrerer, für die *Scharnhorst* sehr ungünstiger Umstände, mangelhafte Luftaufklärung infolge Schlechtwetters, schwerer Seegang usw., wurde die *Scharnhorst*, der bis dahin der Ruf anhaftete, im Vergleich zu ihrem Schwesterschiff *Gneisenau* von Fortuna begünstigt zu sein, die Beute einer gegnerischen Übermacht. Am zweiten Weihnachtstag 1943, einem Sonntag, versank sie im eisigen Nordmeer. Von den 1.968 Mann Besatzung konnten nur 36, ihr Durchschnittsalter betrug 22 Jahre, gerettet werden. Ein solches historisches Ereignis bedarf keiner Fiktionalisierung, um den eingangs besprochenen Zuwachs an Bedeutsamkeit im Leser auszulösen, das Geschehen selbst, betrachtet vor dem Hintergrund der hier skizzierten verlustreichen Schicksale der Schlachtschiffe im Atlantik und Nordmeer, drängt zu einer Art Mythisierung. Ob dafür Nemesis ein zureichender Deutungsbegriff ist, sei dahingestellt. Nach *HMS Hood* war die *Scharnhorst* das zweite Schlachtschiff mit dem Nimbus, ein glückhaftes Schiff zu sein, dem aber dann ein außerordentlich verlustreiches Ende zu Teil wird. Welche eigenwillige Fortuna hat hier gewürfelt und hat das (tatsächlich?) Gebührende verteilt? Wieder ist man versucht, den Zufall nicht nur als Motivationsrest, sondern als eigentlichen Motivator des Geschehens zu benennen. Zählte man all die Ereignisse auf, die für den fatalen Verlauf des Schicksals der hier genannten Schlachtschiffe entscheidend waren, dann ergäbe das einen erschreckend langen Katalog von Faktoren, die weder von modernster Rüstungstechnik noch ausgeklügelter Taktik ins Kalkül gezogen werden könnten. Also bleibt nur der Verlegenheitsbegriff Zufall oder eben irgendein Agens, dem wir hier die tentative Bezeichnung Nemesis gegeben haben.

Der Katalog könnte durch ähnliche Vorfälle bei der Vernichtung anderer Dreadnoughts noch ergänzt werden: So etwa durch den Untergang von *HMS Barham*, die am 25. November 1941 im westlichen Mittelmeer von *U 331* versenkt wurde (Abb. 3). Die *Barham* wurde deshalb Zielscheibe des von *U 331* abgefeuerten Viererfächers, weil das ihr vorausdampfende Flaggschiff *Queen Elizabeth*, die sich schon im Fadenkreuz des Periskops von *U 331* befand, Sekunden vor Abschuss der Torpedos von *U 331* eine Kursänderung gemäß dem bewährten Torpedo-Ausweichmanöver Zickzack unter

Abb. 3: Die Hauptmunitionskammer des britischen Schlachtschiffs
HMS Barham geht hoch.

nahm. Die Folge, nicht *Queen Elizabeth*, das ursprünglich ins Auge gefasste Ziel, sondern die ihr in Kiellinie folgende *Barham* geriet in die Schusslinie von *U 331* und wurde von drei Torpedos des abgefeuerten Viererfächers getroffen. Die Explosion einer Munitionskammer, oder nach ihrem Kentern der Kessel, führte wie auf der *Hood* zu dem sehr schnellen Untergang des Stahlkolosses (Abb. 3). 862 Seeleute fanden dabei den Tod. Die von den Begleitschiffen sogleich unternommenen Rettungsaktionen wurden trotz der offensichtlichen Anwesenheit eines U-Boots solange fortgesetzt, bis alle im Wasser Treibenden aufgenommen waren. So konnten doch noch 450 Mann der *Barham* gerettet werden.

Abschließend und im Rückblick auf die vielen Vorfälle, die aus der Sicht eines literarisch erfahrenen Romanlesers einen anderen, einen höheren Stellenwert an Sinnhaftigkeit annehmen als bei der Lektüre einer historischen Darstellung, kommt man nicht umhin, der Vorstellung der im Titel genannten Nemesis bei der Suche nach einer Teleologie der Ereignisse, die über, unter oder jenseits des vom Historiker konstruierten Kausalgebäudes, wenn auch nur numinos, sichtbar wird, eine gewisse Gültigkeit zuzubilligen. Ihre Quintessenz würde, wie schon weiter oben angedeutet, vielleicht lauten: Es gibt ein

> Bonding, eine [...] Bindung zwischen den Gegnern [...], einen vom Schicksal manipulierten Pakt, sich gegenseitig Tod und Vernichtung zuzufügen. [...] Die Botschaft dieser Nemesis: Wer sich auf dieses grausame Spiel einlässt, kommt schließlich selbst darin um.
> (Verf. »Nemesis im U-Bootkrieg«. *Verlust einer Jugend*, 90–92)

Im 20. Jahrhundert haben die westlichen Staaten versucht, auf dem Wege von internationalen Abkommen (Haager Landkriegsordnung 1907, Londoner Seerechtsdeklaration 1909, u.a.) der humanitären Idee der Schonung vor allem von wehrlos gewordenen Soldaten, Verwundeten, Gefangenen, Schiffbrüchigen mehr Geltung zu verschaffen. Viele Seeleute, Schiffbrüchige von versenkten Schiffen verdanken der Respektierung dieser Abkommen ihr Überleben. Was hier unter Nemesis in die Diskussion eingebracht wurde, scheint allerdings manchmal geradezu der Schonung wehrlos oder hilflos gewordener Menschen zuwider zu laufen.

Wenn der mittschiffs gezielte, und vermutlich dort wirkungslos bleibende Torpedo das Steuerruder der *Bismarck* mit fatalen Folgen trifft, weil das Schiff zufällig durch ein Ausweichmanöver eine ihrer verwundbarsten Stellen als Ziel darbot, dann kann man das als unglückliches Zusammentreffen abtun. Ebenso könnte man auch annehmen, dass nur zufällig schon die ersten Salven der *Bismarck* gleich einen so folgenschweren Treffer in der Munitionskammer der *Hood* erzielten. Der auf Kausalität eingeschworene Historiker wird sich mit dieser Erklärung abfinden müssen.

Psychologen, Soziologen und Linguisten kennen eine Reihe von anthropologischen Konstanten, eine davon ist die unabweisbare menschliche Neigung, keine absolute Sinnleere dort zu tolerieren, wo für die menschliche Vorstellungskraft doch noch Sinn denkbar ist. »Human nature abhors a semantic vacuum«, erklärt der amerikanische Linguist J. Schlesinger. Ein Ort, wo die Imagination immer versucht sein wird, Sinnhaftigkeit zu erkennen, ist, wo sich auf den ersten Blick nur Zufall zeigt. Hier wird besonders der Literatur, dem literarisch erfahrenen Menschen, eine existentiell wichtige Funktion aufgebürdet. Sie stellt sich umso dringlicher dar, als gegenwärtig unsere Wirklichkeitswahrnehmung durch die neuen Medien immer stärker literarisiert wird. Mit anderen Worten, die Grenze zwischen Facta und Ficta wird immer durchlässiger.

> Die Literatur revanchiert sich [...] dafür, indem sie die Welt literarisiert, d.h. unsere Wahrnehmung der Wirklichkeit manchmal so determiniert, als wäre diese ein literarischer Text, den wir dann mit der aus der Lektüre von Literatur erworbenen Erfahrung zu verarbeiten, zu deuten haben«. (Verf., *Welt als Text*. Würzburg 2011, 325–340)

Nach diesem zugegeben etwas abstrakten Exkurs zurück zu unserem eigentlichen Thema, dem Untergang der Schlachtschiffe. Ereignete sich das alles, wie hier schon mehrfach erwogen, in einer fiktionalen Erzählung, dann gäbe es für den Leser überhaupt keine Zweifel, dass hinter den zunächst als Zufälle benannten entscheidenden Ereignissen ein Agens erkennbar wird, für dessen Benennung sich der aus der literarisch-mythologischen Welt entlehnte Arbeitsbegriff Nemesis anbietet. Als Arbeitsbegriff dient er auch hier gleichsam als temporäre Vorstellungshilfe, für die jeder Einzelne nach philosophischer, religiöser, weltanschaulicher Neigung und Überzeugung eine ihm zutreffender erscheinende Vorstellung einfügen möge.

Um diesen Essay, der mit dem Attribut literarisch angekündigt wurde, auch in diesem Sinne abzurunden, soll noch einmal an den bereits zitierten Stoßseufzer erinnert werden, den der Romanautor Aldous Huxley einer seiner Figuren in den Mund legt, mit der er sich vermutlich gar nicht voll zu identifizieren wünscht: »The trouble with fiction [...] is that it makes too much sense«. Würde hier der Romanautor in persona sprechen, dann lautete vermutlich sein Ausspruch etwa so: »It's the privilege of fiction to make sense, where life doesn't«.

Coda

Wie mich persönlich die Nachricht vom Untergang der *Bismarck* erreichte, ist mir noch sehr gut in Erinnerung. Ende Mai 1941 wurde ich als Seekadett von einer Minensuchflottille, stationiert in Den Helder, zur Marineschule in Flensburg-Mürwik beordert. Auf der Fahrt dorthin sollte ich einen Koffer eines Gruppenoffiziers, schwer beladen mit Souvenirstücken, Teile der Zünder von ihm händisch entschärfter Minen, zu seinen Eltern in Berlin bringen. Als Entschädigung dafür genehmigte er mir (ganz unautorisiert) zusätz-

Verf. Als Seekadett auf Heimurlaub zur Zeit der Versenkung der „Bismarck".

lich ein paar Tage Heimaturlaub bei meinen Eltern in Oberösterreich, damals Oberdonau, was nicht genau auf dem Weg von Den Helder nach Flensburg lag! An einem dieser Urlaubstage befand ich mich gerade in einem, wie damals die Regel, überfüllten Bus auf der Fahrt zu einem Verwandtenbesuch, als ein neu zugestiegener Passagier sich durch die Menge der stehenden Fahrgäste zu mir, durch meine Matrosenuniform als Angehöriger der Kriegsmarine erkenntlich, drängte, und mir ins Ohr flüsterte, die *Bismarck* sei gesunken. Vom Mythos der Unbezwingbarkeit der *Bismarck* noch ganz überzeugt, widersprach ich ihm so heftig, wie das unter den Umständen nur möglich war, denn die Nachricht, so vermutete ich sofort, konnte nur von der BBC stammen. Feindsender abhören stand aber unter KZ-Androhung, für die Verbreitung einer Nachricht mit »wehrkraftzersetzendem Inhalt« drohte sogar die Todesstrafe. Wann die Versenkung dann auch vom Oberkommando der Wehrmacht bestätigt wurde, ist mir nicht mehr erinnerlich, dürfte aber bald darauf erfolgt sein. Wie ich erst kürzlich erfahren habe, befanden sich 22 Jahrgangskameraden (Crew 40) auf der *Bismarck*. Sie alle waren, so wie ich, abkommandiert zum Offizierslehrgang auf der Marineschule Mürwik und waren daher vor dem Auslaufen des Schlachtschiffes zum Unternehmen »Rheinübung« ausgestiegen. Die meisten von ihnen haben wohl später Kommandos als Wachoffiziere auf U-Booten erhalten, wodurch sich ihre Überlebenschancen rein statistisch allerdings nur geringfügig verbesserten.

Wie viele Überlebende des großen Krieges habe auch ich mich oft gefragt, warum gerade ich mit dem Leben und unversehrt davongekommen bin. Warum haben viele meiner besten Freunde nicht das Glück gehabt, jenes Glück, von dem ich in meiner Kriegsautobiographie erzähle. Hier wäre die Nemesis-Idee, die mir für die panoramatische Zusammenschau der Schlachtschiff-Schicksale so plausibel erschienen ist, völlig abwegig. Denn es waren fast immer die Besten und Tüchtigsten, die ohne jede Verstrickung in eine persönliche Schuld ihr Leben lassen mussten. Den Tod dieser Kameraden mit dem Gedanken einer ausgleichenden Gerechtigkeit oder Bestrafung menschlicher Überheblichkeit zu assoziieren, erschiene mir ganz und gar unerträglich. Was zur Zufälligkeit meines eigenen Überlebens zu sagen bleibt, hat ein anderer Überlebender in Worte gefasst, denen wenig hinzufügen ist:

> Ich weiß, dass ich nur zufällig am Leben geblieben bin und daran weder durch Geschick noch Tugend noch irgendein sonstiges Verdienst einen Anteil hatte. Das ist ein Glück, das in seinem Ursprung in unlösbarer Nachbarschaft mit dem millionenfachen gewaltsamen Sterben steht. (Dieter Wellershoff. *Der Ernstfall. Innenansichten des Krieges.* 1995)

Eine österreichische Journalistin hat einem Kurzbericht über meine frühe Lebensgeschichte den Titel *Vom Zufall beglückt* gegeben. Es scheint, wir müssen uns beim Versuch, unsere Geschichte rückschauend zu verstehen, in der Tat mit dem Motivationsrest Zufall begnügen. Er ist allerdings nicht als definitive Leerstelle, sondern als eine die Vorstellung zur Auffüllung einladende Unbestimmtheitsstelle zu verstehen. Mit diesen Begriffen der literarischen Interpretationslehre sei dieser literarische Essay geschlossen. (Vgl. dazu auch Verf. »Das große Würfeln: Verdammt oder Begnadigt«. *Verlust einer Jugend*, 237–240)

Aus: *Krieg und Literatur: internationale Beiträge zur Erforschung der Kriegs- und Antikriegsliteratur* XX (2014), 7–20.

Kapitel 8:
Memorabilia

So übertitelte Levin L. Schücking (1878–1965), der letzte Universalanglist deutscher Sprache, die Erinnerungen an seinen akademischen Werdegang als Überwinder des um 1900, zu Beginn seines Studiums, vorherrschenden Positivismus: In seinen Augen „die Wissenschaft des Nichtwissenswerten". (*Anglia* LXXVI) In meiner Nachfolgeschaft als anglistischer Mitherausgeber der *Germanisch-Romanischen Monatsschrift* und als Zweitnachfolger auf dem Ordinariat für Anglistik an der Universität Erlangen, 1959, war er für mich immer – unerreichtes – Vorbild vor allem in der Breite seiner Fachkompetenz von Beowulf über Shakespeare bis zu der damals ganz neuen Soziologie des literarischen Geschmacks. Zu meiner Antrittsvorlesung in Erlangen im SS 1959 eilte er von seinem Landsitz in Farchant, Oberbayern, herbei, um in seinem alpinen Outfit mitten in der Runde der Professoren, alle feierlich im Talar, hinter mir am Vortragspult Platz zu nehmen. Diesem pittoresken Blickfang verdanke ich, dass zu Beginn meines Vortrags vermutlich die Aufmerksamkeit des Auditoriums vom anfangs wohl etwas nervösen Neuling am Vortragspult abgelenkt wurde. Eine solche Mischung aus akademischer Festlichkeit und selbstbewusster Unbekümmertheit meines Amtsvorgängers verlieh dann meinem ersten offiziellen professoralen Auftritt eine singuläre akademische Aura. Dagegen nahm sich das Thema meiner Antrittsvorlesung, „Die Darstellung von Innenwelt im Roman" beinahe etwas banal aus. Hätte ich eine Vorahnung dieser Konstellation auf der Professorentribüne gehabt, hätte ich sicher ein anderes Thema gewählt, etwas, das auch einen Hinweis auf eine der exzellenten Arbeit von L.L. Schücking ermöglicht hätte. Immerhin, es war ein denkwürdiger Auftakt zu einer Karriere, die noch manche, auch manche nicht so erfreuliche Überraschung bringen würde. Die Jahre in Erlangen waren sehr kurz, nicht nur, weil mich schon bald ein unabweisbarer Ruf an meine Heimatuniversität Graz erreichte, sondern weil ich als Lehrender den ganzen Tag über vollauf damit beschäftigt war, den Stoff für Vorlesung und Seminarsitzung der nächsten Tage zu erarbeiten. Da blieb nur wenig Zeit für meine junge Familie. Wir sind zu Dritt aus Göttingen – meine Gattin Traude mit der einjährigen Tochter Regine – angereist. Die beiden vorausgegangenen Dozentenjahre in Göttingen boten eine sehr intensive, leider aber zu kurze Anlaufzeit für meine neuen Pflichten in Erlangen, wo die Hauptlast des Instituts für Anglistik auf meinen Schultern ruhte. Zuspruch in dieser sehr beengten Zeit in Erlangen erhielt ich von meinem zur selben Zeit in Würzburg als Ordinariatsnovize in vergleichbarer Not agierenden Kollegen, Wolfgang Iser. Die Geschichte, wie wir unsere Bedrängnis durch eine volle Lehrverpflichtung zu meistern suchten – Iser am langen und ich am kurzen Kabel zum Diktiergerät – ist schon oft erzählt worden und braucht daher hier nicht noch einmal wiederholt werden (*Unterwegs. Erzähltheorie für Leser*, S. 36, und *Die Typischen Erzählsituationen im Roman 1955–2015*, S. 14). Schon 1962, kaum dass ich in Erlangen gerade anfing, festeren Boden unter den Füßen zu spüren, musste ich nach Graz aufbrechen, wo ich die Anglistik als Monoprofessur zu übernehmen hatte. Zwar war ich nicht mehr ganz unvorbereitet, aber Graz war dennoch eine große Herausforderung für mich, denn in Graz fehlte es wirklich an allem, an Personal und zureichender Raumausstattung des Instituts, das sich damals noch bescheiden ‚Seminar für Englische Philologie' nannte. So hatten sich auch meine Verhandlungen mit dem Ministerium in Wien über die Annahme des Rufes in die Länge gezogen, was zur Folge hatte, dass sich für die Grazer Studierenden eine unangenehme Vakanz in ihrer akademischen Betreuung für ein ganzes Jahr ergab. Der Lehrkanzel-Vorgänger und hochgeschätzte Lehrer und Förderer in Graz, Herbert Koziol, war jetzt in Wien voll damit beschäftigt, eine dort noch größere Hörerzahl zu betreuen. In seiner selbstlos bescheidenen Art hatte er es zuletzt unterlassen, mehr Personal und Räumlichkeiten für das Grazer Institut zu beanspruchen. Hier gab es vor allem unter den Naturwissenschaften Konkurrenten, die meist auch etwas militanter als er um diese ‚universitäre Mangelware' kämpften. Da ich als Erster unter den Grazer Geisteswissenschaften nach dem Krieg von einer Professur an einer deutschen Universität, wo man damals auch höhere Gehälter als in Österreich zahlte, berufen wurde, sah ich mich in der glücklichen Lage, eine bessere Ausstattung des Instituts durch zwei weitere Professuren, vier Assistentenstellen und eine Sekretärin beim Wissenschaftsministerium in Wien als Berufungszusagen durchzusetzen. In dem gerade im Bau befindlichen sog. ‚Geisterhaus', Heinrichstr. 36, war ein halbes Stockwerk für die Anglistik vorgesehen. Dass die von mir geforderte Erweiterung auf das ganze Stockwerk nicht überzogen war, erwies sich schon wenige Jahre später, als die rasante Zunahme von Hörern (ein für alle Mal generisch!) und von Lehrpersonal einen weiteren Neubau erforderlich machte. Da die mir zugesicherte Gründung einer linguistischen sowie einer zweiten literarischen Lehrkanzel erst im Stellenplan für 1967 bzw. für 1973 möglich wurde, hatte ich von 1962 bis 1967 mit meinem Lehrangebot das gesamte Prüfungsfach Anglistik, dann nach 1967 bis 1973 noch immer die gesamte anglistische Literaturwissenschaft und Englandkunde abzudecken. Die Besetzung der ersten zusätzlichen Lehrkanzel, es sollte eine Linguistik sein, erwies sich als schwierig, weil – obwohl die meisten Anglistik-Professoren damals Sprachhistoriker waren – der wissenschaftliche Nachwuchs sich aber bereits mehrheitlich zur Literaturwissenschaft hin orientierte. Der erste Linguist, H.E. Pinsker aus Wien, lehrte in Graz nur von 1967 bis 1970. Ein darauf aus Deutschland berufener Kollege delegierte fast seine ganze Vorlesungsverpflichtung an einen von ihm ausgebildeten Assistenten, was ich als Institutsvorstand für eine Pflichtverletzung hielt, die von mir daher eingemahnt wurde. Leider erhielt ich dabei weder von der Fakultät, die damals noch Geistes- und Naturwissenschaften umfasste, noch von Seiten des Ministeriums entsprechende Unterstützung. Erst nach einer von dem Angemahnten gegen mich eingebrachten und von mir erfolgreich abgewehrten Zivilrechtsklage wegen Ehrenbeleidigung, gelang es mir schließlich, ein Disziplinarverfahren gegen den Pflichtsäumigen in die Wege zu leiten, dessen Spruch ihn dann veranlasste, die Flucht zurück nach Deutschland anzutreten. Schon 1966/7 war mir das Amt des Dekans der Doppelfakultät durch Wahl überantwortet worden. Wie es mir möglich war, das Amt des Dekans dieser Doppelfakultät, an der in diesem Jahr 11 vakante Lehrkanzeln wiederzubesetzen waren, neben der alleinigen Vertretung des literarischen wie linguistischen Teils des Gesamtfaches Anglistik zu versehen, erscheint mir heute rückschauend ein Rätsel. Unterstützt haben mich dabei meine Mitarbeiter am Institut und auch die Hörerschaft, die noch nicht von dem Rebellenbazillus der Post-1968er Generation infiziert war. Sehr anschaulich ist das do-

Als es noch fröhliche Jahresabschluss-Partys im Meerscheinschloss gab. Verf. als Institutsvorstand hat eben unter Beifall ein Fass Bier ‚aunzapft'. Die Gäste halten sich in sicherer Entfernung, denn der Hahn war heimlich auf geöffnet gestellt. Verf. merkte rechtzeitig die Absicht, blieb daher trocken und war nicht verstimmt. SS 1966.

kumentiert durch die familiär-gesellige Art, wie damals jeweils der Abschluss eines Studienjahrs mit einem Anglistenfest im Meerscheinschloß, wo das Institut während des Neubaus provisorisch untergebracht war, gefeiert wurde.

Diese Feste, wie auch die Gruppenfotos von den Seminarteilnehmern in jedem Semester dieser Jahre, hörten mit 1970 ziemlich abrupt auf. Das war Ausdruck einer deutlichen Stimmungsverschlechterung zwischen Lehrenden und Studierenden nach 1970, die zum Teil ihre Ursache in dem Versuch einer strikten Durchführung des neuen Universitätsgesetzes, dem Firnberg-UOG, mit seinen drittelparitätisch besetzten Gremien, Professoren-Mittelbau-Studierende, hatte. Schon vorher, noch als Dekan, war ich sehr bemüht, die Fertigstellung eines Hörsaalgebäudes, das unmittelbar vor dem Hauptgebäude gebaut wurde, zu erreichen. Der Bau war schon längere Zeit eine halbfertige Bauruine, manchen Sandlern willkommen als Winterquartier. Ein Bautenminister, dem ich unterstellte, für die Verzögerung der Fertigstellung des Baus verantwortlich zu sein, drohte mir mit einem Amtsverfahren, ließ aber zugleich den Bau fertigstellen. Das geschah allerdings gerade rechtzeitig für die sich nun immer nachdrücklicher zu Wort meldenden Studentenvertreter. Der neue Hörsaal mit seinem Fassungsvermögen von 300 Plätzen, der sich, solange ich der einzige Anglist war, für meine Hauptvorlesung meist füllte, erschien den Studentenvertretern der ideale Ort für Ankündigungen etc. zu sein. Ich wurde immer wieder gebeten, den studentischen Sprechern vor Beginn meiner Vorlesung für Ankündigungen kurz das Wort zu erteilen. Bald nahmen diese Wortmeldungen aber zu viel meiner Vorlesungszeit in Anspruch, so dass ich mich eines Tages gezwungen sah, an die im Hörsaal versammelten Hörer die Frage zu richten: Wollen Sie jetzt meine Vorlesung hören, oder die Diskussion mit den Studentenvertretern fortsetzen. Darauf grölten ein paar stimmgewaltige Studentenvertreter „Weiter diskutieren". Darauf schaltete ich Licht und Mikrofon am Rednerpult aus und verließ den Hörsaal. Am nächsten Tag lautete der Titel eines Berichts darüber in einer Tageszeitung: „Prof. Stanzel verlässt im Argumentationsnotstand den Hörsaal."

Nach diesen sehr bewegten wie auch für mich höchst anstrengenden Jahren, in denen fast meine ganz Energie in die Bewältigung der Institutsprobleme ging, kam es mit der Besetzung der zweiten literaturwissenschaftlichen Lehrkanzel mit Wolfgang Riehle, einem ausgewiesenen Shakespeare-Kenner aus der Münchner Schule wie auch Mediävisten, zu einer geradezu idealen Ergänzung meiner mehr auf die Erzählliteratur und die Moderne – u.a. James Joyce – ausgerichteten Arbeitsgebiete und Lehrangebote. Hinzu fügte sich dann auch gut, dass mit Alwin Fill aus Innsbruck endlich die Linguistik eine ebenso kompetente wie dauerhafte Besetzung fand. Inzwischen hatte sich in Graz auch eine Amerikanistik etabliert, für die mit meiner Zustimmung ein eigenes Institut errichtet wurde, auf das dann Jürgen Peper berufen wurde. Zwischendurch hatten aber schon immer auch amerikanistische Gastprofessoren die amerikanische Literatur betreut.

Für mich begannen mit der Berufung von Riehle und Fill die angenehmsten wie auch wissenschaftlich ergiebigsten Jahre meiner Aktivzeit. Jetzt gelang es mir auch, die Arbeiten einer Reihe von Mitarbeitern als Dissertanten erfolgreich intensiver zu betreuen. So promovierten kurz hintereinander: Franz Zaic, Wolfram Köck, W. Kummer, W. Zacharasiewicz, W. Zach. W. Bernhart, Monika Fludernik und Ingrid Pfandl-Buchegger. Fast alle ließen sich dann auch dazu ermutigen, eine akademische Habilitation anzustreben, was dann bald auch zu Berufungen an andere Universitäten führte, so z.B. Franz

Verf. mit Gattin, damals Dekan der Philosophischen Fakultät Graz (Geistes- und Naturwiss.) als Repräsentant der Univ. Graz am Ball der Technischen Hochschule Graz, 1967

Zaic nach Salzburg, Waldemar Zacharasiewicz nach Wien, Monika Fludernik auf dem Umweg über Wien nach Freiburg, Wolfgang Kummer und Gattin Ingrid Hudabiunig nach Bielefeld, Wolfgang Zach nach Innsbruck. Damit wurde dann auch Platz geschaffen für eine zweite und dritte Generation von Mitarbeitern, von denen Martin und Maria Löschnigg inzwischen auf Professorenstellen am Institut avanciert sind. Hugo Keiper, der sich als Mitarbeiter von W. Riehle als Shakespeare-Forscher habilitiert hatte, ist leider vorzeitig verstorben. Wie schon erwähnt, begannen für mich jetzt die besten Jahre meiner aktiven Amtszeit, in der es mir auch möglich wurde, vor allem während der Freisemester Einladungen zu Gastprofessuren im Ausland anzunehmen, u.a. nach St. Andrews in Schottland, Freiburg, Schweiz, Charlottesville, Virginia, Simon Fraser, Vancouver, Regina, Saskatchevan und Dartmouth College, Hanover N.H. Wie in dem Hauptteil dieser Fachautobiographie schon ausführlich dargestellt wurde, konnte ich jetzt auch den Schwerpunkt meiner literaturwissenschaftlichen Arbeiten von der Narratologie, wo einige Bücher in die Bestsellerkategorie aufgestiegen sind, auf das motivgeschichtliche Gebiet der Telegonie-Fernzeugung nach Goethes *Wahlverwandtschaften* verlagern, wo sich der Begriff der Fernzeugung als ergiebiges ‚discovery tool' für die Interpretation von klassischen wie auch modernen Erzählungen erweisen sollte. Aus meiner persönlichen Erfahrung aus NS-Zeit, Kriegsdienst und mehrjähriger Kriegsgefangenschaft ergab sich fast zwanghaft eine Beschäftigung mit der literarischen Verarbeitung dieser schweren Zeit, wie auch aus dem voranstehenden Wiederabdruck meiner Arbeit „Nemesis" zu entnehmen ist.

Hat Schücking bei seinen Anstrengungen, sich aus den Fängen des Positivismus zu befreien, Hilfe aus der Soziologie und der ästhetisierenden Kunstgeschichte geholt, so fand meine Generation der Literaturwissenschaft Anregung für ihre Innovationen bei der synchronen Linguistik (de Saussure), dem Formalismus (Shklovskij, Roman Jakobson) und der Philosophie (R. Ingarden) und natürlich bei Oscar Walzel und meinem Göttinger Kollegen Wolfgang Kayser, dem die erste umfassende Einführung in die Literaturwissenschaft, 1946, zu danken ist. Diese Ansätze verbanden sich dann auf sehr fruchtbare Weise mit dem aus Amerika importierten New Criticism, der textimmanenten Auslegung von Literatur.

Verf. nimmt die ihm zum Siebziger überreichte Festschrift *Tales and their telling difference*, hg. von H. Foltinek, W. Riehle, W. Zacharasiewicz, entgegen, Graz 1993.

Das Doktordiplom des Verf. wird nach 50 Jahren an der Uni. Graz ‚vergoldet'. Magnifizenz gratuliert.

Ehrenpromotion Uni. Marburg, 2015, Dekan Werner, Promotor Carmen Birkle.

Dass ich nach meiner Emeritierung eine Reihe von Monographien publizieren konnte, ist vielleicht weniger erwähnenswert als die Tatsache, dass in dieser Zeit auch ganz neue Themen von mir aufgegriffen wurden. Dazu gab es da und dort schon Ansätze aus der Zeit davor, wie z.B. meine Arbeiten zu James Joyce, oder auch zur National-Imagologie. Ganz neu ist die erweiterte Motivgeschichte zu dem *Wahlverwandtschaften*-Thema, *Telegonie – Fernzeugung,* 2008, oder die, wie eben schon erwähnt, autobiographische Aufarbeitung meiner Kriegserfahrung, *Verlust einer Jugend. Rückschau eines Neunzigjährigen auf Krieg und Gefangenschaft,* 2013. Daraus ging dann auch meine Fokussierung auf Kanada in einer Reihe von Beiträgen hervor. Nachdem meine Arbeiten zur Narratologie schon eine große Leserschaft erreicht hatten, so *Typische Formen des Romans*, 12 Auflagen, und *Theorie des Erzählens*, 8 Auflagen, sowie Übersetzungen in mehrere Sprachen, auch ins Japanische, habe ich das Sechziger-Jubiläum der Konzeption der drei ‚Typischen Erzählsituationen' zum Anlass genommen, den Ursprüngen dieser Idealtypen und ihrem Echo in der Kritik nachzugehen, in *Die Typischen Erzählsituationen 1955–2015. Erfolgsgeschichte einer Triade,* 2015. Dort greife ich zwei für die deutschsprachige Anglistik heikle Themen auf: Die Totalanglisierung des literaturwissenschaftlichen Diskurses, und die auffällige asymmetrische Rezeption von Begriffen wie Erlebte Rede im deutschsprachigen und anglophonen Bereich. Dazu wird hoffentlich auch von anderer Seite noch Stellung bezogen werden. Bisher haben sich die anglistischen Zeitschriften einer eingehenderen Diskussion über diese Problemkreise verweigert.

Verzeichnis der wissenschaftlichen Veröffentlichungen von Franz K. Stanzel 1950–1993

I. Buchpublikationen

Das Amerikabild Thomas Wolfes (1900–1938) (masch. phil. Diss. Graz, 1950)

Die typischen Erzählsituationen im Roman. Dargestellt an Tom Jones, Moby-Dick, The Ambassadors, Ulysses *u.a.*, Wiener Beiträge zur Englischen Philologie, 63 (Wien, 1955; 4. Aufl. 1969)

Englische Übersetzung: *Narrative Situations in the Novel.* Tom Jones, Moby-Dick, The Ambassadors, Ulysses, übers. von J.P. Pusack (Bloomington/London, 1971) (= Übers. der deutschen Fassung von 1955)

Typische Formen des Romans, Kleine Vandenhoeck-Reihe, 187 (Göttingen, 1964;10. Aufl. [mit einem Nachwort] 1981; 12. Aufl. 1993); häufiger Teilwiederabdruck in Hand- und Lehrbüchern

Serbokroatische Übersetzung: *Tipične forme romana* (mit einem Nachwort von Drinka Gojković) (Novi Sad, 1987)

Theorie des Erzählens, UTB,904 (Göttingen1979; 5. Aufl. 1991)

Englische Übersetzung: *A Theory of Narrative. With an Introduction by Paul Hernadi* (Cambridge, 1984; 4. Aufl., with a Preface by Paul Hernadi: Cambridge Paperback Library, 1988.) (= Übers. der deutschen Fassung von 1982)

Japanische Übersetzung: *Monogatari Kozi* (Tokio, 1988; 3. Aufl. 1989)

Tschechische Übersetzung: *Teorie vyprávění* (mit einem Nachwort von Milos Pohorský) (Prag, 1988)

Linguistische und literarische Aspekte des erzählenden Diskurses, Sitzungsberichte der phil.-hist. Klasse der Österreichischen Akademie der Wissenschaften, 437 (Wien, 1984)

Serbokroatische Übersetzung: „Lingvistički i književni aspekti pripovjednog diskursa", *Umjetnost Riječi*, 31 (1987), 23–38

II. Aufsätze und Beiträge

„Die Zeitgestaltung in William Faulkners *The Bear*", *Die Neueren Sprachen*, 52 (= n.F. 2) (1953), 114–21; auch in: *Amerika. Vision und Wirklichkeit. Beiträge deutscher Forschung zur amerikanischen Literaturgeschichte*, ed. F.K. Link (Frankfurt/Bonn, 1968), pp. 320–27

„Die Erzählsituation in Virginia Woolfs *Jacob's Room*, *Mrs Dalloway* und *To the Lighthouse*", *Germanisch-Romanische Monatsschrift*, N.F. 4 (1954), 196–213

„*Tom Jones* und *Tristram Shandy*: Ein Vergleich als Vorstufe zu einer Typologie des Romans", *English Miscellany*, 5 (1954), 107–48; auch in: *Henry Fielding und der englische Roman des 18. Jahrhunderts*, ed. W. Iser, Wege der Forschung, 161 (Darmstadt, 1972), pp. 437–73

„Zur Herkunft des Rhyming Slang", *Die Sprache*, 3 (1954–56), 193–202

"Americans Going 'Up' the Rhine", *American Speech*, 32 (1957), 75–77

„Die Erzählsituation und die umschriebenen Zeitformen", in: *Studies in English Language and Literature. Presented to Prof. Dr Karl Brunner on the Occasion of his 70th Birthday*, ed. S. Korninger, Wiener Beiträge zur Englischen Philologie, 65 (Wien/Stuttgart, 1957), pp. 220–31

„G.M. Hopkins, W.B. Yeats, D.H. Lawrence und die Spontaneität der Dichtung", in: *Anglistische Studien. Festschrift zum 70. Geburtstag von F. Wild*, ed. K. Brunner, H. Koziol und S. Korninger, Wiener Beiträge zur Englischen Philologie, 66 (Wien/Stuttgart, 1958), pp. 179–93

„Episches Präteritum, erlebte Rede, historisches Präsens", DVjs, 33 (1959), 1–12; auch in *Zur Poetik des Romans*, ed. V. Klotz, Wege der Forschung, 35 (Darmstadt, 1965), pp. 319–38

„Die typischen Formen des englischen Romans und ihre Entstehung im 18. Jahrhundert", in: *Stil- und Formprobleme in der Literatur. Vorträge des 7. Kongresses der Internationalen Vereinigung für moderne Sprachen und Literaturen in Heidelberg 1957*, ed. P. Böckmann (Heidelberg, 1959), pp. 243–48; auch in: *Zur Struktur des Romans*, ed. B. Hillebrand, Wege der Forschung, 188 (Darmstadt, 1978), pp. 203–10

„Roman", in: *Lexikon der Weltliteratur im 20. Jahrhundert*, 2 vols (Freiburg/Basel/Wien, 1960–61), pp. 772–84

„Innenwelt – Ein Darstellungsproblem des englischen Romans", *Germanisch-Romanische Monatsschrift*, N.F. 12 (1962), 273–86

„Gulliver's Travels: Satire, Utopie, Dystopie", *Die Modernen Sprachen*, 7 (1963), 106–16

„Das Bild der Alpen in der englischen Literatur des 17. und 18. Jahrhunderts", *Germanisch-Romanische Monatsschrift*, N.F. 14 (1964), 121–38

"Thomas Hardy, *Tess of the D'Urbervilles*", in: *Der moderne englische Roman*, ed. H. Oppel (Berlin, 1965; 2. Aufl. 1972), pp. 34–48

„Hamlet – Psychologisches oder literarhistorisches Problem?", in: *Gestalt und Wirklichkeit. Festgabe für F. Weinhandl*, ed. R. Mühlher, J. Fischl (Berlin, 1967), pp. 397–409

„Vorwort: Gedanken zur Poetik des Romans", in; *Der englische Roman. Vom Mittelalter zur Moderne*, ed. F.K. Stanzel, 2 vols (Düsseldorf, 1969), I, 9–20

„Thomas Nashe: *The Unfortunate Traveller*", in; *Der englische Roman. Vom Mittelalter zur Moderne*, ed. F.K. Stanzel, 2 vols (Düsseldorf, 1969), I, 54–84; 384–88

„*Tristram Shandy* und die Klimatheorie. Ernst Theodor Sehrt zum 60. Geburtstag", *Germanisch-Romanische Monatsschrift*, N.F. 21 (1971), 16–28

„Jakob und Labans Schafe. Eine Anmerkung zu *The Merchant of Venice*, I, iii, 73–85 und den deutschen Übersetzungen der Stelle", in: *Festschrift Prof. Dr Herbert Koziol zum siebzigsten Geburtstag*, ed. G. Bauer, F.K. Stanzel und F. Zaic, Wiener Beiträge zur Englischen Philologie, 75 (Wien/Stuttgart, 1973), pp. 297–309

„Der literarische Aspekt unserer Vorstellungen vom Charakter fremder Völker", *Anzeiger der Österreichischen Akademie der Wissenschaften, phil.-hist. Klasse*, 111 (1974), 63–82

„Schemata und Klischees der Völkerbeschreibung in David Humes Essay ‚Of National Characters'", in *Studien zur englischen und amerikanischen Literatur Festschrift für H. Papajewski*, ed. P. Buchloh, I. Leimberg und H. Rauter, Kieler Beiträge zur Anglistik und Amerikanistik, 10 (Neumünster, 1974), pp. 363–83

„Die Komplementärgeschichte. Entwurf zu einer leserorientierten Romantheorie", in: *Erzählforschung 2. Theorien, Modelle und Methoden der Narrativik*, ed. W. Haubrichs, Zeitschrift für Literaturwissenschaft und Linguistik, Beiheft, 6 (Göttingen, 1977), pp. 240–59

„Die Erzählsituation im *Ulysses*" (aus: F.K. Stanzel, *Die typischen Erzählsituationen im Roman* [Stuttgart, 1955]), in:. *James Joyces „Ulysses". Neuere deutsche Aufsätze*, ed. T. Fischer-Seidel, edition suhrkamp, 826 (Frankfurt/Main, 1977), pp. 255–83

„Die Personalisierung des Erzählaktes im *Ulysses*", in: *James Joyces „Ulysses". Neuere deutsche Aufsätze*, ed. T. Fischer-Seidel, edition suhrkamp, 826 (Frankfurt/Main, 1977), pp. 284–308

„Zur Konstituierung der typischen Erzählsituationen", in: *Zur Struktur des Romans*, ed. B. Hillebrand, Wege der Forschung, 188 (Darmstadt, 1978), pp. 558–76

"Second Thoughts on Narrative Situations in the Novel: Towards a 'Grammar of Fiction'", *Novel*, 11 (1978), 247–64

"A Systematic Approach to the Study of Narrative Form", in: *Informal Academic Discussion 1978–1979*, ed. O. Murad (University of Regina, 1979), 1–14

„Zwei erzähltechnische Termini in komparatistischer Sicht: ‚Erlebte Rede' und ‚Erzähler' im Deutschen und Englischen", *Sprachkunst*, 10 (1979), 192–200

"National Character as Literary Stereotype. An Analysis of the Image of the German in English Literature before 1800", *London German Studies*, 1 (1980), 101–15; auch in: *Images of Germany*, ed. H.J. Diller et al., anglistik und englischunterricht, 29–30 (Trier, 1986), pp. 7–20

„Wandlungen des narrativen Diskurses in der Moderne", in: *Erzählung und Erzählforschung im 20. Jahrhundert*, ed. R. Kloepfer, G. Janetzke-Dillner (Stuttgart, 1981), pp. 371–83

"Teller-Characters and Reflector-Characters in Narrative Theory" *Poetics Today*, 2 (1981), 5–15

„Die Opposition Erzähler – Reflektor im erzählerischen Diskurs", in: *Erzählforschung. Ein Symposium*, ed. E. Lämmert, Germanistische Symposien der DFG, 4 (Stuttgart, 1982), 173–84

„Acrosticountry'", *Zeitschrift der Gesellschaft für Kanada-Studien*, 7 (1984), 5–10

„Zur poetischen Wiederverwertung von Texten: Found Poems, Metatranslation, Oberflächenübersetzung", in: *Literatur im Kontext. Festschrift für Helmut Schrey*, ed. R. Haas, C. Klein-Braley (St. Augustin, Nordrhein-Westfalen, 1985), pp. 39–50

"Douglas Barbours and Stephen Scobies *The Pirates of Pen's Chance*. Ein metapoetisches Experiment aus Kanada", *Arbeiten aus Anglistik und Amerikanistik*, 10 (1985), 123–36

"Texts Recycled: 'Found' Poems Found in Canada", in: *Gaining Ground. European Critics on Canadian Literature*, ed. R. Kroetsch, R.M. Nischik (Edmonton, 1985), pp. 91–106

"The Canadianness of Canadian Literature. Summary of a Discussion and a Postscript", in: *Encounters and Explorations. Canadian Writers and European Critics*, ed. F.K. Stanzel, W. Zacharasiewicz (Würzburg, 1986), pp. 139–52

„Wandlungen und Verwandlungen eines Lügners: ‚The Liar' von Henry James", in: *Theorie und Praxis im Erzählen des 19. und 20. Jahrhunderts. Studien zur englischen und amerikanischen Literatur zu Ehren von Willi Erzgräber*, ed. W. Herget, K.P. Jochum und I. Weber (Tübingen, 1986), pp. 283–93

„Das Nationalitätenschema in der Literatur und seine Entstehung zu Beginn der Neuzeit", in: *Erstarrtes Denken*, ed. G. Blaicher (Tübingen, 1987), pp. 84–95

„Englische und deutsche Kriegsdichtung 1914–1918. Ein komparatistischer Versuch", *Sprachkunst*, 18 (1987), 227–44

"Some Terminological Differences Between German and American Narrative Theory", in:– *Cross-Cultural Studies. American, Canadian, and European Literatures 1945–1985*, ed. M. Jurak (Ljubljana, 1988), pp. 291–97

„Nadelstreif müßte Shylock tragen! Zu einem Vergleich im *Kaufmann von Venedig*", *Die Presse*, 4./5. Februar 1989, vii

„Das Niemandsland in der englischen und deutschen Dichtung aus dem Ersten Weltkrieg", in: *Space and Boundaries. Espace et Frontières. Pro-*

ceedings of the XIIth Congress of the International Comparative Literature Association, ed. D. Fokkema, R. Bauer (München, 1990), III, 219–27

"East and West of No Man's Land. A comparative study of English and German poetry from the trenches of 1914–1918", in: *From Ode to Anthem: Problems of Lyric Poetry*, Monatshefte Occasional Volumes, 8, ed. J. Hermand, R. Grimm (Madison/London, 1990), pp. 117–39

"Textual Power in (Short) Short Story and Poem", in: *Modes of Narrative. Approaches to American, Canadian, and British Fiction. Presented to Helmut Bonheim on the Occasion of His 60th Birthday*, ed. R.M. Nischik, B. Korte (Würzburg, 1990), pp. 20–30

"A Low Structuralist at Bay? Further Thoughts on a Theory of Narrative", *Poetics Today*, 11 (1990), 805–16

"German-Canadian Encounters in Flanders, 1914–1918. A Literary Perspective", in: *Symposium VII on German-Canadian Studies*, ed. P. Liddell, W. Riedel (Victoria, B.C., 1991), pp. 77–86

„Zur Problemgeschichte der ‚Erlebten Rede'. Eine Vorbemerkung zu Yashushi Suzukis Beitrag ‚Erlebte Rede und der Fall Jenninger'", *Germanisch-Romanische Monatsschrift*, N.F. 41 (1991), 1–4

"Innocent Eyes? Canadian Landscape as Seen by Frances Brooke, Susanna Moodie and Others", *International Journal of Canadian Studies*, 4 (1991), 97–109

"Consonant and Dissonant Closure in 'Death in Venice' and 'The Dead'", in: *Neverending Stories. Toward a Critical Narratology*, ed. A. Fehn, L Hoesterey und M. Tatar (Princeton, NJ, 1992), pp. 112–121

„‚Wer erzählt diese Geschichte?' Rudyard Kiplings ‚Mary Postgate' und Henry James' ‚The Liar'", *Sprachkunst*, 23 (1992), 57–63

„Probleme der Erzählforschung 1950–1990. Ein Rückblick", *Anglia*, 110 (1992), 424–38

"Introduction I: War and Literature", in: *Intimate Enemies. English and German Literary Reactions to the Great War 1914–1918*, ed. F.K. Stanzel, M. Löschnigg (Heidelberg, 1993), pp. 13–23

"The Beauty of the Bayonet", in: *Intimate Enemies. English and German Literary Reactions to the Great War 1914–1918*, ed. F.K. Stanzel, M. Löschnigg (Heidelberg, 1993), pp. 83–95

"The Poet in his Time. Hofmannsthal and the Great War", in: *Literature, Culture and Ethnicity, Festschrift for J. Stanonik*, ed. M. Jurak (Ljubljana, 1993), pp. 171–179

III. Herausgebertätigkeit

(gem. mit F.R. Schröder et al.): *Germanisch-Romanische Monatsschrift*, N.F. 16ff. (1966ff.)

Der englische Roman. Vom Mittelalter zur Moderne, 2 vols (Düsseldorf, 1969)

(gem. mit G. Bauer und F. Zaic): *Festschrift Prof. Dr. H. Koziol zum siebzigsten Geburtstag*, Wiener Beiträge zur Englischen Philologie, 75 (Wien/Stuttgart, 1973)

(gem. mit S. Korninger): W. Zacharasiewicz, *Die Klimatheorie in der englischen Literatur und Literaturkritik. Von der Mitte des 16. bis zum frühen 18. Jahrhundert*, Wiener Beiträge zur Englischen Philologie, 77 (Wien/Stuttgart, 1977)

(gem. mit W. Zacharasiewicz): *Encounters and Explorations, Canadian Writers and European Critics* (Würzburg, 1986)

(gem. mit M. Löschnigg): *Intimate Enemies. English and German Literary Reactions to the Great War 1914–1918* (Heidelberg, 1993)

IV Rezensionen

"*The Descent of Euphues. Three Elizabethan Romance Stories*: Euphues, Pandosto, Piers Plainness, ed. J. Winney (Cambridge, 1957)", *Anglia*, 76 (1958), 304–6

"I. Watt, *The Rise of the Novel. Studies in Defoe, Richardson and Fielding*, (London, 1951)", *Anglia*, 76 (1958), 334–36

"W.S. Lewis, *Horace Walpole' Library* (Cambridge, 1958), *Anglia*, 77 (1959), 363

"J. Hemlow, *The History of Fanny Burney* (London, 1958), *Anglia*, 78 (1960), 108–11

„R. Fricker, *Der moderne englische Roman* (Göttingen, 1958)", *Anglia*, 78 (1960), 513–15

„I. Evans, *Kurze Geschichte der englischen Literatur Ein Überblick über die englische Literatur von ihren Anfängen bis zu James Joyce*, aus dem Englischen übertragen von P. Baudisch (München, 1962)", *Anglia*, 83 (1965), 347–49

„P. Michelsen, *Laurence Sterne und der deutsche Roman des 18. Jahrhunderts* (Göttingen, 1962)", *Göttinger Gelehrte Anzeigen*, 217 (1965), 152–55

„L. Černy, *Erinnerung bei Dickens* (Amsterdam, 1975)", *Modern Language Review*, 73 (1978), 417–18

Publikationen ab 1994

1994

Intimate Enemies. English and German Literary Reactions to the Great War 1914–1918, hg. von F.K. Stanzel und M. Löschnigg, 2. Aufl., Heidelberg 1994.

1995

Theorie des Erzählens, Göttingen 1979, 6. Aufl., 1995.

"Begegnungen mit Erlebter Rede 1950–1990", in: *Erlebte Rede und impressionistischer Stil*, hg. von D. Kullmann, Göttingen 1995, 15–27.

"In Flanders fields the poppies blow: Canada and the Great War: A Literary Perspective", in: *Difference and Community: Canadian and European Cultural Perspectives*, ed. L. Hunter, K. Groß, Amsterdam, 1995, 213–226.

„Häßliche und andere Steirer. Ihr Beitrag zur ‚quiddity' der Englischen Literatur", in: *Anglistentag 1994 Graz*, hg. W. Riehle und H. Keiper, Tübingen 1995, 593–606.

1996

"All Europe Contributed to the Making of Bloom: New Light on Leopold Bloom's Ancestors", *JJQ* 32 (1996), 1–9.

"'A Naval Siberia'. James Joyce in Pola 1904–1905", *GRM* N.F. 46 (1996), 301–314.

"Historie, Historischer Roman, Historiographische Metafiktion", *Sprachkunst* 26 (1996), 113–123.

"Free Indirect Discourse / Erlebte Rede. An Irritation to Grammar and Narratology", in: *Perspectives on Narratology*, ed. C. Wahlin, Frankfurt am Main 1996, 141–153.

1997

Europäer. Ein imagologischer Essay, Heidelberg 1997, 113 Seiten mit 11 Abbildungen.

"Der weibliche Mann. Eine rückläufige Spurensuche von James Joyce zu Weininger", *Poetica* 28 (1997), 141–157.

"I hate this Catholic Country. Joyce und Österreich", ins Japanische übersetzt von Yasushi Suzuki, *Studien zur deutschen Literatur und Sprache* 29 (1997), Nagoya, 279–286.

"War – Wounds – Words", in: *International Congress on War Surgery*, ed. H. Neugebauer, Graz 1997, 22–28.

1998

Europäer. Ein imagologischer Essay, 2. aktualisierte Aufl., Heidelberg 1998.

"'Stirii strumosi sunt.' Die Steirer und die Steiermark aus literar-imagologischer Sicht", in: *De consolatione philologiae*, hg. von H. Beck, A. Grotans und A. Schwob, Göppingen 1998, 523–530.

1999

"Deutschland. Aber wo liegt es?", in: *Europäischer Völkerspiegel. Imagologisch-ethnographische Studien zu den Völkertafeln des frühen 18. Jdts.*, hg. von F.K. Stanzel, I. Weiler und W. Zacharasiewicz, Heidelberg 1999, 195–210.

„Zur literarischen Imagologie. Eine Einführung", in: *Europäischer Völkerspiegel. Imagologisch-ethnographische Studien zu den Völkertafeln des frühen 18. Jdts.*, hg. von F.K. Stanzel, I. Weiler und W. Zacharasiewicz, Heidelberg 1999, 9–39.

2000

Theoría tes aphegéses. Neugriech. Übersetzung von K.Chryssomálle-Henrich der *Theorie des Erzählens*, zus. mit einem Vorwort des Verf., Thessaloniki 2000.

"Telegony. Procreation from a Distance. An Ignored or Suppressed Motif in Literature", in: *Anglistik. Mitteilungen des deutschen Anglistenverbandes* 11,1 (2000), 69–81.

„Die quasi-autobiographische Erzählsituation des Romans *Jane Eyre*", in: *Sprachkunst* XXX (2000), 392–394.

"Erlebte Rede. Prolegomena zu einer Wirkungsgeschichte des Begriffs", in: *Erzählen und Erzähltheorie im 20. Jdt., Festschrift für W.Füger*, hg. von J. Helbig, Heidelberg 2000, 153–167.

"New Approach to the Definition of the Narrative Situations" (Teil-Wiederabdruck von *A Theory of Narrative*), in: *Narratology: An Introduction*, ed. S. Onega and J.A. García Landa, London-New York: Longmans 2000, 161–171.

"The Making of a Canadianist", in: *Canada 2000. Identity and Transformation*, ed. K. Ertler und M. Löschnigg. Frankfurt am Main 2000, 13–17.

2001

Theorie des Erzählens, 7. Aufl., Göttingen 2001.

2002

Unterwegs. Erzähltheorie für Leser, ausgewählte Schriften mit einer bio-bibliographischen Einleitung und einem Appendix von D. Cohn, Göttingen 2002

"Anglistik in der GRM 1933–1943. Rückschau und persönliche Nachsorge", in: *GRM* N.F. 52 (2002), 326–341.

"Austria's Surveillance of Joyce in Pola, Trieste, and Zürich", in: *Joyce and Trieste*. Guest-ed. by J. McCourt, *JJQ* 38 (2002), 361–372.

"Ein Gespräch mit Franz K. Stanzel", in: T. Kim, *Vom Aktantenmodell zur Semiotik der Leidenschaften. Eine Studie zur narrativen Semiotik von Algirdas J. Greimas*, Tübingen 2002, 239–248.

2003

„Willi Erzgräber. Ein Nachruf", in: *AlmÖAW* 152 (2003), 551–558.

„Ohne Studium – zwei Ehrendoktorate. In memoriam Helene Richter. *4.8.1861, Wien, †8.11.1942, Theresienstadt", in: *Anglistik. Mitteilungen des Deutschen Anglistenverbandes* 14 (2003), 65–69.

„Das literarische Quartett und seine Folgen. Replik auf Heinz Schlaffer", *SuF* 55 (2003), 420–424.

„Thackerays europäisches Kuriositätenkabinett", *Zeitschrift für Anglistik und Amerikanistik* 51 (2003), 58–66.

„‚Falls wir reisen ab'. James Joyce in Österreich 1904–1915". 2003. *Die Presse*, Spectrum. Juni 2003.

2004

„Hume, ‚Neger' und der Steirer-Kropf". 2004. *Die Presse*, 17. Jänner 2004.

„Gerontologisches in Literatur und Poetik", *Arbeiten aus Anglistik und Amerikanistik* 29 (2004), 3–21.

2006

"And thrift is blessing if men steal it not. Shylocks Jakob-Parabel, Calvin, Telegonie", in: *Festschrift für Wolfgang Riehle*, hg. H. Keiper, M. Löschnigg, D. Mader, Heidelberg: Winter, 2006.

2008

Telegonie – Fernzeugung. Macht und Magie der Imagination, Wien-Köln. Böhlau. 2008.

Theorie des Erzählens, 8. Aufl., Göttingen 2008.

2011

Welt als Text. Grundbegriffe der Interpretation. Würzburg. Königshausen & Neumann. 2011.

„Erinnerungen an die Anglistin Helene Richter anlässlich der Wiederkehr ihres 150. Geburtstags 2011", *Anglia* 129, 3–4 (2011), 321–332.

2013

Verlust einer Jugend. Rückschau eines Neunzigjährigen auf Krieg und Gefangenschaft. Würzburg. Königshausen & Neumann. 2013.

2014

„Nemesis auf hoher See. Ein literarischer Essay über den Untergang der Schlachtschiffe *HMS Hood, Bismarck, HSM Barham* und *Scharnhorst*", *Krieg und Literatur: internationale Beiträge zur Erforschung der Kriegs- und Antikriegsliteratur* XX (2014), 7–20.

2015

Die Typischen Erzählsituationen 1955–2015. Erfolgsgeschichte einer Triade. Würzburg. Königshausen & Neumann. 2015.

2016

„Die Steiermark als Land der Arsenikesser." In: R. Engele, F.K. Stanzel, F. Weitzer (Hg.): *Die Völkertafel und ihr Nachleben als europäische Kuriositätenschau. Mit einem Anhang über die ‚Steirer'.* Bad Aussee. Kammerhofmuseum. 2016.

„Die Steiermark – ein imagologisches Vakuum". In: R. Engele, F.K. Stanzel, F. Weitzer (Hg.): *Die Völkertafel und ihr Nachleben als europäische Kuriositätenschau. Mit einem Anhang über die 'Steirer'*. Bad Aussee. Kammerhofmuseum. 2016.

2018

"German Prisoners of War in Canada, 1940–1946: An Autobiography-Based Essay", *Canadian Military History* 2, 2 (2018), Article 19.

2019

James Joyce in Kakanien 1904–1915. Mit einem Anhang zur Narratologie des Ulysses. Würzburg. Königshausen&Neumann. 2019

Personenverzeichnis

Acham, Karl 14, 233
Adams, Nick 82
Ahrens, Rüdiger 60
Anderegg, Johannes 97, 124, 125, 137, 185
Anderson, Sherwood 103, 113
Arcos, René 151
Ash, Timothy Garton 151
Atwood, Margaret 46
Austen, Jane 178, 185, 207, 208, 209, 210
Backus, Joseph M. 104
Bally, Ch. 179, 207, 211
Balzac, Honoré de 79, 205
Barbour, Douglas 47, 48
Barthes, Roland 122, 220
Bayley, John 23
Beach, Joseph Warren 80
Beckett, Samuel 23, 89
Beckett, Samuel 108, 132
Begley, Louis 160
Behrend, Alice 174
Bekker, Cajus 231
Beowulf 245
Bernhart, W. 250
Birkle, Carmen 253
Bisky, Jens 158
Boccaccio, Giovanni 227
Bode, Christoph 37, 85, 169
Booth, Wayne C. 72, 76, 77, 80, 83, 101 122, 128, 131, 136, 149, 179, 182, 184, 185, 187, 209, 220, 221
Brecht, Bert 21
Brennecke, Jochen 231
Brinkmann, R. 201
Broch, Hermann 99
Brod, Max 127
Broich 60
Bronawaer, W.J.M. 104
Brunner, Karl 202
Bühler, Willi 207
Burkert-Dottolo, Günther 153
Bush, Douglas 29
Camus, Albert 183
Cattell, Raymond 21
Cervantes, Miguel de 205
Champigny, Robert 116
Chapman, Mark David 163
Chatman, Seymour 82, 87, 89, 90
Chomsky, Noam 87
Chryssomalli-Henrich, K. 89
Clemen 57
Cohn, Dorrit 5, 36, 37, 40, 72, 76, 81, 84, 87, 88, 89, 92, 93, 94, 95, 100, 108, 129, 142, 171, 179, 180, 209, 221, 224
Coleridge, Samuel Taylor 86, 228
Collins, Carvel 29
Dahrendorf, Ralf 86, 142, 145, 157, 158, 159, 161
Danto, Arthur C. 142, 228

Darwin, Charles 79, 82, 87
Davies, Robertson 46, 50
de Saussure, Ferdinand de 251
Dedalus, Stephen 99, 101
Defoe, Daniel 97, 115
Dickens, Charles 72, 79, 118
Diller 60, 62
Dolezel 82, 87
Dollfuß, Engelbert 32, 142
Dos Passos, John 28
Dostojewski, Fjodor Michailowitsch 205
Duchamps, Maarcel 165
Durell, Lawrence 119, 127
Elkhadem, Saad 178
Erzgräber, Willi 36, 62
Farell, James T. 28
Faulkner, William 28, 29, 97, 103
Fehr, Bernhard 179, 194, 218
Fest, Joachim 142, 145, 157, 158, 161
Fielding, Henry 132, 205
Fill, Alwin 42, 62, 63, 65, 249
Finkenstaedt, Thomas 57, 60
Flaubert, Gustave 182, 220
Fludernik, Monika 37, 41, 42, 66, 84, 85, 175, 250, 251
Foltinek, H. 63, 252
Forster, E.M. 77, 79
Forstreuter, K. 221
Forstreuter, W. 83
Foster, Marc 160
Fowles, John 119, 134
Fraser, G.S. 127

Friedman, Norman 83, 97, 99, 124
Frisch, Max 25, 97, 102, 118
Frye, Northrop 45, 46, 177
Füger 82, 87
Funke, Otto 199, 211
G., Hans 11
Galsworthy, John 199
Gauss, Friedrich Wilhelm 154
Genette, Gérard 72, 76, 81, 82, 87, 88, 89, 90, 92, 93
Glaap, R.-A. 60
Goethe, Johann Wolfgang 22, 40, 87, 97
Göller 67
Gombrich, Ernst H. 97
Görtemaker, Manfred 155
Graevenitz, Gerhart v. 124
Grass, Günter 86, 142, 145, 146, 147, 148, 149, 150, 152, 153, 157, 158, 160, 161
Greiner, Ulrich 151
Greser, Achim 148
Gross, Ronald 166, 167
Haas, R. 69, 167
Habermas, Jürgen 156, 157
Haffner, Sebastian 86, 142, 145, 157
Halpern, Daniel 119
Hamburger, Käte 32, 36, 63, 71, 80, 83, 124, 171, 172, 173, 174, 175, 189, 190, 191, 193, 194, 195, 196, 197, 198, 199,

200, 202, 203, 204, 205, 206, 217, 218, 221
Handke, Peter 140, 155
Hardy, Thomas 209, 229
Harris, Mark 112
Harvey, W.J. 115, 118
Harweg 107
Hatzfeld, H. 179
Hausmann, Frank-Rutger 63
Hawthorn, Jeremy 212
Hemingway, Ernest 79, 82, 88, 90, 99, 103, 178
Herder, Johann Gottfried 9
Hernadi, Paul 179 209, 221
Heuer 57
Hillebrand 174
Hitler, Adolf 9, 28, 44
Hodgins, Jack 46
Hoggart, Richard 60
Hopkins, Gerald Manley 15
Hosaka, Muneshige 175
Hough, Graham 178, 208
Hudabiunig, Ingrid 251
Humboldt, Alexander von 154
Hume, David 61
Hundertwasser, Friedensreich 95
Huxley, Aldous 127, 155, 228, 241
Iatru, Maria 89
Ide, Heinz 134
Ingarden, Roman 100, 122, 123, 132, 251
Iser, Wolfgang 36, 57, 58, 66, 114, 120, 132, 136, 246

Jahn, Manfred 88
Jakobson, Roman 15, 22, 23, 30, 251
James, Henry 72, 78, 79, 83, 102, 103, 104, 131, 133, 178, 181, 182, 186, 200
Jauß, Hans Robert 58
Jefferson, Ann 83, 85
Jenninger, Philip 219
Jens, Walter 152, 153, 156
Jespersen, Otto 207, 211
Joyce, James 14, 40, 61, 76, 79, 84, 97, 103, 107, 108, 113, 120, 121, 132, 133, 178, 181, 249, 254
Kafka, Franz 26, 80, 99, 100, 126, 127, 128, 181, 183, 185
Kalepky, T. 179, 207
Karl der Große 64
Karpf, Fritz 198, 211, 218
Kastovsky 63
Kayser, Wolfgang 36, 71, 78, 80, 172, 173, 174, 189, 190, 193, 197, 219, 251
Kehlmann, Daniel 153, 154
Keiper, Hugo 251
Kellog 79
Kennedy, Ludovic 231
Kermodes, Frank 114
Kertész, Imre 86, 142, 161, 162
Kinsey, Alfred Charles 30, 31
Klein 63
Klein-Braley, Ch. 167
Klein, Judith H. 22

Kleist, Heinrich von 141, 155, 156
Knight, L.C. 114, 115
Köck, Wolfram 250
Kohl, Helmut 150
Koselleck, Reinhard 14, 142, 228, 232, 233
Kosok, Heinz 61, 62
Koziol, Herbert 27, 28, 39, 41, 200, 246
Kraus, Karl 223, 225
Kroetsch, R. 141
Kummer, Wolfgang 250, 251
Kunze, Christoph 185
Lahn, Silke 85
Landa, Garcia 169
Lawrence, David H. 101
Leech, T. 169
Leibfried, E. 124
Lemons, Lee T. 182
Lennon, John 6, 163
Lenz, Heribert 148
Lerch, Eugen 218
Levi-Strauss, Claude 79
Levin, Harry 29, 40
Lichtenberg, Georg Christoph 155
Linné, Carl von 87, 89
Lodge, David 207, 208, 209
Lorck 207, 211
Löschnigg, Maria 251
Löschnigg, Martin 7, 42, 142, 251
Lubbock, Percy 72, 77, 83, 97, 124, 178, 186
Ludwig, O. 97, 124

Luick, Carl 27, 28
Mandel, Eli 140, 141
Mangold, I. 216
Mann, Thomas 78, 79, 97, 107, 155
Mansfield, Katherine 103, 105, 106, 107, 113
Markus 67
Meindl 98
Meister, Christoph 85
Melville, Herman 102
Menasse, Robert 65, 153
Mertner, Edgar 36, 57, 62, 63
Milton, John 167
Moorem Marianne 18
Mudrick, Marvin 135
Muir, Edwin 26, 27
Muir, Willa 26
Müllenheim-Rechberg, Burkard v. 231
Müller, Wolfgang 66
Murdoch, Iris 23
Murdock, Marvin 29
Neuhaus, Volker 127, 186
Nischik, Reingard M. 141
Nünning, Ansgar 37, 63, 88, 89, 156
Onega, Susan 169
Oppel, Horst 36
Orr, John 179
Palmer, Harold 207, 211
Pascal, Roy 108, 172, 180, 208, 218
Paul, John 52

Peper, Jürgen 42, 249
Pfandl-Buchegger, Ingrid 209, 250
Picasso, Pablo 165
Pike, Kenneth 105
Pinsker, H.E. 247
Polzin, Alexander 185
Pusack, James P. 92
Pynchon, Thomas 108
Raabe, Wilhelm 205
Rasch, W. 172
Reagan, Ronald 150
Reich-Ranicki, Marcel 65, 86, 142, 145, 157
Richter, Helene 58, 63, 65, 67
Riehle, Wolfgang 42, 61, 249, 251, 252
Robbe-Grillet, Alain 108, 181
Salinger, J.D. 6
Salinger, Jerome David 163
Scher, Steve 93
Schiller, Karl 150, 157
Schirmer 57
Schlegel, Friedrich 71
Schlesinger, J. 14, 240
Schmidt, Helmut 150
Schnitzler, Arthur 99, 181
Scholes 79
Schopenhauer, Arthur 229
Schöwerlin, Rainer 66
Schücking, Levin L. 26, 33, 34, 245, 251
Schulz, Volker 85
Schuschnigg, Kurt 32

Schwamm, Kristin 162
Scobie, Steven 47, 49
Seidler, H. 191
Shakespeare, William 245, 249
Shaw George Bernard 62
Shklovsky, Viktor 220, 251
Shliklovskij 21
Smollett, Tobias 102
Spitzer 211
Stanzel, Franz K. 40, 49, 55, 60, 62, 63, 65, 72, 74, 80, 81, 83, 84, 85, 86, 89, 92, 93, 94, 97, 98, 100, 124, 142, 154, 167, 168, 169, 173, 181, 184, 186, 191, 210, 221, 249, 255
Steinberg, Günter 179
Steinkogler, Karl 7
Sterne, Laurence 15, 113, 175, 192
Sterne, Lawrence 97
Stevick, Philip 179
Stiersdorfer 65
Stifter, Adalbert 205
Storm 104
Streter, Lambert 99
Suerbaum, Ulrich 57
Sühnel 69
Suzuki, Yasushi 174, 175
Thackeray, William Makepeace 72, 132, 205
Thibaudet 211
Thomas, Dylan 15, 44
Titunik, Irwin 178
Tobler, A. 179

Todorov, Tzvetan 138
Tolstoi, Lew Nikolajewitsch 205
Tovey 235
Trier, Jost 201, 202
Trilling, Lionel 30, 31
Trockner, Gudrun 7
Trollope, Anthony 202
Tschechow, Anton P. 113
Ullmann, Stephen 208
Viebrock, Helmut 57
Vogt, J. 37
Vonnegut, Kurt 97, 108
Waddingham, Sean 234
Waldmann, Günter 118, 136
Walzel, Oskar 211, 218
Wandruschka, Mario 27
Wapnewski, Peter 142, 145, 152
Warning, Rainer 120
Weber, Dietrich 37
Weber, Max 22, 40, 224
Weinrich, Harald 136, 137, 138, 172
Wellek, Renè 29, 30, 31
Wellershoff, Dieter 243
Wenzel, Rudolf 134
White, Hayden 142, 228
Whorf, Benjamin Lee 112
Wiebe, Rudy 46
Wildgans, Anton 156
Wolfe, Thomas 28
Wood, James 216, 219, 220, 221, 222
Woolf, Virginia 79, 178, 200
Wordsworth, William 16, 19, 20
Zach, Wolfgang 42, 250, 251
Zacharasiewicz, Waldemar 42, 46, 49, 55, 63, 67, 250, 251, 252
Zaic, Franz 42, 250, 251